Über die Autoren:

Georg Feil und **Werner Kließ** haben den größten Teil ihres beruflichen Lebens mit dem Krimi-Genre verbracht und auf diese Weise »verborgenen Neigungen, deren Ausleben in aller Regel mit Gefängnis bestraft wird, in der Fantasie nachgehen können«. Sie haben etliche Krimis (»Schimanski«, »Tatort«), Serien (»Ein Fall für zwei«, »Auf Achse«, »Der Fahnder«, »Wolffs Revier«) und auch Kinofilme (»Die Katze«) als Autoren, als Produzenten und als Geschäftsführer von Produktionsfirmen, die sich auf Krimis spezialisiert haben, maßgeblich entwickelt und begleitet.

Prof. Dr. Georg Feil ist heute Geschäftsführer der Colonia Media Filmproduktion GmbH, Leiter der Abteilung »Fernsehspiel und Film« der Hochschule für Fernsehen und Film München, an der er auch Studiendekan und Konrektor ist, und Vorsitzender des Fördervereins der Internationalen Filmschule Köln.

Werner Kließ war bis vor kurzem Teilhaber der Produktionsfirmen Odeon, Monaco, Nostro Film und Borussia Media. Er arbeitet heute als freier Maler in Berlin.

Georg Feil · Werner Kließ
Profikiller
So schreiben Sie das perfekte Krimidrehbuch

BASTEI LÜBBE TASCHENBUCH
Band 94018

1. Auflage: März 2003

Die Reihe Buch & Medien
wird herausgegeben von
Béatrice Ottersbach

Bastei Lübbe Taschenbücher ist ein Imprint
der Verlagsgruppe Lübbe

Originalausgabe
© 2003 by Verlagsgruppe Lübbe GmbH & Co. KG,
Bergisch Gladbach
Titelillustration: The Image Bank
Umschlaggestaltung: Beate Stefer
Satz: Kremerdruck GmbH, Lindlar
Druck und Verarbeitung: Clausen & Bosse, Leck
Printed in Germany
ISBN 3-404-94018-0

Sie finden uns im Internet unter
http://www.luebbe.de

Der Preis dieses Bandes versteht sich einschließlich
der gesetzlichen Mehrwertsteuer.

Inhaltsverzeichnis

Vorwort

Mit diesem Buch möchten wir die handwerklichen Fertigkeiten, die der Autor für die Entwicklung, Konstruktion und das Schreiben eines guten Krimis beherrschen sollte, vermitteln. Mit »Autor« meinen wir genauso die Autorin sowie mit »Leser«, »Redakteur« und »Produzent« immer zugleich die weibliche Form. Zur Vorbereitung führen wir ihn/sie in die Grundkenntnisse des Genres ein und machen ihn/sie mit den Möglichkeiten und auch Problemen des Kriminalfilms bekannt.

Im zweiten Teil, der wie ein Ratgeber aufgebaut ist, machen wir den Leser anhand der Entwicklung des Drehbuchs »Chemie eines Mordes« von Karlheinz Willschrei für die Serie »Ein Fall für zwei« mit den Regeln des Genres vertraut. Wir möchten ihm die Fähigkeiten vermitteln, die Konstruktion einer Krimihandlung aufzubauen, deren Figuren zu entwickeln und Ideen auf ihre Realisierbarkeit hin zu überprüfen, um so zu einer Erfolg versprechenden Konzipierung von Krimiplots und Treatments zu gelangen.

Anhand der Dramaturgie des Kriminalfilms werden allgemeine Regeln dargestellt, die für das szenische und fiktionale Erzählen von genereller Bedeutung sind; das Buch geht also über das Genre hinaus und kann für jeden Autor eine praktische Hilfe sein.

Beide Autoren sind Praktiker und haben dieses Buch aus ihrer persönlichen Erfahrung heraus geschrieben; manche Anmerkung ist entsprechend pointiert. Wir erheben daher nicht den Anspruch, ewig wahre Weisheiten zu verbreiten. Deswegen schreiben wir in der ersten Person; wenn Sie aber wissen wollen, an wen Sie sich wenden müssen, wenn Sie bei einzelnen Textstellen mehr wissen möchten, hier die Zuordnung: Den ersten Teil hat Georg Feil geschrieben, das Kapitel

»Die Fernsehserie« Werner Kließ, der auch den zweiten Teil verantwortet; der dritte Teil stammt wiederum von Georg Feil. Die wichtigsten Teile innerhalb dieses Buches sind aber das Drehbuch von Karlheinz Willschrei und die Serienkonzeption und die Exposés von Johannes W. Betz und Martin Pristl, denen wir ganz besonders danken – wie auch ZDF und SAT.1, die uns den Abdruck ermöglicht haben.

Im Literaturverzeichnis werden Sie einige Bücher finden, die ebenfalls das Schreiben von Krimis in den Mittelpunkt stellen; warum also noch dieses Buch? Weil es sehr viel konkreter vorgeht und Ihnen die tatsächliche Arbeit eines Autors anhand eines abgedruckten und kommentierten Drehbuchs, anhand von Entwicklungsabläufen bei einem Projekt und einzelner abgedruckter Szenen im detaillierten Vergleich von der ersten bis zur letzten Fassung darstellt. Und weil es nicht, wie die anderen, das Schreiben für die Krimiserie ausklammert, denn die meisten Krimis werden für Serien und Reihen geschrieben – und dafür gelten besondere Gesetzlichkeiten und sind besondere Begabungen gefordert. Wir beziehen uns dabei auf die deutsche Krimiserien-Realität und versuchen dabei so aktuell wie möglich zu sein.

Es hat uns gereizt, ein wirklich praktisches Buch zu machen, das wir gerne selbst am Anfang unseres Berufslebens zur Verfügung gehabt hätten. Die Arbeit daran hat uns Spaß gemacht, und den wünschen wir Ihnen auch – und vor allem viel Erfolg!

Georg Feil
Werner Kließ

Das Genre

Eine Einführung

1.1 Wenn Sie nach Hollywood kommen ...

... und auf dem Sunset Boulevard auf den Fahrer warten, der Sie abholen soll, nutzen Sie doch die Zeit und fragen den netten jungen Mann, der zufällig neben Ihnen steht, wie weit er mit dem dritten Akt sei. Er wird Ihnen spontan antworten, dass es da noch ein paar Probleme gebe, von denen er aber schon wisse, wie er sie lösen könne, dann stehe der Produktion nichts mehr im Wege. Und er wird Sie fragen, ob Sie Agent sind – oder Produzent.

Ich habe den Test auf Anraten eines hinterhältigen Freundes gemacht und den erstbesten Kellner gefragt, dann einen Wagenwäscher und eine Verkäuferin – ich lernte zwei hochinteressante und sehr beredte Autoren kennen. Nur das Mädchen war tatsächlich das, was es sein wollte – und zwar mit großem Erfolg, denn ich kaufte drei Paar Schuhe, die ich nicht brauchte. Die Autoren war natürlich noch unentdeckt, und wie ich nach der Lektüre der Manuskripte, die sie mir natürlich mitsamt ihren Visitenkarten zugesteckt hatten, feststellte, würden sie das wohl auch bleiben. Denn außer ihrer felsenfesten Überzeugung, dass sie schreiben konnten, weil sie es einfach mussten, wie sie beteuerten, hatten sie keine Ahnung vom Drehbuchschreiben – obwohl ihre *plot points* richtig saßen, die Storys *character driven* waren und der *love impact* perfekt getimt war. Sie wussten nicht im Entferntesten, dass zwischen dem Erzählen einer hübschen Geschichte und der Kunst, ein Drehbuch zu schreiben, ein himmelweiter Unterschied besteht.

Es handelt sich dabei aber nicht um ein amerikanisches Phänomen oder eine Spezialität der jüngeren Bürger von Los Angeles; auch und gerade in Deutschland schreibt man gern, am liebsten über die eigene Familiengeschichte (möglichst im Format der Buddenbrooks) oder über die soeben gescheiterte Liebesbeziehung. Werner Kließ und ich haben uns gelegentlich besonders gelungene Exemplare dieser Drehbuchversuche herübergereicht und gefunden, dass die Beschäftigung mit ihnen fast schon ein hinreichender Grund für das Hinschmeißen unseres Berufes sei. Spaß beiseite: Warum sind die meisten dieser Stoffe unlesbar und einfach nur eine Qual für den Lektor – keinesfalls jedoch eine Vorlage für einen Film? Weil es sehr schwer ist, mit dem Sendungsbewusstsein der Schreiber adäquat umzugehen, und weil sie keine dramaturgischen Abstraktionsmöglichkeiten zur Hand haben; man spricht keine gemeinsame Sprache und radebrecht miteinander, als gäbe es kein verbindliches Vokabelheft.

Ein abschreckendes Beispiel: Ein guter Freund, der auf Fuerteventura lebt, hat neulich im kleinen Kreis erzählt, wie er allein mit seinem Boot aufs Meer hinausgefahren und plötzlich, bei fast ruhigem Meer, umgekippt ist. Schon um die Frage, ob ein Wal ihn umgeworfen hat, eine der legendären »Grundwellen« – vor Fuerteventura liegt ein vom Wasser verdecktes Riff – oder eine andere plötzliche tückische Welle, ergab spannenden Diskussionsstoff unter den Zuhörern, und als er dann schilderte, wie er sich an die scharfkantigen Felsen klammerte, ohnmächtig wurde und sich später mit blutenden Händen und Füßen zum nächsten Telefon schleppte, blieb kein Auge trocken. Die Erzählung dauerte gut zwei Stunden, die Zuhörer waren fasziniert. Und am Ende kam dann der Satz: <u>Das</u> musst du verfilmen! <u>Das</u> ist gut! Nicht immer diese ausgedachten Geschichten! Dieses konstruierte Zeug! Ich nickte brav. Als aber meine Freunde ernsthaft mit Vertragsentwurf und Urheberrecht (es waren Anwälte dabei) anfingen, musste ich die frohe Runde enttäuschen. Eine filmische Handlung sähe so aus: Ein Mann fährt mit dem Boot aufs Meer, kippt um, schwimmt an Land, holt sich blutige Hände an den Felsen und schleppt sich zum Telefon. Das ergibt Handlung für gerade mal eine Minute und ist außerdem langweilig, tausendmal gesehen, spannungslos, weil jede Voraussetzung für Dramatik fehlt. Wenn man professionell Geschichten schreiben will, dann muss man eine Einsicht als Voraussetzung akzeptieren: eine gute Geschichte ist eine gut konstruierte Geschichte. Man mag den Kern »finden«, und es ist wohl ein Korn Wahrheit in dem Satz »Das Leben schreibt die besten Geschichten«, aber er sagt nicht einmal die halbe Wahrheit. Wie ein guter Geschichtenerzähler in geselliger Runde die Erzählung für seine Zwecke formt, so bereitet der Drehbuchautor seinen Stoff nach den Regeln der Dramaturgie zu. Und die Regeln beginnen schon damit, dass herauszufinden ist, welcher Stoff für welche Art von Erzählung taugt. Das kann man lernen. Und dann ist auch das noch so kritische Gespräch mit einem Dramaturgen

a) möglich,
b) erfolgreich und
c) der richtige Weg zu einem guten Film.

Wir haben unseren Beruf also entgegen jeder vernünftigen Regung nicht aufgegeben und an die Hilfe der Vokabeln und Grammatik geglaubt. Werner Kließ hat sie sogar aufgeschrieben, soweit sie für den Krimi gelten. Damit das Gespräch mit den Autoren leichter wird, die Stoffe besser – und das Vergnügen an der Sache wieder zunimmt. Sein Manuskript »Wie schreibt man einen Fernsehkrimi« war so erfolgreich und kursierte in so vielen Kopien – ich selbst habe es in meinen Seminaren verwendet –, dass ich dem Verlag vorgeschlagen habe, aus dieser wertvollen Arbeitshilfe ein Buch zu machen. Wir haben den Text, der den zweiten Teil dieses Buches darstellt, um eine Einführung in das Genre sowie eine kleine Geschichte des Kriminalfilms erweitert, sodass man auch in dieser Hinsicht weiß, wovon man spricht.

1.2 Ein paar Voraussetzungen

Voraussetzung für ein gutes Drehbuch ist, dass Sie sich nicht auf Ihren Äußerungsdrang verlassen und glauben, dass die Realisierung Ihrer Geschichte nur noch von Ihrer Begeisterungsfähigkeit abhängt; Sie quälen uns, die wir Ihre »unaufgefordert eingesandten Manuskripte« lesen müssen. Diese Werke lösen bei manchem Redakteur eine sofortige Lesehemmung aus. Die lange Verweildauer Ihres letzten Drehbuchs – wie lange haben Sie auf eine Antwort des Senders gewartet? – gibt Ihnen einen Begriff davon, wie schwer diese Erkrankung sein kann. Sie treiben mit den munter drauflosgeschriebenen Manuskripten nur die Lektoratskosten der Sender in die Höhe – und werden nie weiter kommen als in die Albträume unzähliger Redakteure, Dramaturgen und Produzenten.

Dabei brauchen wir mehr denn je gute Autoren. Aber sie müssen bereit sein, statt sich auf ihren genialen Impuls zu verlassen, mit uns zusammenzuarbeiten. Denn ein Drehbuch zu entwickeln ist Teamarbeit. Das Drehbuch ist die Blaupause für den Film, an dem viele andere mitwirken. Der Dramaturg ist für den Autor der erste Ansprechpartner – und der wichtigste. Wer mit einem guten Dramaturgen zusammengearbeitet hat, der weiß, wie viel er ihm verdankt. Ohne ihn geht's gar nicht, wie man gelegentlich im Fernsehen sehen kann, wenn ein Buch mal wieder so richtig misslungen ist.

Zu den Voraussetzungen gehört aber auch, dass Sie sich wirklich in Ihrem Metier auskennen. Es reicht nicht, den Film im Allgemeinen zu lieben und im Besonderen die Krimis der vergangenen Monate »draufzuhaben«. Sie sollten schon wissen, dass der Begriff *film noir* nicht aus dem Kopierwerk stammt, sondern einen der wichtigsten amerikanischen Filmstile zwischen 1940 und 1950 bezeichnet. Und dass deren Vorläufer schon in der amerikanischen Literatur der 1920er-Jahre und in der Heftchenkultur der 40er zu finden sind. Warum Sie sich damit beschäftigt haben sollten? Weil hier Gesetzmäßigkeiten entwickelt wurden, die das Genre bis heute prägen.

Weil damals neue Wege durch das Dickicht des Kriminalfilms geschlagen wurden, auf die wir heute nicht mehr verzichten wollen. Weil wir im Gespräch über einen Stoff, eine Figur, eine dramatische Wendung mit den gleichen Beispielen und über die gleichen Vorbilder reden können wollen – und weil man die Funktion des Films in der Gesellschaft, in der er entstanden ist und spielt, am *film noir* am besten studieren und so auch für sich selbst und seine augenblickliche Arbeit definieren kann.

Warum also nicht mal nachschauen; zum Beispiel in den klugen Büchern von Georg Seesslen oder in der so exzellenten Untersuchung von Ludwig Bauer? Warum nicht Gabriele Holzmann lesen und etwas über die Wechselwirkung zwischen Krimi und Film erfahren? Dies sind nur die wichtigsten Titel, allerdings halte ich sie für unverzichtbar; wer sich nicht auch und immer wieder theoretisch mit seinem Gegenstand auseinander setzt, ist für mich – sorry – kein professioneller Autor. Damit Sie das sein oder werden können, folgt diesem Buch ein ausführliches Literaturverzeichnis, in dem besonders lesenswerte Bücher hervorgehoben sind.

Natürlich muss Ihnen die gegenwärtige Krimikultur vertraut sein, müssen Sie die letzten Filme gesehen haben und die wichtigsten Vertreter des Genres – vor allem in Ihrer direkten Umgebung, d.h. also in Deutschland – kennen. Es hilft Ihnen nichts, wie so mancher Bewerber bei der Aufnahmeprüfung an der Filmhochschule glaubt, zur Frage nach dem besten Krimi Fritz Langs »M – eine Stadt sucht einen Mörder« aufzusagen. Sie sollten schon Dominik Graf kennen, Rainer Kaufmann, Oliver Hirschbiegel – und vor allem ihre Autoren; wissen Sie, wer »Anatomie« geschrieben hat, den »Skorpion«, die »Apothekerin«, »Das Experiment«? Sie sollten es wissen, nein: Sie müssen es wissen. Denn das sind die Meister, denen Sie nacheifern sollten. Vielleicht werden Sie dann ja eines Tages so gut wie sie – oder sogar noch besser. Also lesen Sie auch deren Bücher, es gibt sie in Spezialbuchhandlungen (Adresse im Anhang), über das Internet (für ausländische, insbesondere amerikanische Bücher gibt es mehrere Spezialisten) oder auch mal beim Autor selber. Die meisten dieser Kollegen freuen sich tatsächlich über eine E-Mail, denn sonst nimmt ja kaum jemand Notiz von ihnen. Und vergessen Sie nicht die großen Vorbilder wie z.b.»Chinatown« (geschrieben von Robert Towne) oder»Die üblichen Verdächtigen« (von Christopher McQuarrie).

Und sehen Sie sich die Klassiker immer wieder an, auch wenn Sie Ihnen unmodern erscheinen mögen; es gibt spezialisierte Videotheken, die selbst für ausgebuffte Cineasten, Berufsseher, erfahrene Autoren und Regisseure eine wahre Fundgrube sind: Die beste ist die Filmgalerie 451 in Stuttgart mit einem blitzschnellen und spottbilligen Fernverleih. Und nutzen Sie die Informationsmöglichkeiten über Cinemania und das Internet, z.b. The Internet Movie Database (unter www.imdb.com).

Gott sei Dank gibt es mittlerweile viele Möglichkeiten, Dramaturgie und die Kunst des Drehbuchentwickelns und -schreibens zu lernen; es gibt sogar die ersten Studiengänge, aber auch so wunderbare Einrichtungen wie die Schreibschule in der Internationalen Filmschule Köln, die Autorenwerkstatt an der Hochschule für Fernsehen und Film in München; darüber hinaus gibt es eine Unzahl von Workshops, Seminaren und Wochenendkursen, deren Ergebnis allerdings oft genug darin besteht, dass man wenig später dieselben unverfilmbaren Stoffe wieder auf den Tisch kriegt, diesmal jedoch mit dem *plot point* an der richtigen Stelle und einer exakten Akteinteilung. Im Wesentlichen ist es dann aber dabei geblieben, dass die Autoren wieder einmal auf Glatzen Locken gedreht haben – wozu also dieses Buch?

Sie wollen und können kein Vollstudium mehr machen, weil Sie einen Job fürs Überleben brauchen und sowieso nur nebenher schreiben – wie im Übrigen fast alle, ehe die ersten Wiederholungen kommen und das Geld regelmäßiger und reichlicher fließt; Sie wollen wissen, wie der Hase läuft und am liebsten mit diesem Buch wie mit einem Werkzeugkasten umgehen und Stück für Stück Ihre Geschichte zusammenbauen – »basteln« wäre der bessere Begriff. Hüten Sie sich vor dieser Heimwerker-Methode – vor allem aber davor, in ihr das Heil Ihres zukünftigen Berufsstandes zu sehen. Dazu gehört mehr. Oder glauben Sie ernsthaft, dass man als Elektriker drei Lehrjahre braucht, für den Beruf des Drehbuchautors aber nur die Begeisterung über seine eigenen Einfälle (und natürlich über dieses Buch)? Nicht ganz. Sie werden sehr viel mehr brauchen: Lebenserfahrung, Recherche, Beobachten und Zuhören – und die regelmäßige Überprüfung dessen, was Sie da gerade geschrieben haben. Sie brauchen Kontrolle über sich selbst, sonst geht Ihnen die Begeisterung über Sie selbst mit Ihnen durch – und keiner kann Ihnen folgen. Nutzen Sie also das Buch auch, um sich immer wieder zu überprüfen: Ich beschäftige mich nach mehr als 130 Drehbüchern immer noch und immer wieder mit der theoretischen Literatur zum Drama und zum Schreiben und stelle jedes Mal fest, dass ich die eine oder andere Technik zwar kannte – sie aber zu meinem eigenen Nachteil nicht mehr eingesetzt hatte.

Natürlich gibt es auch andere Bücher, mit deren Hilfe man sich dem Drehbuchschreiben nähern oder seine Arbeit kontrollieren kann. Aber Vorsicht: Man kann Schreiben nur durch Schreiben lernen, nicht durch Bücher. Dies – und es gibt eine ganze Anzahl von sehr respektablen und äußerst interessanten Büchern (vgl. Anhang) – ist ganz besonders zu beherzigen, denn sonst folgt man nur altgedienten Rezepten, lernt nur Tricks, die alle anderen auch schon drauf haben und schnell verbraucht sind, und verpasst die Erfahrung, die jeder Autor bei jedem seiner neuen Bücher neu macht – wie es auch anders geht.

Wie erwähnt, gibt es zahlreiche interessante Lehrgänge, Wochenendseminare oder dreiwöchige Crashkurse, deren Qualität allerdings nicht immer in direktem Verhältnis zu den Kosten steht. Wir wollen Sie von keinem abhalten, denn die meisten sind wirklich unterhaltsam und gelegentlich auch lehrreich – aber Schreiben lernen können Sie dort auch nicht. Das können Sie, wie schon gesagt, nur durch Schreiben … Schreiben … Schreiben … Deswegen haben wir Ihnen ein möglichst praktisches Buch gemacht, in dem man die konkreten Schritte im Detail verfolgen kann. Sie können anhand von Drehbuchentwürfen und verschiedenen Fassungen

Schritt für Schritt verfolgen, wie ein Stoff reift. Wir nehmen Sie in Form einer Wegbeschreibung mit auf die abenteuerliche Reise durch einen Stoff bis hin zur Realisierung des Films. Wir liefern Ihnen das Logbuch zu einer Seereise, die gelegentlich unsicher ist, auf hoher See manchmal sogar gefährlich, am Ende jedoch hoffentlich erfolgreich im Heimathafen endet. Anhand dieser konkreten Beispiele können Sie nachvollziehen, mit welchen Mitteln und mit welchen Argumenten man arbeitet, um aus einer guten Idee – die zu Beginn unerlässlich ist – einen gelungenen Film zu machen.

»Kunst ist schön, macht aber viel Arbeit«, hat Karl Valentin gesagt. Auch die Kunst des Drehbuchschreibens setzt die Beherrschung handwerklicher Fähigkeiten voraus, die man allerdings lernen kann. Aber die Begabung zur Kunst muss man mitbringen, die kann man nicht lernen.

Und wenn wir ein einziges Anliegen haben, dann dieses: Seien Sie originell, schreiben Sie von Ihrem eigenen Standpunkt aus, wie Sie die Welt, die Menschen und deren Schicksale sehen, machen Sie nichts, was schon andere – eventuell besser – vor Ihnen gemacht haben; zeigen Sie uns Zuschauern Welten, die wir so noch nicht gesehen haben. Denn so viel Zeit haben wir auch nicht, uns denselben Unsinn von vorgestern noch einmal vorführen zu lassen. Denken Sie daran, wenn Sie jemandem eine Geschichte erzählen, dass seine Bereitschaft, Ihnen zuzuhören, so etwas wie ein Vertrag ist. Beherzigen Sie, dass Sie ihm etwas schuldig sind: eine gute Geschichte. Sie ist dann am besten, wenn sie von Ihnen kommt. So persönlich und nur von Ihnen, dass sie niemand anderer hätte schreiben können.

1.3 Die Rolle des Autors

Wir brauchen mehr und mehr gute Autoren, denn mit der Einführung der kommerziellen Sender ist der Bedarf an fiktionalen Produktionen explosionsartig gestiegen. Die Königsdisziplin des deutschen Fernsehens sind die »TV Movies«,

»Movies of the Week« und »Gala-Welt-Premieren« des »Films der Woche«. Statt etwa 100 Fernsehspielen – um nichts anderes handelt es sich bei dieser so blumig etikettierten Ware – vor einigen Jahren werden jetzt jährlich ca. 350 Filme in der Movie-Länge von 90 Minuten produziert; auch wenn es nach der Pleitewelle 2002/03 so aussah, als würde hier gebremst werden, bleibt der fiktionale Fernsehfilm für alle Sender das Flaggschiff des Hauses, unter dessen Führung sich das Publikum um den Sender schart und dann auch mit anderen Sendeformen anfreundet. Die Chancen für Autoren sind in der Tat nie so gut gewesen wie heute – und werden auch in Zukunft weiter wachsen.

Bei diesen Chancen wäre es wünschenswert, wenn sich die Autoren wieder verstärkt ihrer Tradition und Herkunft als Geschichtenerzähler, Deuter und – warum nicht? – Priester bewusst würden. Denn warum sollte man sonst Geschichten erzählen, die Eltern den Kindern, die Weisen den Händlern, die Priester den Gläubigen, wenn es einem dabei nicht um Deutung geht, um Perspektiven, um Moral im weitesten Sinne – oder um die theoretisch grenzenlose Erweiterung der eigenen Erlebnisfähigkeit ins Transzendentale. Und es gibt noch eine weitere Funktion des Geschichtenerzählens jenseits der Journalisten, Ideenverkäufer, Seelensammler oder Marktschreier: Wenn Sie bewusst teilnehmen am Zeitgespräch einer Gesellschaft, die sich mit sich selbst verständigen, Themen diskutieren und neue Lösungen für neue Aufgaben finden muss, können Sie eingreifen, im wahrsten Sinne des Wortes politisch tätig sein – im angenehmen Gewand des Unterhalters.

Als ich seinerzeit als Journalist und später als Wissenschaftler arbeitete, fehlte mir die Rolle des Interpreteurs, des Sinnsuchenden und -verstehenden. Ich wollte aber nur zu gerne mitteilen, wie sich mir das Leben darstellte. Und Sie können das auch – und werden dabei eine besondere Genugtuung empfinden. Das ist ein hehrer Anspruch, der einen auch gelegentlich erschauern lässt, aber warum sollte man seine Ziele nicht hoch stecken und wie ein Tiger losspringen – als Bettvorleger kann man immer noch landen.

Schreiben für den Kriminalfilm

2.1 Eine kritische Bestandsaufnahme

Wenn man mich fragt, warum ich mich so intensiv mit Krimis befasst und den größten Teil meiner Drehbücher und Romane in dieser Gattung geschrieben habe, fällt mir die Antwort leicht: In dieser Erzählform konnte sich der Anfänger relativ sicher bewegen, weil die Gesetze des Genres täglich im Fernsehen neu zu analysieren und die offenkundigen Regeln relativ leicht zu befolgen waren. Wenn ich nicht mehr weiterkam, half meistens die rein logische Argumentation mit Alibis und Zeugenaussagen – oder die journalistische Recherche und der Verweis auf die Wirklichkeit. Mit dem – gelegentlich auch eingebildeten – Fortschreiten der Autorenleistungen konnte ich dann mutiger werden – immer geleitet von der genauen Beachtung der Regeln dieses Genres oder von der Freiheit im Umgang mit ihnen.

Hinzu kam: Die Abgründe eines Menschen zeigen sich immer nur in der Aufhebung aller Grenzen, in der Tat. Der zivilisierte Mitbürger ist aber kontrolliert, oder er verdrängt und ist ein Als-ob-Täter. Die meisten von uns ahnen nicht einmal, was unter der Oberfläche unseres Bewusstseins schlummert, und es hat mich interessiert, das herauszufinden, dort Tiefen auszuloten, wo rationale Erklärungen für Ereignisse im menschlichen Zusammenleben nicht mehr reichen. Gelegentlich habe ich dann auch etwas entdeckt, von dem ich noch nichts wusste.

Aber in der Regel war mein persönlicher Zugang zum

Krimi-Schreiben journalistisch geprägt. Der Fall selbst, die Figur in ihrem sozialen Umfeld haben mich fasziniert – und die möglichst genaue Recherche war hinreichend Legitimation, die Sache auch zu erzählen. Seit einiger Zeit beobachte ich die Krimiautoren um mich herum mit erhöhter Aufmerksamkeit, weil ich nicht mehr erkenne, warum sie ihre Geschichten erzählen. Statt neugierig oder originell zu sein, statt zu deuten oder zu hinterfragen, geben sie wieder, was sie gesehen haben – oft genug im Fernsehprogramm der letzten Woche. Es erfüllt mich mit Bedauern, wie nachlässig sie mit dem Genre umgehen. Glauben Sie mir, wenn ich mich einigermaßen zynisch über unser Metier auslasse, dann geschieht dies aus reiner Liebe zum Gegenstand und nicht aus dem Bedürfnis heraus, eine der schönsten Erzählformen niederzumachen.

Mit der extremen Vermehrung der Erzählmöglichkeiten scheint das Bedürfnis vieler Autoren, irgendetwas von Bedeutung zu erzählen, abzunehmen. Denn was da unter den synonymen Titeln wie »Gestohlenes Mutterglück«, »Mutter, ich will nicht sterben« oder »Lasst meine Frau nicht sterben« auf dem einen Kanal, und was unter der Schlagzeile »Tödliche Maria« oder »Tödlicher Duft« auf dem anderen Kanal gesendet wird, unterscheidet sich von der »Blutigen Spur« oder dem »Blut an der Wiege« ebenso wenig wie »Die heilige Hure« von der »Mädchenfalle« und »Unschuldig geschändet«. Der Gipfel der Titelfindung wurde erreicht, als ein Könner dieser Profession »Schlag weiter, kleines Kinderherz« dichtete und nach Vermutung der Branchenkenner damit eine gute Million Zuschauer mehr zum Sender lockte. Es dominieren Formulierungen, die den schnellen Quotenerfolg versprechen, die voyeuristische Variante und die »Bild-Dir-Deine-Meinung«-Schlagzeile. Dass ein Sender, der viel auf seine Filmtradition hält, im Zuge dieser »Programmstrategie« sogar eine ganze Reihe von TV-Movies unter dem Titel »Frauen in Gefahr« zusammenfasst, sagt genug.

Aber wenn nur die Titel, die von den Sendern oft genug gegen den Willen der Autoren ausgewählt werden, voneinander abgekupfert würden, könnte man sich ja angesichts dieses einfallslosen Marketings mit Gleichmut abwenden. Doch die Inhalte ähneln sich oft noch mehr, denn die vielen »Irren«, die »Unschuldige schänden«, bis sie sich »in ihrem Blute wälzen«, um dann doch noch in »Fesseln« gelegt zu werden, um nur eine kleine Auswahl zu zitieren, die krebskranken Söhne, Töchter und Geliebten hat man so oder in anderer Kombination schon gesehen. Oft genug sogar auf demselben Sender. Aus dem Vater, der sich in die Geliebte seines Sohnes vernarrt, wird der Mann, dem seine Liebe zum Schwiegersohn in spe zum Verhängnis wird. Aus der mordlustigen Verstoßenen wird der rasende Liebhaber, der zusticht statt giftet. Und wenn nicht ganze Stücke adaptiert werden, dann nutzt man sie als Steinbrüche und verwendet Teile, Figuren oder Handlungsbögen daraus und kombiniert sie zu »neuen« Versionen ein und derselben alten Geschichte.

Die feuilletonistische Behauptung, es gebe sowieso nur 30 oder 40 Geschichten, die immer wieder in neuem Gewand vorgetragen würden, ist angesichts der »Themenvielfalt« deutscher TV-Movies eine wohlwollende Untertreibung. Von wenigen Ausnahmen einmal abgesehen, verzichten immer mehr Autoren auf eigene Aussagen, ein eigenes Thema und vor allem darauf, über das Psychologisieren in Gemeinplätzen hinauszugehen.

Dass das Genre trotz der vielen »Sensationskrawallschocker« oder dem »Hirnmüll« (Ponkie), und obwohl die Großangriffe der »Clowns« und Anverwandten bestenfalls einer »Kalaschnikow-Kultur« entspringen (Compart), so beliebt ist, zeigt die Robustheit des Genres, in dem trotz derartigen Missbrauchs immer wieder »Momentaufnahmen deutscher Mentalität« gelingen – in guten wie in schlechten Folgen. »Alles ist möglich« konstatiert daher Ponkie in ihrem lesenswerten Beitrag, und ewig »tappert der deutsche Kommissar«, kalauert Martin Compart in seinen scharfsichtigen Ausführungen.

Die Gattung Krimi war in Deutschland schon vor ihrer massenhaften Verbreitung durch das Fernsehen erfolgreich – und zwar in beiden Teilen des Landes, in denen man synonym den liebevoll-kindlich klingenden Begriff »Krimi«

prägte. Wie anders hört sich da das angelsächsische »crime« an, auch der französische Zuschauer kommt in seiner Wertschätzung der Gattung ohne verniedlichende Begriffe aus. In der DDR war gesellschaftspolitische Kritik nur im Krimi möglich. Da sie hier versucht und geübt wurde, war der Krimi besonders beliebt. Nach dem Fall der Mauer und der Zensur gab es für diese Gattung, in der man so viel andeuten und verstecken konnte, keine Sonderstellung mehr und damit auch keinen Nährboden für besonderen Erfolg; die seinerzeit prominenten Krimiautoren tun sich seitdem ziemlich schwer. Aber auch in der BRD leistete diese »demokratische Literaturgattung schlechthin«, wie Compart sie nennt, weil sie »die Finger auf gesellschaftliche Wunden legt«, Besonderes: Sie wandte sich der bundesrepublikanischen Wirklichkeit zu und setzte sich mit den politischen Merkwürdigkeiten Nachkriegsdeutschlands auseinander – was man von der »hohen« Literatur nicht unbedingt behaupten kann. Wenn die Leistungen solcher Autoren wie Hansjörg Martin, Horst Bosetzky (-ky), Felix Huby oder Fred Breinersdorfer auch nicht den literarischen Maßstäben einer Gruppe 47 genügen mögen, haben sie doch in millionenfacher Auflage (Huby erreicht diese magische Grenze allein mit Taschenbuchausgaben) ihre Leser erreicht und ihnen einen Spiegel der Gesellschaft vorgehalten, in der sie leben. Und wenn auch einige von ihnen den »mangelnden Spannungsbogen (ihrer Fernsehspiele) durch sozialkritisches Lamentieren wieder wettmachen« (Compart, a.a.O.), ist allein die Tatsache, dass sie sich mit der politischen Wirklichkeit befassen, ein bemerkenswerter Fortschritt in der deutschen Literatur – auch wenn es sich um Triviales handelt.

Der wirkliche Erfolg der Krimi-Gattung kam aber erst mit dem Fernsehen. In dem immer noch anhaltenden Boom erlebt sie eine Hausse, wie man sie kaum vorhersehen konnte. Wenn ein Genre so dauerhaft Erfolg hat und nach aller Einschätzung auch in Zukunft haben wird, muss es dafür einen Grund geben. Und wenn es trotz der Vermehrung von Terminen und immer wieder neuen Paarungen oder Figurenkonstellationen nicht kaputtgeht, müssen mehrere Gründe dafür verantwortlich sein. Warum liebt der Zuschauer seinen Krimi derart, dass er ihm alle doppelten Nähte, Wiederholungen und stereotype Ritualisierung verzeiht?

Vielleicht, weil in ihm das Bedürfnis nach Ruhe und Ordnung, das in diesem Land einen besonderen Stellenwert hat, erfüllt wird. Weil man die Grundeinstellung der bürgerlichen Schichten, die sich nicht nur auf ihren italienischen und spanischen Campingplätzen zeigt, in bestimmten TV-Kommissaren wieder finden kann. In den frühen Jahren waren es die Älteren »mit jener moralischen Verachtungsmimik« eines Erik Ode (Ponkie), später die Oberlehrer mit der farblosen Tugendbold-Ausstrahlung eines Derrick, dessen oberste menschliche Kategorie Anstand zu sein schien. »Das Bedürfnis, dem klassischen Freitagsonkel« zuzusehen, wundert den Autorenkollegen Friedrich Ani (in der SZ vom 9./10. Februar 2002) besonders, denn »seltsamerweise haben oft jene Serienfolgen die höchsten Einschaltquoten, in denen die Akteure so langsam und behäbig agieren, als hätten sie ihre Schauspielprüfung in Zeitlupe abgelegt«.

Später kamen die jugendlich-hektischen dazu, die lautstark protestierenden wie »Schimanski« und dessen Derivate, der »Fahnder« mit seiner Moral von Empörung gegen »die da oben« und Solidarität mit »denen da unten« – nicht schlecht kopiert von den Männern und Frauen der »SOKO«. Heute sind es auch weibliche, offizielle, inoffizielle, private, pensionierte Anwälte des kleinen Mannes. Selten sind sie selbst Opfer, Mittäter, Verstrickte oder gebrochene Charaktere. Fast immer ist ihre Maxime klar, ihr Verhalten beruhigend vorhersehbar, ihr Sieg gewiss.

Staunend stellt man fest, dass die Zuwendung des Zuschauers zum Genre immer intensiver wird. Was wird da abgearbeitet, was speist das Bedürfnis nach einem Inhalt und einer Form derart, dass selbst grobe Mängel nicht nur verziehen werden, sondern den entscheidenden Vorteil darzustellen scheinen? Werden hier mythische Tiefen erreicht, die sich der systemimmanenten Kritik von Feuilletonisten und der fachgerechten Beurteilung von Dramaturgen entziehen? Die Theologin und Publizistik-Professorin Johanna Haberer fragt daher, ob der Krimi nicht die moderne Art sei, mit den »letzten Fragen« umzugehen (zitiert nach Riehl-Heyse, »Morden auf allen Kanälen«, *Süddeutsche Zeitung* vom 16./17.2.2002). Mit der Rezeption der Kriminalspiele wird die Sehnsucht der Zuschauer nach Erlösung, nach Licht im Dunkel der alltäglichen Düsternis erfüllt. Hier erfahren sie die beruhigende Botschaft, die sie in den unsicher gewordenen Zeiten suchen. Oliver Storz bezeichnet das die »Botschaft von der virtuellen Rettbarkeit der Welt«. Denn der Kommissar ist in der Regel der Heilsbringer, der mit überwirklichen Fähigkeiten ausgestattete Erklärer und Garant für Ordnung. Anders wäre der unglaubliche Erfolg des »Derrick« gar nicht verständlich, denn ein nicht übermäßig beweglicher Darsteller weiß alles und kennt jede Lösung, von der er uns aber nur stückweise und möglichst langsam berichtet, bis sich das Weltbild wieder zusammensetzt und die Botschaft erscheint: »Auch reiche Leute haben arme Kinder.« Das hört man gern, vor allem wenn man selbst nicht besonders reich ist. Dieser deutsche Typ des Kommissars hegt Zuneigung zu den richtigen Leuten und bestraft die Unerträglichen, die auffällig Gewordenen mit Missachtung. »Der Kommissar als Gegenfigur ist immer der Deutschen liebstes Kind gewesen«, schreibt Torsten Körner (in der *Funkkorrespondenz* 16/2002 zum Start der Polizeikomödie »Inspektor Rolle«), »weil er als Abgesandter des kleinen Mannes die Leichen im Keller des großen Mannes entdeckte.«

Da klärt ein kluger Rechtsanwalt im »Fall für zwei« den zappeligen Privatdetektiv, der von der Front zurückkommt und immer noch nicht recht durchblickt, über die wahren Zusammenhänge auf und bringt so die Dinge auf seinem Schreibtisch wieder in ihre rechte Ordnung. Da benennen kluge und einfühlsame Frauen wie Thekla Karola Wied – aber auch »Bella Block«, deren beeindruckende Figur wir der großartigen Interpretation Hannelore Hogers zu verdanken haben – das Elend dieser Welt und versprechen den Siechenden Hoffnung. Wenn man die Einschaltquoten betrachtet, bekommt man einen Begriff vom Verlangen der deutschen Zuschauer nach einer erlösten Welt. Das bietet keine Kirche mehr, keine Religion und keine Sekte. Dieses Verlangen nach patriarchalischer Güte – wobei die hektisch emotionale Anteilnahme eines jungen »Fahnders« nur die andere Seite der Medaille ist – scheint bei den in ihrem Selbstwertgefühl verunsicherten und von grundsätzlicher Furcht bedrohten deutschen Zuschauern besonders groß zu sein.

Burkhard Müller-Ulrich spricht sogar von »der Angst, dieser deutschen Passion« (*Medien-Märchen. Gesinnungstäter im Journalismus*, München 1986, S. 20). Und Rudi Holzberger schreibt in seiner Untersuchung zur »publizistischen Götterdämmerung in Sachen Waldsterben« (das die offensichtlich angstfreien Franzosen in ihrer Unfähigkeit, das Bedrohliche des Phänomens mit einem eigenen Wort zu erfassen, »le Waldsterben« nennen) von der »Lust (der Deutschen) an der Katastrophe« (*Das sogenannte Waldsterben. Zur Karriere eines Klischees*, Bergatrente 1995). Müller-Ulrichs Analyse der deutschen Nachrichtenlandschaft, in der »im Dutzend aufgeblasene Befürchtungsmeldungen« Raum greifen – obgleich ja eine Befürchtung eo ipso das Gegenteil einer Nachricht ist –, zeigt, wie weit wir es schon im Umgang mit unser aller täglich Angst gebracht haben. Um unsere Fähigkeit, uns zu fürchten, muss man sich also keine Sorgen machen – und damit auch nicht um die Zukunft des deutschen Krimis.

Wer annimmt, dass dieses nur auf die Armen im Geiste zurückzuführen sei, der täuscht sich.

Behrens / Kiefer / Meder verglichen die Unterhaltungsangebote im Fernsehen von 1993 mit denen von 1995 und stellten fest, dass die mengenmäßige Zunahme des Konsums auf die vermehrte Nutzung in den sozial schwachen Schichten zurückzuführen ist. Diese Zunahme entspricht reziprok der Zunahme der sozialen Probleme in der Gesellschaft (Uli Gleich in: *Mediaperspektiven* 2/1997). Und die fortschreitende Segmentierung des Fernsehmarktes zugunsten der Wohlhabenden und Informierten korreliert mit der Zunahme der Fernsehnutzung durch die sozial schwachen Schichten. Schwer zu erreichende Informationen, die auch schwer zu verarbeiten und einzuordnen sind, werden nur noch zahlungskräftigen Minderheiten zur Verfügung stehen, die diese Inhalte in

Spartenprogrammen oder auf Pay-TV-Schienen finden. Die
»soziale Kluft im Umgang mit politischer Information« ist
groß. Dank des dualen Systems hält die Klassengesellschaft
in Deutschland wieder Einzug.

Aber bei der Nutzung der Krimis ist das nicht so: Die Liebe
zu ihm, wie im Übrigen auch die zur Lindenstraße, besteht in
allen Klassen. Das Genre vereinigt die Deutschen – vertikal
und horizontal. Mehr noch: Das Potenzial des Kriminalgenres ist überwältigend; es bietet den schichtenübergreifenden
Religionsersatz. Dieser verbindet die Teile des Volkes miteinander, die angesichts der sozialen Entwicklung in diesem
Land gerade auseinander driften.

Die Zukunft dieses Genres, das ja in den 1960er-Jahren zunächst noch in den Niederungen der Groschenromane düm-
pelte und keinesfalls zur hohen Kür des deutschen Fernsehens gehörte, ist umso sicherer, je ungesicherter die
politische und soziale Zukunft der Gesellschaft erscheint.
Und den Wohlgemuten und -habenden in dieser neuen Klassengesellschaft ist das Genre mehr als akzeptabel, weil es
dank seines außerordentlichen Erfolges auch anspruchsvolle
und besonders begabte Autoren und Regisseure angezogen
hat, die hier eine Kultur geschaffen haben, die den Vergleich
mit anderen Kulturgütern nicht zu scheuen braucht. Spätestens seit den 1980er-Jahren ist die Krimiserie in qualitati-
ver Hinsicht mit das Beste, was es im deutschen Fernsehen zu
sehen gibt. »Schimanski«, das ganze Tatort-Unternehmen,
der »Fahnder« und, last, but not least, »Bella Block« oder
»Sperling«.

Nicht erst seit dem »Skorpion« von Dominik Graf, sondern
auch schon seit »Frau Bu lacht«, für das Günter Schütter ein
wunderbares Buch vorgelegt hat, wissen wir wieder, wozu
das Genre inhaltlich und formal taugt. Hier gehen zwei Könner ihres Metiers frei mit einem der ältesten Genres um und
erzählen etwas völlig Neues – ohne auch nur ein einziges Gesetz des Genres zu verraten, zynisch zu hintergehen oder gar
zu ironisieren, was in unseren Kreisen ja ansonsten als Aus-
weis besonderer Kennerschaft gilt. Graf, der nicht erst mit
der »Katze« gezeigt hat, dass wir auch international kom-

merziell erfolgreiche Filme produzieren können, liebt sein Genre. Er spielt mit ihm und erzählt uns etwas über das Leben in den Städten der 1990er-Jahre, über die Beziehungen von verletzlichen und tapferen Menschen »von nebenan«, und er führt uns in das Drama einer Liebe ein, deren Klimax in einem einzigen Bild gipfelt. Wir sehen, was wir (und der Protagonist) nicht glauben mögen – und erleben, wie die Liebe darüber siegen kann. In diesem Film wird mit den Mitteln eines trivialen Genres hohe Kunst geschaffen.

So gesehen kann man vielleicht einigen Unsinn, der in diesem Genre auch verzapft wird, verschmerzen – wenn mit der Erhaltung dieses Genres ein zwischen den Zuschauern und den Machern vereinbarter Zeichensatz lebendig bleibt, mit dem wir auch über uns und die Gesellschaft im Gespräch bleiben können.

2.2 Drei Gründe, Krimis zu schreiben

Sie wollen Autor werden oder als Autor ihre Fähigkeiten verfeinern – und Sie wollen damit Geld verdienen. Der größte Auftraggeber für Autoren ist das Fernsehen, das zurzeit jährlich etwa 350 TV-Movies produziert, davon gut ein Drittel Krimis. Das heißt, es werden für jährlich 100 neue Fernsehfilme Autoren gesucht, die sich mit dem Krimi auskennen – die Serien nicht einmal mit gerechnet! Die Krimi-Disziplin sei »das Rückgrat des Fernsehens«, schreibt Herbert Riehl-Heyse in seinem lesenswerten Beitrag »Morden auf allen Kanälen« in der *Süddeutschen Zeitung* (vom 16./17.2.2002) und zählt auf, dass es »mindestens zehn Krimiserien täglich« gebe und allein »RTL am Donnerstagabend vier Krimis nacheinander ausstrahlt«. In einer durchschnittlichen Woche werden im deutschen Fernsehen zwischen 18.30 Uhr und 22.30 Uhr ca. 30 (!) neue Originalfolgen der verschiedenen Serien ausgestrahlt – die Soaps, die Wiederholungen und die Lizenz-Serien nicht mitgerechnet. Also sind Ihre Chancen hier am größten. Hinzu kommt, dass der Krimi das ausgeprägteste Genre in der fiktionalen Kultur der Medien ist. Dagegen kommen nicht einmal die Arztserien – nach meiner Rechnung sind zurzeit 17 Ärzte in TV-Diensten – oder die Familienserien und Daily-Soaps an. Der Krimi ist die Königsdisziplin.

Es gibt für Einsteiger und lernwillige Jungautoren aber noch einen anderen Grund: Im Krimi geht es um klare Konstruktion und exakte Definition dessen, worauf Sie hinauswollen, nämlich ein überzeugendes Finale. Ohne diese Momente können Sie weder einen Täter jagen noch Spannung erzeugen; Sie kämen nicht einmal bis in die Mitte ihres Manuskripts. Diese Momente sind nicht nur für einen Krimi unerlässlich, sondern in gleicher Weise für jedes Drama – nur weicht man da schnell in Allgemeinplätze aus und vergisst über einen hübschen Einfall oder eine kleine Nebenhandlung auch mal die harten Gesetze der Dramaturgie. Das heißt, wer den Krimi beherrscht, läuft beim Schreiben eines Dramas (jeglichen Genres) nicht mehr so große Gefahr, sich zu verirren. Er weiß nämlich nach harter Schulung, worum es geht. Und beim Krimi sind die Argumente ja von der Sache her einsichtig. Beim Drama hilft es manchmal, wenn man sich an schwierigen Stellen des Manuskripts als Arbeitshypothese vorstellt, man säße an einem Krimi – und – voilà: Das Problem wird sichtbar und kann angegangen werden. Gelernt ist gelernt.

Es gibt aber noch einen dritten Grund, sich intensiv mit dem Krimi zu beschäftigen: Er ist nicht nur die Königsdisziplin, sondern auch das Schmuckstück des deutschen Fernsehens. »Im Krimigenre wird mitunter kreativer gearbeitet … als in den so genannten genrefreien Fernsehspielen«, stellt die Kritikerin Marianne Engels-Weber (in *Quotenfänger Krimi, Das populärste Genre im deutschen Fernsehen*) fest. Und zur Feier des 500. Tatorts (nach mehr als 30 Jahren) waren sich alle Verantwortlichen einig, dass das Beste, was das deutsche Fernsehen hervorgebracht hat, sein Krimi ist. Und das Publikum scheint der gleichen Meinung zu sein, wenn man den Quoten glauben darf; für Millionen sind die Serien »Lehrjahre des Gespürs«, wie Michael Althen schreibt (in: »Seriensucht, wie Fernsehserien das Leben verändern«, in der äußerst empfehlenswerten Zeitschrift *steady cam*, Nr. 27, Köln 1994).

Und mit Gründung der privaten Sender ist das Genre nicht nur in Qualität, sondern auch in Quantität explodiert. Schon nach zehn Jahren des dualen Systems werden fast 45 verschiedene Krimiserien parallel ausgestrahlt! Es war nicht nur für die Privaten eine Frage der Selbstwertschätzung, es den »Großen« gleichzutun und ihr Image beim Zuschauer mit Krimiserien zu pflegen – RTL entwickelte mit »Alarm für Cobra 11« ein besonderes (Action-lastiges) Konzept, das es so noch nicht im deutschen Fernsehen gegeben hatte, und SAT.1 profilierte sich mit dem neuartigen Konzept einer Mischung aus Tierfilm- und Krimiserie mit »Kommissar Rex«, dem Mix aus Heimatfilm und Krimi in »Ein Bayer auf Rügen« oder der Verbindung von hartem Krimi mit zarter Familienserie in »Wolffs Revier«. Und das ZDF glich sein Manko, keinen »Weg zum Premium-Film« (Dieter Stolte) zu haben, mit dem Samstagskrimi aus. Es entstand und entsteht weiterhin eine sehr beachtliche Sammlung von 90-Minütern in kleineren Reihen, allen voran »Rosa Roth« mit Iris Berben, die bei Erfolg verlängert werden. Bemerkenswert ist daran vor allem, dass sowohl ZDF als auch RTL (mit der Reihe »Doppelter Einsatz«) Vergleiche zum Spielfilm suchen, was sich auch im Produktionsaufwand niederschlägt.

Das Krimigenre ist daher bei allen deutschen Regisseuren, auch und gerade bei denen, die für das Kino arbeiten, die beliebteste Gattung. Kaum einer von ihnen hat nicht Krimis für das Fernsehen gedreht. Das gilt für die ersten Stunden des »Tatorts«, als Wolfgang Petersen nach mehreren Folgen mit »Reifezeugnis« die Reihe fest verankern konnte, das führte über Peter Schulze-Rohr, Wolfgang Staudte, Fritz Umgelter, Jürgen Roland und Franz Peter Wirth bis hin zu Dominik Graf, Martin Enlen, Friedemann Fromm, Vivian Naefe, Hartmut Schoen, Oliver Hirschbiegel und Matti Geschonnek. Die Liste der Autoren und Regisseure dieses Genres ist die Ahnen- und Ehrentafel des deutschen Fernsehens.

»Das Fernsehen ist längst die Basis des deutschen Kinos geworden – im Guten wie im Mittelmäßigen. Es hat uns Regisseuren und Autoren ungeheure Chancen eröffnet. Nicht die jahrzehntelang gediegenen Lesebuch-Mehrteiler, nicht die jahrzehntelang spröden Fernsehspiele bargen die großen Entfaltungsmöglichkeiten – nein, ich glaube, die größten Chancen, das deutsche Einerlei erzählerisch voranzutreiben, gab es lange Zeit in den Serien und Reihen der ARD und des ZDF.

›Tatort‹ und ›Fahnder‹ haben nämlich jahrelang für uns drei große Freiheiten bereitgehalten: Zwei dieser Vorzüge – die Freiheit eines überschaubaren Budgets und die Freiheit schneller Projektentscheidungen der sehr wenigen Leute, die bei erfolgreichen Serien inhaltlich Einfluss nehmen –, die werden leider seltener«, schreibt Dominik Graf, einer der wenigen Regisseure und Autoren, die sich immer wieder theoretische und analysierende Gedanken zu ihrer Arbeit und zum deutschen Kino- und Fernsehgeschäft machen. »Eine ... Freiheit ist im Moment noch geblieben: die der kurzen Drehzeit. Das klingt paradox – aber in der zwangsläufigen Vereinfachung und Schnelligkeit aller Inszenierungsentscheidungen liegt oft der beste Weg für die Sache. Man sieht billigen Filmen im gelungenen Fall das freudige Tempo der Herstellung an, man sieht es an ihrer formalen Flexibilität, an ihrer undogmatischen Fantasie. Und je aufwändiger gerade deutsche Filme werden – umso weiter sind Sie meistens von ihren wahren Möglichkeiten entfernt. Wie sagte Hajo Gies neulich: ›Schimanski im Fernsehen zu machen hatte eine größere Freiheit als die Schimanski-Filme fürs Kino.‹ Eben. 400 Tatorte lang gab es also bisher diese Chance, vital, neu, einfach oder labyrinthisch und relativ billig von der ›Wahrheit‹ des Verbrechens und von der ›Wahrheit‹ seiner Bekämpfung in Deutschland zu erzählen. Es wäre bei jedem Film wieder möglich gewesen, den Traum vom ›kleinen Kino‹ zu verwirklichen, geschützt unter dem Dach einer unglaublich langlebigen und beinahe konstant erfolgreichen Serie. Und diese Serie hätte mit ihrer bewussten, sozusagen im Konzept vorgegebenen symbiotischen Beziehung der Hauptfiguren zu ihrem Schauplatz gerade das widersprüchliche Gefühl vom »Zu-Hause« in ihren Filmen zum Thema machen können.« (Dominik Graf in der ARD-Festschrift zum 400. Tatort, München 1998)

Sie sind also mit dem Krimi in der Belle Étage des Mediums, und nicht – wie früher – in der Schmuddelecke der Heftchenromane. Wie das kommt? Ganz einfach: weil man in diesem Genre am meisten experimentiert hat und immer wieder Newcomern die Möglichkeit gab, ihre – neue – Sicht der Welt umzusetzen.»Der Fahnder« wurde z.b. ganz wesentlich von jungen Autoren und Regisseuren, meist von der Hochschule für Fernsehen und Film in München, hervorgebracht: Das hat ihm seinen großen Erfolg und seine Lebensdauer beschert. Hinzu kommt, dass die meisten Krimis in Serien produziert und gesendet werden, d.h. für die Wirkung der einzelnen Filme schon eine bemerkenswerte Plattform vorhanden ist. Was wäre so manches schwache Stück, wenn es nicht in der Tatort-Reihe laufen würde! Etliche hätten nicht einmal in der Nachtlücke eine Chance. Das heißt also, dass Produzent und Sender selbst dann, wenn bei einem Krimi mal etwas schief geht, meist nicht so schnell wie bei anderen Genres die Nerven verlieren und sie zum Teufel wünschen. Sie können hier also gut starten – ein Flop ist noch kein Todesurteil – und Sie können bis ganz nach oben kommen.

Die Geschichte des Kriminalfilms

Der erste Krimi wurde zu Beginn des 20. Jahrhunderts gedreht; die Geschichte des Kinos beginnt also mit einem Krimi. Er war immerhin 30 Sekunden lang, für damalige Verhältnisse eine technische Großleistung. Und er war – auf den Jahrmärkten und in den über das Land ziehenden Zeltbetrieben, in denen die Wunderwerke der neuen Kunst gezeigt wurden – ein großer Erfolg. Sein Titel: »Sherlock Holmes Buffled« (1902). Das nächste Werk – ebenfalls mit der berühmten Detektivfigur – war schon acht Minuten lang. Und noch erfolgreicher. Die Produktion kam nicht aus den USA, wie man annehmen möchte, sondern aus Europa. Die Wiege des Krimis steht in Kopenhagen und wurde vom Regisseur Viggo Larsen und seinem Produzenten Ole Olsen geschaukelt.

Genau genommen entstand der Krimi aber schon 150 Jahre vorher, nämlich in der Literatur. Die Aufklärer wie beispielsweise Voltaire, der 1747 mit *Zadik* so etwas wie eine erste Kriminalgeschichte geschrieben hat, glaubten an die Erklärbarkeit der Dinge, an die logische Deduktion von Zusammenhängen, an die Fakten, an die man sich halten kann; sie standen im Widerspruch zur Mystik, zum Religiösen im weitesten Sinne und fühlten sich als die Begründer einer neuen Gesellschaft, die nach dem Austausch von möglichst logischen und für alle nachvollziehbaren Argumenten konstruiert sein sollte. Die philosophischen und politischen Aufklärer waren also zugleich auch Aufklärer im kriminalistischen Sinne, soweit sie Romane und Erzählungen schrieben.

Damit entstand eine neue Literaturgattung, die sich von Anfang an der breiten Masse zuwandte, entsprechend in Zeitschriften als Fortsetzungsgeschichten verbreitet wurde und den *gothic novels* entgegenstand, die bis dahin die Gemüter der Leser erregt und den Glauben an das Unheimliche hinter den sichtbaren Dingen verstärkt hatten. Einer der ersten Kriminalschriftsteller, William Godwin, war verheiratet mit der Mutter der Frankenstein-Erfinderin Mary Wolstonecraft-Shelley. Deren Literatur hatte sich sehr schnell durchgesetzt – indem sie gelegentlich auch Momente der *gothic novels* übernahm und umfunktionierte. Der Schauer, der sich in den deutschen Filmen der 1950er- und 1960er-Jahre und bis heute in den Thrillern wieder findet, wurde ein wichtiges Moment des Krimigenres, dessen Zielvorstellung aber von der Aufklärung der Zusammenhänge, von der Besiegbarkeit des Schreckens und von der Verstehbarkeit der Welt ausging. *Gothic* war die Tarnung, Logik die Botschaft.

Die Behauptung, dass die Welt verstehbar sei, machte den Krimi mit dem Aufkommen der Demokratie ungeheuer erfolgreich; daran wollten die Menschen glauben – dass es am Ende so etwas wie eine Selbstbestimmung geben kann. Und dass es Sieger über das Schicksal gibt. Beschützer, die allen helfen können, ohne sich auf eine adlige Erbfolge oder religiöse Sendung zu berufen. Männer, die aus der Mitte des Volkes kamen und ihre Taten ausschließlich von der logischen Kraft ihrer Gedanken ableiteten und legitimierten.

Es wird kolportiert, eine französische Gutsbesitzerin habe den Autor eines kleinen Kriminalrätsels foltern lassen, weil er behauptet hatte, man könne es allein mithilfe einer logischen Deduktion lösen; sie wollte nicht nur wissen, wie diese Lösung lauten sollte, sondern sie bezweifelte schlicht, dass ein einfacher Mensch – womöglich sogar noch von niederem Stand – etwas logisch deduzieren und so auf die Lösung eines bis dahin unverständlichen Rätsels kommen konnte; das war ihr zu viel Selbstbestimmung und -befreiung des Einzelnen. Sie sah die Gefahr, die von dieser demokratischen Grundhaltung ausging, nämlich mit Logik einen Sachverhalt zu lösen und sich auch danach verhalten zu können, als eine

Bedrohung ihrer vorgeblich von Gott gegebenen Herrschaft gewittert.

Der Krimi ist also mit der Entstehung und dem Fortbestand der demokratischen Gesellschaft und des Bürgertums untrennbar verbunden, die Geschichte der Literatur zeichnet die politischen Entwicklungen bis zum heutigen Tage nach. Sieht man von den künstlerischen Innovationen, die von Edgar Allen Poe ausgingen, ab (er gilt vielen als der Begründer der Kriminalliteratur und seine Erzählung *The Murders in the Rue Morgue* aus dem Jahr 1841 als der erste Kriminalroman), beginnt der Siegeszug des neuen Genres erst mit seiner massenhaften Verbreitung, d.h. mit den Sherlock-Holmes-Geschichten von Sir Arthur Conan Doyle. Der unglaubliche Erfolg war nur durch eine rabiate Reduktion der Figur auf wenige klare Züge möglich, die rasche Verbreitung verdankte Doyle – der im Übrigen nur aus Geldmangel schrieb und seine Werke für literarisch nicht besonders anspruchsvoll hielt – den unheimlichen Gegnern, Milieus und Taten, also dem *gothic appeal*. Aber Holmes selbst ging von der unerschütterlichen und uneingeschränkten Prämisse aus, dass die Welt durch logische Ableitung verstehbar sei. Damit wurde die Figur des Sherlock Holmes, die unter vielen anderen auch Buster Keaton zum Helden einer seiner Filme machte, eine der wichtigsten Manifestationen des Glaubens an die bürgerliche Demokratie, eine Krimifigur wurde der »Held des Positivismus«, wie Georg Seesslen (*Detektive, Mord im Kino*, S. 20) ihn nennt.

Dieser vor allem wirtschaftliche Erfolg wurde durch die technischen Neuerungen der Reproduktion und Distribution um die Jahrhundertwende wie durch einen Treibsatz beschleunigt. Unzählige Kolportageromane brachten nicht nur neue Detektivfiguren hervor, sondern sie erreichten jetzt auch Amerika, wo sie als so genannte *dime novels* (nach der kleinsten damals gehandelten Münze benannt) erschienen. Die Figur des Nick Carter hat – in literarischer Form – um die Jahrhundwertwende in den Slums der amerikanischen Großstädte unzählige Waisen, allein stehende Frauen, wackere Familienväter und zu Unrecht Verdächtige gerettet. Mit ihm und seinen Vettern entstand der proletarische Held, der nicht mehr (wie Sherlock Holmes) aus der gebildeten Schicht der Bürger kam, sondern mit Fäusten und Revolver Ordnung schaffen oder Unrecht rächen konnte. Seine Urahnen waren die Westernhelden und seine Enkel die *private eyes*, die klassischen Privatdetektive der Schwarzen Serie. Mit Nick Carter hat sich das Kriminalgenre – wie schon in früheren Epochen – bei anderen Genres bedient und sich deren erfolgsträchtigsten Momente einverleibt. Und es wurde erheblich gewalttätiger (zur Gewalt im Krimi werden wir an späterer Stelle kommen).

Diese Fähigkeiten und der Glaube der Leser an deren Wirksamkeit wurden umso wichtiger, als die Bürger der rapide wachsenden Industriestädte wie Chicago oder Baltimore erkennen mussten, dass die Polizei korrupt war und die Herrschenden in stiller Komplizenschaft mit den Verbrechergangs zum Nachteil der Unterprivilegierten agierten; da waren Helden gefragt, die gegen das Establishment standen, die der Polizei die Stirn bieten und den Individualismus über den Apparat siegen lassen konnten. Man glaubte nur noch an das persönliche Bekenntnis zu Integrität und Ehre – denn das war das Einzige, an das man sich noch halten konnte. Die US-amerikanische Gesellschaft war im Begriff, sich in Korruption und Ausbeutung durch die Herrschenden aufzulösen. Die Menschen brauchten die Tröstungen, die von den fiktionalen Figuren der Kriminalromane ausgingen. Sie suchten darin die Bestätigung ihrer Hoffnung, dass es das Gute in der Gesellschaft doch noch geben und diese sich selbst retten konnte – mit der Hilfe des einfachen Mannes. »Der amerikanische Privatdetektiv kann ein Vigilant sein, der das Gesetz in die eigene Hand nimmt, Ordnung schafft, mit allen, durch nichts als die eigene Person legitimierten Mitteln; er ist aber auch Parzival, besessen von der Suche nach dem Gral, und er ist manchmal ein Orpheus, der in eine Art amerikanische Hölle herabsteigt, um jemanden zu retten. Er hat eine Menge zu tun, sich selbst zu retten.« (Georg Seesslen, *Detektive*, a.a.O., S. 45).

Dadurch erfuhr der Krimi neuen Schwung und lesende

Zustimmung. Die Gattung, die sich seit ihren Anfängen an die Realität gehalten und in ihr ihre Fälle recherchiert hatte, bewies hiermit ihre besondere Kraft. Schon Charles Dickens – ebenfalls ein Autor, der vor allem wegen des Geldes Krimis schrieb, Sie sehen also, Sie sind in guter Gesellschaft – recherchierte seine Fälle mithilfe seines Freundes Inspector Field in dessen Revier *(On duty with Inspector Field)* und schöpfte daraus die politische Kraft seiner Erzählungen – und den ungeheuren Erfolg.

Eine Steigerung erfuhren die *dime novels* durch die *pulp*-Magazine, die noch billiger waren und noch schneller hergestellt wurden, d.h. auch schneller geschrieben werden mussten (mit *pulp* bezeichnete man besonders schlechtes Papier, das sich nicht einmal zum Zeitungsdruck eignet, gewissermaßen Abfall, der aber für ein schnell gedrucktes Magazin noch gerade gut genug war). Endlich erreichte der Erfolg des Genres auch die Autoren: Sie wurden reich, richtig reich. Einige von ihnen sollen sogar besser verdient haben als die damals schon überbezahlten Filmstars mit ihren Mega-Gagen. Eines der wichtigsten Organe war das Black-Mask-Magazin, das dem *film noir* später zur Definition diente und die Autoren in den Vordergrund puschte; erstmals waren nicht die fiktiven Figuren um Nick Carter das Verkaufsargument, sondern deren Erfinder. Man kaufte einen Dashiell Hammett, Raymond Chandler oder Horace McCoy – und zwar als Buch. Der Krimi hatte in der 1940er-Jahren endlich den Sprung ins literarische Establishment geschafft. (Hinter einer *black mask* verbarg sich in den *gothic novels* der Böse, das unsichtbare Ungeheuer, das seine Identität nicht preisgeben wollte und so den angegriffenen Unschuldigen noch mehr schreckte. Wen man nicht [er]kennt, den kann man auch nicht bekämpfen; Zorro nutzte eine Maske, um sich – allerdings im Namen des Guten – die gleichen Vorteile zu verschaffen.)

Während die *pulp*-Figuren und -Romane die literarische Szene eroberten, entwickelte sich der europäische Krimi auf niedrigerem Niveau, allerdings mit unvergleichlich größerem Massenerfolg: Die gesellschaftliche Situation zwischen den beiden Weltkriegen verlangte offensichtlich weniger nach depressiven Grundstimmungen, nackter Verzweiflung und dunklen Lebensräumen; man suchte eher die Erinnerung an das Gute von gestern (Simenons Kommissar Maigret), klare lebensanschauliche Orientierung (Agatha Christie) und ein konservatives Gesellschaftsbild (Edgar Wallace). Vor allem bei Agatha Christie wurde der Erfolg mit einer Reduktion auf wesentliche (und sehr schlichte) Charakterzüge der Helden und eine überdeutliche Lebensphilosophie erkauft; was den US-amerikanischen Autoren gelungen war, nämlich literarisch anspruchsvolle Krimis zu schreiben, interessierte eine Agatha Christie überhaupt nicht. Sie wollte Erfolg, und sie wollte ihre Weltanschauung verbreitet und wenn eben möglich auch verwirklicht wissen. Einer ziemlich starren kleinbürgerlichen Grundhaltung stand also ein besonderes Sendungsbewusstsein zur Seite. Sie, die mit geschätzten über 300 Millionen verkauften Exemplaren die wohl erfolgreichste Kriminalschriftstellerin ist, kannte mit den Opfern keine Gnade. Ihr nicht gerade sympathischer Held Hercule Poirot feierte vor allem dann Triumphe, wenn er die Täter, die in seinen Augen nur von ihren niederen Leidenschaften getrieben waren – und fast alle Gefühle waren für ihn und seine Erfinderin so etwas wie niedere Leidenschaft, weil nämlich möglicherweise unkontrollierbar –, kraft seines Geistes überführen, d.h. im Interesse der Erhaltung eines puritanischen Selbstwertgefühls besiegen konnte. Nur wenn der Schuldige tot ist, kann er als erlöst betrachtet werden – und die puritanische Gesellschaft als gerettet. Diese »Theologie des Kriminalromans« (Seesslen) hat ganz wesentlich zum Erfolg der 84 Agatha-Christie-Romane beigetragen.

Ähnlich bei Edgar Wallace, dessen Panoptikum an Tätern erstaunlich ist; bei ihm sind Verbrecher Debile, ihr Ort ist der Slum oder die Docks. Die Bösesten kommen wie Tiere daher, zumindest in Allegorien. Der Detektiv steigt wie ein Priester in die Hölle hinab, um dort – die Gefahr selbstlos missachtend – die wenigen, die dessen überhaupt wert sind, der Erlösung zuzuführen. Natürlich durch den Tod.

Beide Autoren setzen ein Gesellschaftssystem voraus, in dem sich oben die Guten und unten die Bösen befinden – und in dem kein Hochkommen ist. Das Weltbild ist schwarzweiß – und hat wohl gerade deshalb in einer Gesellschaft, die in den Jahren zwischen den beiden Weltkriegen nach Orientierung und Halt gesucht hat, so ungeheuren Erfolg gehabt.

3.1 Ein Exkurs über Helden, Frauen und Realität

Der Held im Kriminalroman spiegelte immer die Aufgaben wider, die ihm von der Gesellschaft gestellt worden waren. Er musste eine Aufgabe für die Gemeinschaft lösen und sie so heilen – ihr zumindest die Hoffnung auf Heilung geben. Dabei war er selbst in aller Regel ein Outlaw (noch ein Relikt aus den Western), der das Böse gesehen, eventuell sogar an ihm teilgehabt hatte und seine Sünde sühnen musste. Hier manifestierte sich das Grundmuster einer puritanischen Gesellschaft, die in den Gründerjahren der Vereinigten Staaten feste moralische Grundsätze benötigt hatte, um den widrigen Umständen in einem noch unwirtlichen Land trotzen zu können.

Hinter diesen Helden stand der Glaube, dass man sich von Schuld befreien kann und der Schuldige im Dienst an der Gesellschaft Heilung erfährt – allerdings nicht die Wiederaufnahme. Der Tod steht – fast – immer am Ende des Heilungsprozesses. Das trifft auf Jahrzehnte der Kriminalliteratur und des Kriminalfilms zu, von den Polizeifilmen der frühen 1920er-Jahre bis hin zum Revival des »Dreckigen Cops« in den 1970er-Jahren mit Clint Eastwoods »Dirty Harry« (Regie Don Siegel) und Gene Hackmans Popeye Doyle in »French Connection« (Regie William Friedkin). All diesen Figuren, deren Grundmuster über mehr als 50 Jahre gleich blieb, war das Böse (wegen ihrer persönlichen Verfehlungen) wie von Gott geschickt, damit sie es bekämpfen und besiegen und so zu guter Letzt der Gesellschaft, gegen die sie sich vergangen hatten, einen Dienst erweisen konnten – ehe sie erlöst starben. In späteren Jahren reichte auch die Leben bedrohende Situation, in der der Held »so gut wie tot« war.

Diese Figur wurde vielfach variiert und sehr früh in zwei Protagonisten aufgefächert; so konnte man den widersprüchlichen Charakter in eine gute und eine böse, eine überlegene/bewusste und eine leidende/unbewusste aufspalten. Die beiden Teile der ursprünglich einen Figur konnten so miteinander kommunizieren – was vor allem für die Adaption im Film von Bedeutung ist, denn in diesem Medium ist die Darstellung der Gedanken des Helden oder seiner Gefühle problematisch –, es sei denn, im Off-Monolog des Ich-Erzählers. Da ist es ungemein hilfreich, wenn der Autor einen Gegenpol für seinen Protagonisten hat, sodass die beiden sich mitteilen können, was sie denken, fühlen oder vermuten.

Natürlich war diese Erzähltechnik aus der Literatur entlehnt. Cervantes hatte mit Don Quijote und Sancho Pansa erstmals ein Oben-Unten-Paar entwickelt. Mithilfe der kommentierenden und leidend teilnehmenden Figur des Dieners konnte er die komplizierte und seinerzeit völlig neue Figur des Don Quijote umfassend darstellen. Der »dumme« Diener, der in seiner Naivität am ehesten dem unwissenden Leser entsprach und dessen Fragen formulierte, betonte dadurch die Größe der Gedanken seines Meisters; durch seine ständige Gier nach Leben (d.h. in seinem Begriffssystem: Essen und Mädchen) verstärkte er auch noch die enorme Askese seines Herrn, die nach damaligem Verständnis die Voraussetzung für große Taten war. In der Kriminalliteratur benutzte Conan Doyle als Erster diese Erzähltechnik, indem er wesentliche Kommentierungen der Hauptfigur in den Mund des Ich-Erzählers Dr. Watson legte, der als der manchmal trottelige, aber immer treue Diener Sherlock Holmes' die Erwartungshaltung der Leser, die »wissen« wollten, wie eben Watson begreifen wollte, formulierte, andererseits aber auch die Haltung des (allwissenden) Autors reflektierte; Watson ist das Alter Ego Conan Doyles, der darin seine Beziehung zu seinem ehemaligen Lehrer spiegelte, unter dem er offensichtlich einiges erlitten hatte –

und dessen medizinische Kapazität er uneingeschränkt bewunderte, ohne ihm auch nur ansatzweise nacheifern zu können – Doyle war als kleiner Landarzt ziemlich erfolglos geblieben. Diese Technik hat es später vor allem dem Kriminalfilm leicht gemacht, die heldischen Qualitäten des Protagonisten aus der Perspektive des Zuschauers zu erzählen und zu überhöhen. Was wäre – und *was war* nach dem Tod von Eberhard Feik – der Schimanski ohne seinen Thanner? Was wäre Derrick ohne seinen Harry, der Fahnder ohne Max oder Rick? Die Entwicklung des Detektiv-Helden führt von Nick Carter über viele Variationen des *sidekicks*, d.h. des dummen Zweiten, der die Seitenhiebe abbekommt, zu den klassisch gewordenen Partner-Figuren im Polizeifilm – aber das Grundmuster bleibt immer gleich.

Die Tatsache, dass im Kriminalgenre so gut wie nie Frauen an die Seite des Helden getreten sind, mag an der Entwicklungsgeschichte dieser literarischen Gattung liegen, die sich wesentlich vom Westerner, d.h. vom Gewalt verwaltenden und nutzenden Kämpfer für die Gemeinschaft ableitete. Ganz befriedigen kann diese Erklärung aber nicht, denn nach 1945 tauchten vermehrt Frauen im Kriminalgenre auf – auch als Partnerinnen von Detektiven oder Kolleginnen im Polizeidienst; die Rolle der Frau war in den Kriegsjahren zumindest in den USA bedeutsamer geworden, ihre Selbstständigkeit anerkannt und das Selbstbewusstsein gewachsen. Dem kamen die neuen Stoffe entgegen, doch das Genre »entließ« diese Figuren bald wieder oder reduzierte weibliche Rollen auf Opfer oder Projektionsflächen für Erotik und Sex.

Erst im deutschen Fernsehen, das bis vor wenigen Jahren jede Frauenfigur als Krimi-Protagonist mit dem wenig durchdachten Hinweis strikt abgelehnt hatte, es handele sich eben um ein Männergenre, tauchten zur Jahrtausendwende weibliche Krimihelden in Massen auf; ob das gut ist – und gut geht –, wird man sehen. Denn die Befürchtung, dass die Privatisierung der Handlungen und die Flucht des handlungsführenden Protagonisten in ein zum Teil rein privates Interesse an Täter oder Opfer das Genre »entkernt«, ist berechtigt.

Was mit Hannelore Hoger furios begann, droht mit Maria Furtwängler zum Privatissimum zu werden, in dem zum Schluss nur noch der *private impact* zählt. Ganz sicher aber ist die Wendung des Krimigenres zur Familienserie, wie das bei dem so erfolgreichen »Großstadtrevier« laut Aussagen von Bernhard Gleim ganz bewusst geschieht, ein Erfolgsgarant. Bei dem Versuch, den Krimi mit dem Genre der Familienserie zu kreuzen, zeigt sich – erfolgreich – die erstaunliche Kreativität und Wandlungsfähigkeit, die im Fernsehen, und erst recht im deutschen Fernsehen, vorherrschen. Hier liegt eine große Chance für die Weiterentwicklung des Genres.

Die erstaunliche Lebensdauer des Krimihelden, der sich in Hunderten von Filmen und Fernsehserien bewiesen hat, haben nur noch fiktionale oder reale Figuren im religiösen Bereich. Der moderne Held ist an die Stelle von Heiligenfiguren getreten, und er steht für ein politisches Grundmuster des Zusammenlebens – die demokratische Gesellschaft. Der Krimiheld ist der Protagonist der neuen Gesellschaftsordnung. Das ist er bis heute – und jeder Kriminalschriftsteller und Drehbuchautor sollte sich dessen bewusst sein, denn seine Leser und Zuschauer sind es; sie suchen diese Funktionen in ihren Helden und wenden sich ab, wenn sie sie nicht wieder finden.

Zur Wende des Jahrtausends machte man ein verstärktes Bedürfnis nach »wahren« Helden aus. *Focus* zitierte (unter dem Titel »Rückkehr der Helden« in seiner Ausgabe 9/2002) den Medienwissenschaftler Norbert Bolz, der »die Helden in die Träume und in die Fantasien jedes Einzelnen zurückkehren« sah – vor allem in Form der so genannten Medienheroen, also von den virtuellen Hollywood-Ikonen bis hin zum Sportidol. »Sie sind präsent, wenn die Welt aus den Fugen gerät.« Der Soziologe Thomas Scheff warnt mit dem kritischen Hinweis, dass für ihn der Held aus »Kriegergesellschaften« stamme und im Prinzip »in einer Demokratie nichts verloren« habe. Und Bolz bestätigt, dass der Held »ein Einzelgänger [ist], ein Despot, unfähig zu jedem Kompromiss, aufs Maul gefallen, und er schlägt eher zu, als dass er nachdenkt«. Dagegen hält der Politologe Helfried Münkler

Heroismus für »unverzichtbar«, weil der Heros »die Angst vor dem Tod überwunden [habe] und für sein Gemeinwesen oder für eine politische Idee einsteht«, denn »ohne Opferbereitschaft funktionieren [...] Gesellschaftssysteme nicht«. Allein die Ausführlichkeit und die Kontroverse dieser Diskussion zeigt, welch prägende Rolle der Held – oder das Bild von ihm – in einer Gesellschaft spielen kann, wenn Dinge und Werte in Bewegung geraten sind, wie das unmittelbar nach dem 11. September 2001 passiert war. Das sollte man als Kriminalschriftsteller, der am nächsten an seinen Lesern und Zuschauern dran ist, wissen.

Dazu gehört auch die konkrete Verankerung der Figuren in einer überprüfbaren Realität; im Gegensatz zur religiös-mythischen Literatur, die sich auf etwas Unsichtbares, Jenseitiges und Spirituelles bezogen hatte, wandte sich die Literatur der Aufklärung der Wirklichkeit zu. Mit der Entwicklung der empirischen Wissenschaft glaubte man an das, was man sah – und wenn man etwas nicht mehr verstand, setzte man keinen Glauben mehr ein, ganz im Gegenteil. Damit wurde jeder auf seine Glaubwürdigkeit hin überprüft im Vergleich mit dem, was man selbst real erlebt hatte, oder annahm, es erlebt zu haben. Für die neue Literatur – aber in ganz besonderer Weise für die Kriminalliteratur – wurde es von fundamentaler Bedeutung, ob man dem Schriftsteller glauben konnte, ob seine Darstellung der Dinge mit der eigenen Wahrnehmung in Einklang zu bringen war; natürlich gibt es erzählerische Mittel, dem Leser diesen Eindruck zu vermitteln, ohne dass er ihn wirklich überprüfen könnte – aber er will jedenfalls den Eindruck haben, es handele sich um überprüfbare Realität.

Die Recherche spielt also im Kriminalsujet eine existenzielle Bedeutung und ist nicht nur ein Weg, zu seinen Fällen zu kommen. Sie hat eine konstruierende Funktion. Das haben schon die ersten Kriminalautoren gespürt und ihre Fälle aus der Realität bezogen – oder zumindest sich von ihr inspirieren lassen. Charles Dickens hat mehrere seiner Geschichten auf realen Begebenheiten aufgebaut und reale Figuren verwendet, so in »Oliver Twist« oder »Martin Chuzzlewit«. Die

Memoiren des Eugène Vidocq, der ein realer Polizeichef war, haben Kriminalliteratur und -film ganz erheblich beeinflusst. Arthur Conan Doyle hat persönliche Erlebnisse und Fälle aus seiner direkten ländlichen Umgebung als Stoff benutzt. FBI-Chef Edgar Hoover hat aus den Akten seiner Behörde die spektakulärsten Fälle zusammengestellt und Autoren überlassen, sodass der hardboiled McCoy eine ganze Serie von Filmen daraus machen konnte. Die wichtigsten Autoren der amerikanischen Serien wie »NYPD blue« oder »L.A. Law« waren ehemalige Polizisten.

Der amerikanische Film konnte sich aus seiner durch den Krieg und das besondere Unterhaltungsbedürfnis geschwächten Erzähltradition befreien durch eine Reihe von *semi-documentaries* – die Entwicklung des Kommerzkinos bis hin zu »James Bond« und dessen Derivaten sei hier ausgeklammert –, deren Themen und Plots nicht nur der Realität entlehnt und dort minutiös recherchiert worden waren, sondern sogar um der Authentizität willen an den gleichen Schauplätzen gedreht wurden, an denen das Verbrechen geschehen war – seinerzeit eine Sensation, denn die Filmtechnik war noch nicht so beweglich, wie das heute selbstverständlich ist.

So wie der neuzeitliche Held als Krimiheld die Ideologie der bürgerlich demokratischen Gesellschaft verkörpert, so ist seine Verankerung in der Realität, in der wahr-genommenen Wirklichkeit, ein konstituierendes Element der Krimiliteratur und des Kriminalfilms.

3.2 Der deutsche Kriminalfilm

Die ersten abendfüllenden Kriminalfilme entstanden nach der Jahrhundertwende fast gleichzeitig in den USA und in Deutschland – wobei die besonderen ästhetischen Innovationen in den 1920er-Jahren in deutschen Ateliers entwickelt wurden. Man empfand das Licht, das für die neue Kunst ein unabdingbares Muss – und zugleich technisch ein gewaltiges

Problem – war, nicht als Mangel, sondern setzte es bewusst ein und erntete damit erstmals kunsthistorische Anerkennung, die dem Film bis dahin abgesprochen worden war. Man produzierte mit Licht und dessen Aussparung ein neues künstliches Dunkel und berief sich dabei u.a. auf die Literatur, die ja auch, wie Edgar Allen Poe, ihre Protagonisten in verdunkelte Arbeitszimmer oder in nächtliches Ambiente versetzte, weil sie dort besser nachdenken und meditieren, schlicht: auf die Schattenseiten des menschlichen Leben gelangen konnten. Die Dunkelheit auf der Leinwand sollte darüber hinaus fließend in den dunklen Kinosaal übergehen, also die Grenze zwischen dem Dargestellten und den Miterlebenden (Zuschauern) verschwinden lassen. Die Kinosäle mussten aus technischen Gründen dunkel sein, im Theater war man bis dahin gedämpftes Licht gewohnt – erst mit der Verbreitung des Kinos wurden auch Theaterräume verdunkelt, um so an das Kinoerlebnis anknüpfen zu können.

Diese neue Licht- und Schattendramaturgie, die in krassem Gegensatz zur Lichtgebung der Hollywoodfilme jener Zeit stand, schilderte eine unheilvolle, düstere Welt. Sie hatte nichts mit dem Licht der Aufklärung zu tun, womit sie im Prinzip dem Grundansatz des Detektivfilms zuwiderlief. Aber sie antizipierte damit den Film der 1930er- und 1940er-Jahre, den *film noir* mit seinen Visionen von Verzweiflung, Einsamkeit, Isoliertheit des Individuums und den Nachtseiten des Lebens. Das, was zunächst als kunsthistorische Legitimation begann, wurde zu einer der wesentlichen Entwicklungstendenzen des Kriminalfilms – und der Kriminalliteratur, worauf Gabriele Holzmann in ihrer gründlichen und gut lesbaren Arbeit *Schaulust und Verbrechen* hingewiesen hat. Denn nun wirkten die cinematografischen Techniken auf die Literatur zurück und beflügelten die visuelle Vorstellungskraft von Autoren wie Dashiel Hammett oder Cornell Woolrich. Schon die Titel von Woolrichs Romanen klingen wie ein Bekenntnis zur Schwarzen Serie (»The black curtain«, »The black Angel«, »The black path of fear« – der vollständig im Dunkeln spielt; es gibt keine einzige Tag-Sequenz) und sind wie von einem Regisseur geschrieben und wie von einem Kameramann bereits eingeleuchtet – und wurden alle sofort nach ihrem Erscheinen verfilmt. In den 1960er-Jahren fand der *film noir* unter den Cineasten Frankreichs besonders glühende Verehrer und vitalisierte mit Filmen wie Jean-Luc Godards »À bout de souffle« und François Truffauts »Ne tirez pas sur le pianiste« die europäische Filmproduktion aufs Nachhaltigste.

In den 1930er-Jahren konnte man sich infolge der Wirtschaftskrise die teuren Studiofilme und aufwändigen Kostümschinken nicht mehr leisten. Es gelang der deutschen Filmindustrie, die Produktionskosten um fast 30 Prozent zu senken, indem sie das Studiosystem hinter sich ließ und an Originalschauplätzen drehte – und zwar vor allem Kriminalfilme; diese als Billigware geplanten Produktionen (z.b. Fritz Langs »M – eine Stadt sucht einen Mörder«)waren jedoch gerade in künstlerischer Hinsicht das Beste, was bis dahin in Deutschland gedreht worden war.

Die meisten dieser Filme verzichteten bewusst auf produktionstechnische Raffinessen und nahmen gelegentlich formale Mängel bewusst in Kauf, weil sie so zugleich auf den Realitätsgehalt und die Schwierigkeiten beim Dreh am Ort des Geschehens hinweisen konnten; aus dem Mangel wurde ein Marketingkonzept. Diese frühen Blüten – Fritz Lang drehte ein Jahr nach »M« »Dr. Mabuse« (1932) – konnten sich mit dem Aufkommen der Nationalsozialisten nicht weiter entfalten. Die neue Politik-Religion stellte klar, dass deutsche Menschen keine Verbrechen begehen – womit die Verbrecher prophylaktisch von ihren eigenen Verbrechen, die sie noch begehen sollten, ablenkten. Die wenigen noch einigermaßen interessanten Kriminalfilme wichen in exotische Gefilde aus – denn dort fand man ja wieder Täter: die bösen Andersartigen, Farbigen, Juden, Un-Deutschen, die an der Weltverschwörung gegen das Reich arbeiteten. Dieses Moment, Deutsche klären Verbrechen im fernen Afrika, Asien oder Südamerika auf, findet sich noch in den Filmen der Nachkriegszeit; es dauerte sehr lange, bis der deutsche Film in die Gesellschaft zurückfand, sie wieder als seinen Gegenstand entdeckte und seine Geschichten dort ansiedelte. Im Kino gelang es gar nicht mehr, dafür jedoch im Fernsehen.

Nach Kriegsende wurde zunächst die Schuld am Ungeheuerlichen verdrängt, man hielt das – im Interesse eines Unterhaltungsbedürfnisses nach all dem Schrecken – für legitim. Man grenzte sich in diesen Jahren deutlich von jeder Beschäftigung mit der Realität und der unmittelbaren Vergangenheit ab – ein Grund, warum die Unterhaltung nie mehr zur Blüte kam und zurzeit ein mehr als klägliches Dasein fristet. Der Kriminalfilm griff Figuren wie Sherlock Holmes auf, verzierte die Filme mit allen Imponderabilien der *gothic novels* und ließ Heinz Drache, Gert Fröbe, Hansjörg Felmy und viele andere großartige deutsche Schauspieler wie Pappfiguren in einem aus Gips gebauten Exotikum, das Schottland hieß, agieren; wert-, welt- und realitätsfern und mit viel Brimborium, das eines Tages über Nacht in sich zusammenbrach: einer der Gründe für das Ende des deutschen Films. Die Wurzeln kann man jedoch schon in den 1930er-Jahren finden, sie sind nie gekappt worden, weil man seine eigene Arbeit nie kritisch reflektiert hatte.

Unbeschwert von solchen Hemmnissen entwickelte Jürgen Roland mit journalistischem Antrieb eine Reihe von Filmen im Milieu des Hamburger Kiez. So bemerkenswerte Autoren wie Wolfgang Menge oder Regisseure wie Wolfgang Staudte konnten aber nicht verhindern, dass diese schnell gedrehten und auf den Voyeurismus der Zuschauer zugeschnittenen Formate in die Sex-Ecke abdrifteten. Der Polizist wurde dabei zu einem wackeren Biedermann verklärt, der mit geheucheltem Entsetzen nur noch die Legitimation lieferte für das Eintauchen in die verbotene Welt der Puffs und Exzesse. Nachdem diese Welle zurückgeschwappt war, reagierte Jürgen Roland mit zeitlicher Verzögerung und legte sein Credo des deutschen Polizeifilms neu auf – im Fernsehen. Dort wurde es dann, natürlich ohne Sex und Schlüpfrigkeiten, aber immer noch mit einer Prise Voyeurismus, zum »Modell des deutschen Kriminalfilms, der erst als Fernsehfilm zu einem eigenständigen und erfolgreichen Genre wurde« (Georg Seesslen, *Copland*, S. 404). Roland produzierte nicht nur Filme wie »Das Halsband«, sondern auch eine Reihe von St.-Pauli-Filmen, die Durbridge-Serie und, last, but not least, ein Jahrzehnt später das überaus erfolgreiche »Großstadtrevier« – das natürlich in Hamburg liegt.

Die in den 1950er- und 1960er-Jahren massenhaft produzierten Genrefilme nach Stoffen von Edgar Wallace wimmelten nur so von *Gothic*-Elementen, von verwunschenen schottischen Schlössern, Furcht erregenden, Tieren ähnlichen Verbrechern und ungeheuren logischen Kapriolen; es war ein Wunder, dass diese Gattung mit ihren kleinbürgerlichen Kommissaren, unter ihnen bereits Horst Tappert, und piefigen Milieus so lange durchhielt. Aber sie schaffte es dank der Mittäterschaft fast aller großen deutschen Schauspieler und Regisseure – und sie rettete sich, nachdem die Zuschauer genug von dem Papp- und Pleureusen-Kram hatten, mitsamt ihrem ganzen Personal ins Fernsehen, und zwar mit der Durbridge-Reihe, schon mit Hansjörg Felmy als Kommissar. Im Kino trieb noch Jerry Cotton sein Unwesen, bis dieses Genre endgültig und so sehr abgewirtschaftet hatte, dass es bis heute keine Rückkehr mehr auf die Leinwand gefunden hat, wenn man von Heinz Rühmanns Maigret-Verfilmungen einmal absieht.

Wenn nachkriegsdeutsche Kriminalfilme überhaupt im Hier und Jetzt spielten und mit der deutschen Realität zu tun hatten, dann kam das Verbrechen aus im Dritten Reich desavouierten Kreisen des Großbürgertums. Sein Antipode war nicht der Cop des amerikanischen Genrefilms, sondern der deutsche Beamte, der Ordnung und Ruhe herzustellen hatte – und darin auch seine Erfüllung und sein Publikum fand. Hier wurden Tugenden propagiert, die viel mit denen gemein hatten, die vor 1945 vom Bürgertum eingefordert worden waren. Und die Leitfiguren waren dominant, väterlich, auf der Seite des Rechts und von daher auch bis zur Unerbittlichkeit rechthaberisch, wie wir das Jahre später besonders deutlich in Figuren wie »Der Alte«, »Der Kommissar« und »Derrick« (alle ZDF) wieder gefunden haben. Letzterer wurde von einem Autor entwickelt und geschrieben, der schon vor 1945 Drehbücher für damals großdeutsche Filme geschrieben hatte: Herbert Reinecker.

Während also in den 1950er-Jahren in den USA die Filme

der *serie noir* ihre Zeit und ihre Gesellschaft auf bemerkenswert künstlerischem Niveau reflektierten – und beim Publikum ankamen –, machte der deutsche Kriminalfilm im Prinzip einfach weiter und setzte scheinbar ohne nennenswerte Unterbrechung alle Untugenden fort, an denen er schon vorher gelitten hatte: Künstlichkeit der Umgebung, unrealistische Fälle, monomanisch gerechte Richter als Helden, ausgedachte und nirgendwo recherchierte Figuren. Dass er trotzdem, zumindest für einige Zeit, erfolgreich war, mag eher ein Licht auf den Zustand der nachkriegsdeutschen Gesellschaft werfen als auf die Fähigkeiten derer, die diese Filme machten. Es waren nicht mehr viele im Land, die nicht schon vorher NS-Filme gedreht hatten. Die anderen waren vor 33 in die USA emigriert. Und in der DDR wurden, was die Kinoproduktion und deren Inhalte anbetraf, die nationalsozialistischen Grundsätze eins zu eins ausgetauscht gegen die sozialistischen: In der neuen Gesellschaft gab es ebenfalls keine Verbrecher, denn sie war ja nun gesund. Damit war auch hier der Weg versperrt für einen mit seiner Gesellschaft diskursiv verbundenen Kriminalfilm. Welchen Spagat die Autoren und Regisseure des jungen DDR-Fernsehens machen mussten, bis sie endlich mit »Der Staatsanwalt hat das Wort« und »Polizeiruf 110« das Muster der Kriminalserie aufnehmen durften, war teilweise grotesk; Drehbücher und Filme wurden gelegentlich sogar vom Staatsoberhaupt selbst – wenn nicht stellvertretend von seiner Gattin Margot – begutachtet und gegebenenfalls verboten.

Die Jungen wie Franz Peter Wirth (»Der Richter und sein Henker«, 1957) oder die Alten und Verzagten wie Wolfgang Staudte spielten im Kino keine Rolle und wandten sich dem Fernsehen zu. Wirths Adaption des Romans von Dürrenmatt war der erste deutsche Original-Fernsehfilm, d.h. die Geschichte des deutschen Fernsehens begann, wie die Geschichte des Kinos, mit einem Krimi.

Der deutsche Nachkriegsfilm litt an der Sterilität und Ideologie, die ihm die Nazis verordnet hatten. Er befreite sich nicht davon, sondern rettete die wesentlichen Grundzüge dieser Dramaturgie ins deutsche Fernsehen – wo sie lange

Jahrzehnte überlebten, bis – man möchte sagen: Schimanski kam, das »Idealprodukt sozialdemokratischer Erziehung«, wie ihn Dietrich Leder in seinem Artikel »Ortsbegehungen« nennt (in: Engels-Weber, Marianne (Red.), *Quotenfänger Krimi*, Köln 1999).

Der Krimi im Fernsehen

4.1 Die amerikanischen Serien

Die Geschichte der deutschen Kriminalserie ist wohl das größte Kapitel des deutschen Fernsehens, zumindest seiner fiktionalen Produktionen. Hier ist weit Überdurchschnittliches gelungen. In Jahrzehnten wurde ein Genre ausgebaut und verfeinert, das amerikanische Kollegen bei Ansicht einiger Folgen ernsthaft für Beispiele unseres neuesten Verleihprogramms für Kinofilme hielten. Sie konnten nicht glauben, dass wir derartige Qualität »nur« für das Fernsehen produziert hatten.

Dabei hatte alles bei uns mit den amerikanischen Serien begonnen! Sechzehn Jahre lang jeden Freitagabend »Perry Mason«, »77 Sunset Strip«, »Einsatz in Manhattan«, »Detektiv Rockford – Anruf genügt«, »Magnum«, »Simon Templar«, »Der Chef«, »Cannon«, »Kobra, übernehmen Sie«, »Richard Kimble, auf der Flucht«, »Mannix«, »NYPD blue«, »Miami Vice« usw. – insgesamt 900 Folgen von über 40 Serien. Das war »einzigartig in der Fernsehgeschichte«, wie Ulrich Brand anmerkt – und es hörte mit einem Schlag auf! Plötzlich zogen die Zuschauer deutsche Serien vor, wollten lieber Orte und Personen aus dem ihnen bekannten Bereich sehen, statt im fernen Miami oder auf Hawaii Verbrecher im Geiste mitzujagen.

Das genretypische Bedürfnis nach Realität bekam im deutschen Fernsehen der 1970er- und 1980er-Jahre neue Nahrung durch das Bedürfnis der Autoren, sozialkritisch und politisch offensiv zu argumentieren; Riehl-Heyse merkt ironisch an, dass »die große Prise Sozialkritik [...] auch den Intellektuellen zufrieden stellt: Der schämt sich sonst, seine Zeit mit Kriminalfilmen totzuschlagen« (*Süddeutsche Zeitung* vom 16./17.2.2002). In jedem Fall war die scheinbar genaue Wiedergabe einer vermuteten oder bekannten Realität ein wichtiges Moment für den Erfolg des Kriminalsujets. Der wichtigere Grund war aber mit Sicherheit die enorme Qualität, die die deutschen Serien mittlerweile erreicht hatten. Sie waren – und da sind sich die internationalen Einkäufer von Kriminalserien einig – ganz einfach besser als die amerikanischen Vorbilder. Und mit ihnen wurden Stars geboren, die ihren Ruhm und ihre explosionsartig steigenden Honorare allein dem Einsatz in diesen Serien verdankten.

Die ARD sendete bis Ende der 1970er-Jahre alle wichtigen US-amerikansichen Serien, die wir damals ausnahmslos verschlungen haben. Dabei kam dem Erfolg ganz sicher zugute, dass am Freitagabend auch die Politmagazine liefen, die Krimiserien also in unmittelbarer Nähe zur »reproduzierten Realität« angesiedelt waren, was ihre Glaubwürdigkeit enorm erhöhte; hier wurde durch geschickte Sendeplanung eines der wichtigsten Momente des Krimis unterstützt und so der Erfolg optimiert. Bis heute ist der Freitagabend für die Zuschauer Krimi-Time, er ist ein fester Bestandteil in der wöchentlichen Zeitplanung geworden – allerdings spielt die Musik jetzt beim ZDF.

Zwar werden Serien wie »Der Alte« oder »Derrick« als »Rätsel der Gemütlichkeit« (Thomas Koebner) apostrophiert, doch das setzt ihren massenhaften Erfolg in keiner Weise herab. »Die Mordopfer sind häufig wohlsituiert, reiferen Alters, geschieden und haben etwas zu vererben. Wenn sie jünger sind, fordern sie ihr Schicksal heraus, indem sie [...] als Prostituierte frei sein wollen. [...] Die Täter handeln aus böser Geldgier, aus Eifersucht und Neid und Enttäuschung [...] oder sie sind Triebtäter, reif für die Psychiatrie« (Thomas Koebner in »Rätselspiele im Rahmen der Gemütlichkeit« in: *Funkkorrespondenz* 34, 1993). Die ARD hat sich den Sonntag erobert mit mittlerweile 500 Folgen der Reihe »Tatort«, die allerdings so unterschiedlich sind, dass man die einzelnen Filme ohne das Wissen, dass sie in diesen Reihen-Rahmen gehören, kaum als Bestandteil einer Serie begreifen würde. Der »Tatort« ist als Konzept der größte Erfolg, den es im deutschen Fernsehen je gegeben hat. Ausgedacht hat sich das ein Redakteur, der Leiter des WDR-Fernsehspiels Gunther Witte (zur Rolle des Redakteurs kommen wir noch, ebenso wie zur Funktion des Dramaturgen).

Was war das Besondere an den amerikanischen Serien, warum haben wir sie Folge für Folge verschlungen – und was haben wir daraus gerettet, um nicht zu sagen »entlehnt«? »Die frühen TV-Krimis […] orientieren sich formal stark an der Oberfläche des *film noir*, übernehmen Ästhetik und Figurenklischees, jedoch kaum Inhalte. Problemstellungen und Motivationen werden nur kurz und oberflächlich psychologisiert oder begründet«, stellt Ulrich Brand fest (*Krimistandards*, Heidelberg 1995) und sucht gleichzeitig nach den Gründen, warum sie so plötzlich »out« waren: Während sich die US-Serien in ihrer ersten Dekade nach dem Krieg den Anschein gaben, hardboiled zu sein, reproduzierten sie jedoch in Wirklichkeit nur schnell erkennbare Klischees und entwickelten selbst keine neuen Ansätze für das Genre. Da ihnen mehr und mehr »das Pulver ausging«, machten sie in der folgenden Dekade Anleihen bei anderen Genres und produzierten Mixturen aus Krimi plus Familienserie oder gar Comedy. Man kam immer weiter weg vom Ursprung des klassischen Krimis; erst als die amerikanische Gesellschaft Mitte der 1960er-Jahre von der Furcht vor dem Kalten Krieg ergriffen wurde, nahm das Genre diese realen Ängste und die entsprechenden Milieus und Hintergründe auf und machte sie sich zunutze.

Eine ganze Welle von Krimiserien lebte von der Bestätigung der überall lauernden Gefahr in der internationalen Politik, nährte weit verbreitete Verschwörungstheorien und spiegelt so die Zeit des Kalten Krieges und die Ängste der Zuschauer wider. Was nach dem Krieg leichte Ware und oberflächlicher Konsum war, wurde nun zur schweren Kost, die »staatstragend und affirmativ Mittelschichtideale, und die dominierenden Werte ihrer Gesellschaft« verkörpern (Brand).

Für deutsche Zuschauer waren diese Tableaus uninteressant, auch die immer detailliertere Beschreibung einer Gesellschaft, die man nicht wirklich kannte – und die auch keine Vorbildfunktion mehr hatte –, war für hiesige Zuschauer belanglos. Man sah nur noch die Ausnahmen der amerikanischen Serien (die übrigens in den USA bei weitem nicht so gut liefen wie vergleichsweise bei uns), die mit Figuren wie »Columbo« neue Dimensionen öffneten oder mit »Rockford« und »Magnum« völlig neue Erzählstile erfanden. Diese »Edelserien« verdanken wir ausschließlich dem Impuls von Autoren – nicht dem der Sender oder Produktionsfirmen. Ihnen ist das gelungen, was am Ende die amerikanische Krimiserie gerettet hat: eine neue Erzählform zu finden und erfolgreich durchzusetzen.

4.2 Sonderfall Magnum oder: Was wir von amerikanischen Autoren lernen können

Eine der besten Arbeiten über das Kriminalgenre stammt von Brigitte Scherer (*Morde im Paradies*, später ausführlicher in *Thomas Magnum und die Frauen*), und zwar nicht nur im Hinblick auf ihre Gründlichkeit, Sorgfalt und Analytik, sondern auch und vor allem in Bezug auf die Verwertbarkeit der Erkenntnisse für jeden Krimiautor! Scherer untersucht die verschiedenen Strömungen der Erzähltechnik in einer Zeit, in der gerade »Hill Street Blues« (Soap-Format) abgelöst worden war von L.A. Law (Drama-Format). In »Wise guy« (»Kampf gegen die Mafia«) wurden alle Formen miteinander vermischt, bis David Lynch mit »Twin Peaks« endgültig alle bisher geltenden Formen auflöste. Diese waghalsigen Manöver sind Autoren zu verdanken, die das Vakuum der Szene nutzten und freudig drauflosexperimentierten, indem sie die Aufgabe des Produzenten, der in ihren Augen versagt hatte, kurzerhand selbst übernahmen.

»Während bei einem Kinofilm der Regisseur die wichtigste Figur ist, nimmt bei einer Fernsehserie ihr Produzent, genauer: ihr *executive producer*, die zentrale Position ein. Dieser ausführende Produzent, wie der Titel ins Deutsche übersetzt heißt, kann auch als *creative producer*, kreativer Produzent, bezeichnet werden. Bis vor einigen Jahren war der Produzent einer Fernsehserie selten auch ein Autor. Wenn Skripte für einzelne Episoden umgeschrieben werden mussten, wandte er sich an den *head writer*, auch *story editor* genannt. Heute haben Starproduzenten wie Stephen J. Cannell (A-Team, Wise guy, Hardcastle&McCormick), Peter Fischer (Murder, she wrote) oder Steven Bocho (Hill Street Blues, L.A. Law) ihre Serien in der Regel nicht nur selbst erfunden, sondern schreiben auch ihre besten Geschichten, kümmern sich um die *scripts* anderer Autoren, um die Besetzung und um den visuellen Stil der Serie. Ein solcher *creator-writer-producer* wird auch als *hyphenate* bezeichnet, von ›hyphen‹, jenem Bindestrich, der die verschiedenen Funktionen miteinander verbindet. [...] Dem für die ›Kunst‹ verantwortlichen *executive producer* steht der *line producer* als Verantwortlicher für den ›Kommerz‹ zur Seite, sprich: Er kümmert sich um die Tagesgeschäfte der eigentlichen Produktion und um das Einhalten des Budgets.« (Scherer, Brigitte u.a., *Morde im Paradies*, Konstanz, 2. Aufl. 1995, S. 27.)

Donald P. Bellisario hat (gemeinsam mit Glen A. Larson) die wohl erfolgreichste und folgenreichste Serie der neuen Krimi-Ära (»best show on television« lobt sie der amerikanische Medienwissenschaftler Horace Newcomb) erfunden und produziert. Einige Jahre zuvor hatte der Darsteller des Magnum, Tom Sellek, in zwei Folgen der Serie »Detektiv Rockford – Anruf genügt« mitgespielt, ein Joke unter Insidern. Bellisarios Trick bei der Neuentwicklung der Figur bestand wesentlich in der »Davidisierung« des Helden (Hans Jürgen Brand), d.h. der Beschreibung seiner Unterlegenheit, teilweise sogar Lächerlichkeit. Von diesem Wesenszug leitet er die weiteren Wesensmerkmale des Protagonisten ab, dem es im Gegensatz zu allen anderen Krimihelden davor nicht um die Aufklärung eines Verbrechens geht, sondern primär um den Schutz der ihm anvertrauten Hilflosen – oder der sich ihm Anvertrauenden (meist Frauen). Seine Niederlagen, die oft an die Grenze der Demontage einer Hauptfigur gehen, sind für Bellisario der Weg, den Sieg seines Helden über seine eigenen Unzulänglichkeiten, und ganz nebenbei auch über seine Gegner, hervorzuheben – eine erzählerische Verfahrensweise, wie sie auch bei Cervantes in Don Quijote zu finden ist. Magnums Motiv, der sich obendrein durch Off-Kommentare selbst persifliert oder seine Situation ad absurdum führt, ist auch kein Law-and-Order-Denken, kein kalter Auftrag eines Klienten, keine Rache für böse Taten – sondern meist höchst privater Natur. Er ist am Individuum interessiert, an der einzelnen Person, mit der er es zu tun bekommt – fast immer ohne seine Initiative, oft gegen seinen Willen. »›Magnum P.I.‹ hat sich damit wohl als die erste Detektivserie von den Zwängen einer Scheinphilosophie befreit, deren eherne Gesetze die ›Wiederkehr des Immergleichen‹ befehlen und den Helden nur als Genre-Held, nicht aber als menschlichen Held erlauben wollen« (Scherer, a.a.O. S. 63).

Dieser »Abschied von den Gesetzen des Krimigenres, … diese neuartige Erzählweise« (Scherer) hat das Genre gerettet: Das war die Leistung von Autoren, die sehr viel mehr waren als Serienschreiber. Einige von ihnen waren früher selbst Polizisten: David Milch, der mit Steven Bocho schon an »Hill Street Blues« und »L.A. Law« gearbeitet hatte, entwickelte gemeinsam mit dem ehemaligen »New York City homicide detective« Bill Clark die innovative Serie »NYPD blue« (New York Police Department, blue steht für true blue – so wie die blauen Augen, die nicht lügen. Der Untertitel der Serie lautet daher »the real story behind«, und die Ästhetik folgt mit bewegter Kamera und heftigen, oft irrational erscheinenden Schwenks und Schnitten der Betonung dieses Ziels). Die biografischen Schilderungen David Milchs gehören mit zu den spannendsten Selbstaussagen über das Schreiben, den Antrieb dazu, die Verarbeitung eigener Erlebnisse, Ängste und Phobien, die ich kenne. So ist die Figur des Partners von John Kelly – Detective Andy Sipowicz, ein vom Leben gezeichneter Alkoholiker, der es nicht schafft, auf Dauer trocken zu bleiben – Milchs Vater nachgezeichnet, an dem er nicht nur über die Maßen gehangen, sondern unter dem er auch ungeheuer gelitten hat. Er hat dieses Trauma schreibend verarbeitet – und, wie er sagt, den Auftrag zur Entwicklung der Serie nur aus diesem Grund angenommen.

Mittlerweile gibt es den »creative producer« oder »writing producer« auch in Deutschland – und dieser Tatsache haben wir es wohl zu verdanken, dass das Genre so kräftig und immer wieder wie neu erfunden daherkommt; Werner Kließ, Georg Althammer, Karlheinz Willschrei. Sie kommen alle vom Schreiben. Wir waren Autoren und fühlen uns im Wesentlichen bis heute so. Wenn wir eine Serie mit Freunden und Kollegen entwickeln, wenn wir über ein Buch reden und uns möglichst neue Wege der Erzählung ausdenken, dann tun wir das als Erfinder, als Autoren einer neuen Sache. Als Produzenten müssen wir es dann nur noch umsetzen. Das haben wir von Magnum gelernt – und Sie können das auch.

Aber passen Sie auf, dass es Ihnen nicht so geht wie den alten amerikanischen Serienproduzenten. Auf dem Gipfel des Erfolgs läuft man Gefahr, die nun auch schon wieder alten Muster nur noch zu reproduzieren; es gibt hinreichend Anzeichen dafür, dass wir an einer ähnlichen Schwelle stehen wie die US-amerikanischen Krimiautoren und -produzenten in den 1980er-Jahren. Wir bauen daher darauf, dass die neuen Autoren das Genre, das so typisch für das Fernsehen ist wie kein anderes, immer wieder neu erfinden, indem sie es am Puls der Zeit entlang weiterentwickeln und sich aus der Realität und dem, was die Zuschauer bewegt und ängstigt, speisen. Dabei gibt es aber ein Dilemma, das in der Natur der Sache liegt und nicht ernst genug genommen werden kann – vor allem im deutschen Fernsehkrimi.

4.3 Ein Exkurs über Realität und Gewalt

Einer der wesentlichen Momente einer gelungenen Kriminalgeschichte ist ihre Glaubwürdigkeit. Fälle und Figuren sowie die Milieus müssen überzeugend wirken. Nun handeln Krimis in der Regel von Verbrechen, d.h. der Störung der öffentlichen Ruhe und persönlichen Sicherheit. Das ist erschreckend, ja beängstigend – aber genau deswegen will man es sehen, da einem die persönliche Erfahrung fehlt. Auf der anderen Seite möchte der Zuschauer aber am Ende einer Geschichte, ganz besonders im Fernsehen, Erleichterung spüren, Lösungen sehen, Beruhigung erfahren. Ein Bedürfnis, das sich in den vergangenen zehn Jahren spürbar verstärkt hat. Autor und Produzent haben es also mit widerstrebenden Beweggründen aufseiten der Zuschauer zu tun. Der Fall soll hart, glaubwürdig und erschütternd genug sein, weil man es sonst nicht »glaubt«; andererseits soll es aber eine Lösung geben, die es in Wirklichkeit natürlich so einfach nicht gibt. Es wird weiterhin Mörder geben – und damit auch hinreichend Grund, sich zu fürchten. Der Produzent steht also vor der Forderung, den Bär zu waschen, ihn dabei aber möglichst nicht nass zu machen.

Die meisten Krimis suchen den Ausweg aus diesem Dilemma, indem sie sich auf unterschiedliche Ebenen der Wahrnehmung begeben, möglichst ohne dass der Zuschauer das merkt. In seinem Drang, nach dem Entsetzen über die Schlechtigkeit der Welt getröstet zu werden, drückt er sowieso gerne ein Auge zu. Die Wirklichkeit wird in aller Härte gezeigt bis hin zur Brandmarkung einer krank gewordenen Gesellschaft, die Lösung wird dann aber im individuellen Bereich gefunden, in der Restituierung der Familie, in der Zusammenführung der Liebenden – oder auch mal in einem gnädigen Tod. Diese Mogelpackung ist brisant: Man greift das Unwohlsein an Missständen auf, man erzählt von den Nachtseiten des Lebens und bestätigt das angstbesetzte Gefühl eines jeden, dass es sie gibt – und tröstet mit privatistischen Häppchen. Brisant ist diese Methode nicht wegen ihrer moralischen Bedenklichkeit, sondern wegen der Gefahr, dass der so veralberte Zuschauer eines Tages dahinterkommt und – wie bei den amerikanischen Serien – von einem auf den anderen Tag die Nase voll hat und ernster genommen werden will, als es der Am-Ende-heile-Welt-Krimi tut.

Für den spricht aber so viel, hält man uns dann immer wieder entgegen; nicht zuletzt die immer wieder geführte Gewaltdebatte, hinter der im Grunde nichts anderes steht als das Bedürfnis nach Wiederherstellung der Ruhe und des Friedens, der Abbau des Schreckens, die Verweigerung der Realitäts-Rezeption. Denn die Argumente der bekümmerten Medienwächter und selbst berufenen Wirkungsspezialisten, die in aller Regel keine Ahnung von der Art und Weise haben, wie die Medien auf ihre Rezipienten tatsächlich wirken, haben oft ein ganz anderes Ziel als die Vermeidung von Gewalt im Fernsehen.

Im Krimi will sich der Zuschauer im Prinzip mit Gewalt beschäftigen; er will sie auch in ihren schrecklichsten Formen sehen, weil er von ihr fasziniert und gleichermaßen erschreckt ist. Schon die gängigsten – und vor allem erfolgreichsten – Kindermärchen warten mit Darstellungen von ungeheurer Brutalität auf, schildern Mord, Totschlag und Folter in kaum fassbarer Form, wie Tom Appleton (in der *Süddeutschen Zeitung* vom 29./30.12.1990) mit einem Seitenhieb auf Bruno Bettelheim (*Kinder brauchen Märchen*, eines der besten Bücher, die in die Geheimnisse der Dramaturgie einführen können) kritisierte. Und er verweist darauf, dass namhafte Kinderbuchautoren wie Roald Dahl (*Küsschen, Küsschen*) oder A. A. Milne (*Pu, der Bär*) seinerzeit bekannte und erfolgreiche Krimiautoren waren. Der Leser und Zuschauer will sich mit Gewalt beschäftigen, statt sie und ihre Auswirkungen in einer immer stärker von Gewaltmonopolen und Gewaltanwendung geprägten Gesellschaft zu leugnen. Denn dann wäre all den Gewaltbereiten, die nicht nur unter den erkannten Mördern zu suchen sind, Tür und Tor geöffnet. Die Unterdrückung der Beschäftigung mit der Gewalt ist daher so gefährlich wie ihre Verherrlichung.

Damit sind nicht die Gewaltdarstellungen um ihrer selbst willen gemeint wie »Das Kettensägenmonster« und andere auf dem Videomarkt erhältliche Schundware; damit sind auch nicht die gewalttätigen Figuren aus anderen Kulturkreisen gemeint, man denke an die Kung-Fu-Filme, die sich in zig Untergenres mit gewalttätigen Zuspitzungen aufgliedern und weltweit eine große Anhängerschaft finden. Es sind die Formen der Beschäftigung mit Gewalt gemeint, die auf ihre vielleicht auch erschreckende Weise ein Bild der Gesellschaft wiedergeben, in der sie entstanden sind.»Die Gewalt, die der Privatdetektiv (der 1940er-Jahre, Anm. G. F.) ausübt, hat oft auch eine unbewusst religiöse Dimension; es ist eine Fortsetzung des puritanischen Glaubens an die Rechtfertigung von Gewalt gegen die Nichtgläubigen.« (Tom Appleton, a.a.O.) Diese Gewaltdarstellung entsprach dem Moralkodex der großbürgerlichen US-Gesellschaft; die Darstellung von Gewalt aus Sicht des Proletariats wäre sicher als ein Angriff auf den Staat und die Ideale dieser Gesellschaft verstanden worden. Seien Sie als Autor – und auch als ganz normaler Zuschauer – also wachsam, wenn es um die Negierung von Gewalt oder die Unterdrückung von Gewaltdarstellung geht. Das ist so undemokratisch, wie der Krimi im Kern seines Wesens demokratisch ist. Der Mainzer Medienwissenschaftler Bernd Kiefer hat in einem interessanten Thesenpapier (zum *Tatort Eifel*, unveröffentlichtes Manuskript 2002) darauf hingewiesen, dass der Krimi insbesondere im Fernsehen lendenlahm geworden sei und durch den Verzicht auf das Faszinosum Gewalt ein Genre ruiniere.

»Geht's auch etwas spannender?«, maulte eine große deutsche TV-Zeitschrift (*TV Spielfilm* 3/2002) und behauptete, dass das Fernsehen den Krimi mit »Action-Fun und Heimattheater« kaputtmache; Kiefer glaubt, dass dem deutschen Fernsehkrimi nach Jahren der Rücksichtnahme und allseitiger Bedenken das Wesentliche fehle:»die Thematisierung von Angst oder: das Unheimliche«. Auf einer Fachtagung unter Krimispezialisten wurde Kiefer deutlicher: In allen großen Mythen, Tragödien und schließlich auch dem Krimi gehe es prinzipiell um Gewalt, Grauen und Entsetzen; die Nibelungensage sei z.b. ein »schreckliches Fest«, aber auch ein »Fest des Schrecklichen«. Da würden »kultisch-rituelle Gewaltereignisse mit dem ästhetischen Moment seiner Wahrnehmung verknüpft«. Es gebe eine spezifische Ästhetik der Gewalt, die dem deutschen Krimi – und erst recht dem Fernsehkrimi – abhanden gekommen sei. Im Zentrum von Horror-Kriminal- und mythischen Erzählungen, die »schrecklich und schön zugleich« seien, stehe nun einmal die Gewalt und ihre Darstellung. Wer das leugne und in eine Gewaltdiskussion abgleite, lenke vom Wesentlichen jeder Kriminalerzählung ab – die Motive ließen sich allerdings leicht ahnen. Gabriela Holzmann erinnert in diesem Zusammenhang (in: *Schaulust und Verbrechen,* Stuttgart 2001) an die Initiative der Hollywood-Produzenten in den 1920er-Jahren (Motion Picture and Distributors of America, MPPDA, besser bekannt unter dem nach seinem Leiter benannten Namen Hay's Office), mit der die Industrie in Form einer freiwilligen Selbstzensur den Eingriffen der Kirche oder der Behörden und damit der Beeinträchtigung des Filmabsatzes zuvorkommen wollten. Doch das schien nicht zu reichen, sodass unter tätiger Mithilfe des Jesuitenpaters Daniel Lord 1930 ein Kodex aufgestellt wurde, wie und wann – und in welchem Ausmaß – Gewalt dargestellt werden durfte. Der Erfolg war erstaunlich: »Aus den Beschränkungen der Produktioncodes entwickelte sich indessen eine neue Ästhetik der Gewalt. […] (Sie) arbeitet mit Andeutungen und Aussparungen […], (wobei) der Ton im Film als neue Dimension hinzukam« (Holzmann, a.a.O., S. 290 ff.). Der Film sei in der Lage, Zusammenhänge *in action* (zunächst nur als Aktion gemeint, noch nicht im Sinne des heute verwandten filmspezifischen Begriffs) darzustellen. Dadurch und durch die Möglichkeit, die Kamera zu bewegen und so die Eindrücke für den Zuschauer zu dynamisieren, ist er ohnedies wie kein anderes Medium Gewalt-affin. »Mit dem Film treffen […] Formen des Gewalterlebens auf ein Medium, das prädestiniert scheint, den dynamischen Aspekt von Wirklichkeit mit ›bewegenden‹ Sujets zu verknüpfen. In den ersten Jahren des Films, im ›Kino der Attraktionen‹ reichte bereits ›die bloße Wiedergabe von Bewegungen als Publikumsanreiz‹.« (Holzmann, a.a.O., S. 267) – Man denke nur an die Slapstick-chaplinesken so genannten Keystone Cops, die übereinander purzeln, unendlich tiefe Stürze überleben, vor Wände und Autos oder Lokomotiven prallen etc.!

»Der Film zieht seit jeher einen erheblichen Anteil seiner Faszinationskraft aus der Darstellung von Gewalt« (Kiefer,

TV Spielfilm 3/2002, S. 8ff.) – die Diskussion um deren Wirkung sei lediglich so alt wie die Gremien, die sich ihrer bedienen. Richtig sei zwar die Beobachtung, dass die Zuschauer durch eine Unmenge von Gewaltdarstellungen entsensibilisiert worden seien, daher in ihrem Bedürfnis nach »Erschauern« zu immer härteren Darstellungen tendierten. Wenn man aber die Gewaltdarstellung unterdrücke (oder verbiete), werde der Zuschauer – und für ihn der Autor, Darsteller, Produzent – neue Wege finden, wie er die Lust befriedigen kann, das Grauen mit der im Medium gewährleisteten sicheren Distanz zu erleben.

Es lohnt sich, an dieser Stelle an die Ursprünge des Kinos zu erinnern, die in der Jahrmarkttradition – und lange davor in den öffentlichen Hinrichtungen – wurzeln. Die »größten Volksschaustellungen der traditionellen Gesellschaft« nennt sie Richard van Dülmen (in: *Das Schauspiel des Todes. Hinrichtungsrituale in der frühen Neuzeit*, Frankfurt 1985). Hier wurden spektakuläre Schauspiele inszeniert, die zunächst als theokratisches Vergeltungsritual, später als exemplarische Abschreckung gedacht waren. Diese »Lust am blutigen Spektakel« (Gabriele Holzmann) findet sich nicht nur im 18. Jahrhundert in den weit verbreiteten Schauerromanen wieder, sondern auch bei den Vorträgen der Bänkelsänger, die den Zuhörern und Zuschauern ein »angenehmes Grauen« bereiteten. Dieses Lustgefühl war umso größer, als der Zuschauer selbst von der Gefahr nicht betroffen war, sie aber durch besonders blutige Darstellung als denkbar-reale (Als-ob-)Gefahr erleben konnte. Diese Empfindungssituation »bringt eine Art von innerem Gehobensein und ein Triumphgefühl hervor, das für das menschliche Gemüt außerordentlich angenehm ist« (Edmund Burke, *Vom Erhabenen und Schönen*, Berlin 1956). Die Moritatensänger (»Moritat« ist eine Ableitung von »Mordtat«) waren in der Zurschaustellung des Schreckens die Vorläufer des Kriminalfilms – es bedurfte nur noch der Zwischenstufe des Wachsfigurenkabinetts (auch Abnormitätentheater genannt), in dem bereits im abgedunkelten Raum mit raffinierten Lichteffekten das »schaudervolle Ergötzen« an Tätern und Opfern hervorgehoben wurde – und es bedurfte der Erfindung der Cinematografie. Diese wandte sich sehr schnell dem Sujet zu – so Edison in seinem 1895 gedrehten Film »Execution of Mary, Queen of Scots«. Und bis heute stehen wir vor dem Dilemma, dass der Zuschauer im medialen Erleben von Gewalt Grenzsituationen erfahren will – und wir dessen Darstellung alle Jahrzehnte wieder einmal aus geschmacklichen, pädagogischen oder allgemein weltanschaulichen Gründen scheuen. Dabei scheint es sicher zu sein, dass sich der Zuschauer von uns abwendet, wenn er diesen Kitzel, dem eine tiefe menschliche Angst und das Bedürfnis nach Angstabbau zugrunde liegt, nicht mehr spürt, wenn er im Fernsehkrimi immer häufiger »Sozialdrama statt Suspense« erlebt.

Die Formen des Spannungsfilms

Krimi ist nicht gleich Krimi – und nicht alles, was spannend ist, ist Krimi; genauso wenig wie alles, was Krimi heißt, spannend sein muss.

Immer wieder verheddern sich Autoren im Dickicht der Begriffe und wechseln vom Krimi zum Thriller, wenn sie beispielsweise glauben, ihre Geschichte sei wirklich ganz besonders spannend, also müsse man da mit einem kräftigeren Begriff aufwarten; noch häufiger wird der Cop- oder Polizeifilm mit der Detektivgeschichte verwechselt; ehe wir uns als kleinkarierte Germanisten outen, hier der Einfachheit halber ein paar Definitionen, die das gemeinsame Gespräch leichter machen.

5.1 Detektivfilm

Der Detektivfilm erzählt die Geschichte einer Ermittlung aus der Perspektive eines Mannes (seltener einer Frau), der nach eigenem Entschluss und oft auf eigene Rechnung, aber im Namen einer Moral, einer Gesellschaft oder eines einzelnen anderen ein Verbrechen recherchiert und in aller Regel den Täter zur Strecke bringt; dabei gerät er in aller Regel selbst in erhöhte Gefahr.

Die nimmt er bewusst in Kauf, denn oft genug muss er mit seiner Investigation und der Aufklärung eines Verbrechens eine Schuld abtragen, die auf ihm lastet; sie stammt aus der

Vergangenheit oder wird zu Beginn der Geschichte erworben – manchmal ist sie aber auch nur ein tiefes Geheimnis. Der Detektiv ist selbstlos, die Verbrecher und das Böse fast übermächtig. Eine Detektivgeschichte endet für die Gesellschaft bzw. den Auftraggeber meist befriedigend, für den Detektiv eher weniger; nicht selten zahlt mit dem Tod.

Der Detektivfilm ist die am weitesten – und am längsten – verbreitete Variante des Spannungsfilms; er hat große Figuren hervorgebracht und das Genre immer wieder neu belebt; der Detektiv ist der klassische Held des 20. Jahrhunderts.

5.2 Thriller

Wenn der Detektivfilm von der logischen Deduktion und der Verstandeskraft des Helden lebt, speist der Thriller seine Kraft aus der körperlichen Bedrohung, die von der Darstellung des Geschehens ausgeht. Seine Ursprünge sind im Schauerroman des 16. Jahrhunderts zu suchen; mit ihm werden Bedürfnisse der menschlichen Psyche bedient, die immer wieder zu heftigen – moralisierenden – Diskussionen geführt haben: Schaulust, Darstellung von Gewalt in seiner erotischen Dimension, Aggressionsbefriedigung, Instinkte.

Der Thriller hat sich weitgehend unabhängig vom Kriminalfilm entwickelt; dieser jedoch hat regelmäßig bei ihm Anleihen gemacht, im Setting, Pacing (siehe Glossar) und auch in der visuellen Aufbereitung von Situationen.

Der Thriller kann gänzlich ohne Detektive oder Kommissare auskommen; wichtig sind in ihm leidende oder geschundene Kreaturen, am häufigsten allein stehende junge Frauen, Kinder, Wehrlose. Im Thriller wird ein Mensch geprüft wie sonst nur noch der Ketzer auf dem Scheiterhaufen.

Opfer sind meistens Menschen wie du und ich; stellvertretend erleiden sie psychisch kaum erträgliche und physisch weit über ihre Kräfte gehende Qualen. Sie müssen Herausforderungen bestehen, die ihre Widerstandskraft, ihre Moral und vor allem ihr Durchhaltevermögen aufs Äußerste in Anspruch nehmen. Fast immer werden sie dabei von den anderen im Stich gelassen, verleugnet oder für schuldig befunden.

Der Thriller ist ein Purgatorium, in dem arme Vettern unserer eigenen Existenz für uns durch die Hölle gehen müssen, um am Ende erwachsen daraus hervorzugehen und ihre Persönlichkeit – und meistens auch die Nähe einer liebenden Person als Belohnung – zu finden. Diese Form der Kriminalhandlung ist am naivsten, oft in der Nähe des Schunds angesiedelt – immer jedoch auf die äußerste Reizung der Nerven und der Instinkte bedacht.

5.3 Polizeifilm

Der Polizeifilm gehört prinzipiell zur Klasse der Investigationsstorys, d.h. in die Nähe des Detektivfilms. Während jedoch im Detektivfilm das Motiv für die Aufklärungsarbeit im Vordergrund steht, ist für den Polizeifilm charakteristisch, dass die berufliche Pflicht den Ermittler treibt. Zwar hat auch der Detektiv einen Beruf, dieser Aspekt der Figur tritt jedoch in der Regel in den Hintergrund zugunsten seiner persönlichen Motivation (eigenes Interesse, Schuld, Mitgefühl). Das Interesse des Polizisten an der Ermittlung muss nicht begründet werden. Seine Charakterzüge ergeben sich aus Konflikten, die für seinen Beruf typisch sind: Ärger mit Vorgesetzten, familiäre Defizite, Anfechtungen durch Korruption. Die Person des offiziellen Ermittlers (in der Regel Polizist) ist für die Zwecke der Serialisierung hervorragend geeignet, speziell für das Fernsehen: Das wichtigste Kennzeichen des Helden des Serienkrimis ist – wie Karlheinz Willschrei es einmal genannt hat – seine »Wiederverwendbarkeit«.

Der Polizeifilm ist die wichtigste Folie, vor der die deutschen Fernsehserien funktionieren; sein wesentlicher Zug ist die Wiederherstellung einer Ordnung, deren Verlust man fürchtet. Ein Sonderfall des Polizeifilms ist der Agentenfilm, der in den Nachkriegsjahren in den USA verbreitet war – und ein Sonderphänomen geblieben ist. Ein Überbleibsel aus dieser Zeit sind die nach wie vor erfolgreichen James-Bond-Filme ursprünglich englischer Provenienz. Der Held hat die offizielle Legitimation eines Polizisten in radikaler Übersteigerung, die »Lizenz zum Töten«. Diese einer demokratischen Gesellschaft unwürdige Figur wurde ermöglicht, indem man ihm Gegner gegenüberstellte, die die ganze Welt zu beherrschen oder zu vernichten drohen. Heute tradieren die Filme sich durch Repetition des eigenen Mythos, zu dem immer schon gute Action und eine Portion Selbstironie gehörten.

5.4 Gangsterfilm

Er fand vor allem in den 1930er- und 1940er-Jahren in den USA Verbreitung. Der *film noir* hat die schönsten Gangsterfilme hervorgebracht, in denen die Helden sympathisch, wenn auch verbrecherisch waren.

Im Gangsterfilm wird viel Aufmerksamkeit auf die Schilderung der Charaktere, die Entwicklung ihrer Tragödie und der Sichtbarmachung ihrer Motive verwandt. Es ist die am meisten »künstlerische« und spielerische Form des Spannungsfilms – auch wenn die Szenerie, die Auswahl der Fälle und die visuelle Darbietung ihre Realitätsnähe mit allen Mitteln betont.

Die Gangsterfilme sind Klassiker, für die es im Kino und im Fernsehen der Gegenwart kaum eine adäquate Entsprechung gibt.

5.5 Gerichts- und Anwaltsfilm

Das *court drama* ist eine rein amerikanische Angelegenheit mit großer Tradition; da es im angelsächsischen Recht keine so detaillierten Regelungen gibt wie z.B. im deutschen, kommt der möglichst geschickt geführten Auseinandersetzung vor Gericht große Bedeutung zu. Im Gerichts- und Anwaltsfilm geht es dabei nicht um die Darstellung des Verbrechens selbst, sondern um den Nachweis einer Schuld, um die Verteidigung von Unschuldigen und die Schliche der Anklage – gegen die die Verteidigung ankämpfen muss wie gegen das Ungeheuer mit den sieben Köpfen. Der Anwaltsfilm, der im amerikanischen Fernsehen mit den *court-series* in den verschiedensten Formen (z.B. *L.A. Law*) sehr erfolgreich ist, kommt auch im deutschen Fernsehen langsam zu einiger Bedeutung – allerdings zunächst noch als Füller und Billigmacher für das Programm am Nachmittag. Es ist jedoch zu erwarten, dass sich das unter dem allgemeinen Kostendruck bald ändern wird.

Der Gerichts- und Anwaltsfilm hat immer wieder Bestandteile an andere Genres »ausgeliehen«, einige Krimiserien (z.b. »Ein Fall für zwei«) operieren mit wesentlichen Elementen und mixen sie mit denen des Detektiv- oder Polizeifilms.

Die Fernsehserie

Der Autor eines einzelnen Fernsehspiels hat sich zu fragen, wie er seine Idee realisiert, wie er das, was ihn bewegt, in eine Form bringt. Der Autor einer Serienfolge braucht ebenso wie der eines einzelnen Stückes eine Idee; er muss Figuren mit Substanz haben, zwischen denen sich packende Szenen abspielen. Aber schon nach dem ersten Schritt, nach der Idee, ist die Arbeit des Serienautors grundsätzlich verschieden von der des Autors eines Spielfilms. Während es im Einzelspielfilm darauf ankommt, die Idee zur Entfaltung zu bringen, muss der Serienautor seine Idee anpassen oder richtiger: Er muss sie entfalten, indem er sie anpasst, nämlich an die vorgegebenen Personenkonstellationen und die daraus sich ergebenden Handlungsmuster.

Ein Seriendrehbuch ist nur dann gut, wenn es die Konstanten der Serie (Personen, Milieu, Sprache etc.) bedient. Die Feststellung erscheint äußerst simpel. Dass ein Drehbuch von »Marienhof« kein »Tatort« ist, versteht jeder, oder, weniger absurd: dass ein Drehbuch von »SK Kölsch« anders ist als eines von »Wolffs Revier«, leuchtet ein. Was aber im Ergebnis auf dem Bildschirm so einfach erscheint, ist im Herstellungsprozess gar nicht so leicht. Auch wer sich beruflich damit beschäftigt, macht immer wieder Fehler. Als ich vor Jahren als Produzent die Stoffentwicklung für eine Krimiserie betreute, war der Sender-Redakteur mit meiner Arbeit unzufrieden und teilte mir mit, er wolle mit anderen Autoren selbst Stoffe entwickeln. Ich nahm das zur Kenntnis und erzählte es nach Wochen beiläufig seinem Chef. Der schätzte seinen Redakteur nicht sonderlich und ließ sofort das, was der Redakteur bisher erarbeitet hatte, an mich schicken. Es war ein Exposé von vier Seiten. Ich rief den Autor an und bot ein Gespräch an. Der Autor bat mich, ich möchte ihm doch in Umrissen sagen, wie ich zu dem Stoff stehe. Ich sagte, es fehle die Aktivität unserer beiden Serienfiguren, deren Aufgabe es ja sei, gemeinsam Kriminalfälle zu lösen; die eine Figur gebe nur am Anfang einen Ratschlag und wäre dann abgemeldet, die andere laufe ziellos den Ereignissen hinterher, der Fall – er spielte in einem Krankenhaus – werde durch die Ermittlungen einer Krankenschwester und eines Arztes aufgeklärt. Der Autor sagte, dem könne er nicht widersprechen, wir könnten uns das Gespräch sparen. Ich sagte, wie könnten uns gern treffen und gemeinsam darüber nachdenken, ob man nicht doch einen Krimi aus dem Krankenhausdrama machen kann. Nein, meinte er, die Idee tauge wohl doch nicht, er wolle lieber über einen neuen Plot nachdenken. Ich fragte den Autor, woran er denn mit dem Redakteur in den vielen Wochen – das Exposé war schon die dritte Fassung – gearbeitet habe. Er lachte und sagte: Da ging es zum Beispiel um die Frage, ob die zentrale Mediziner-Figur ein Arzt oder eine Ärztin, ob die Klinik privat oder städtisch ist.

Der Redakteur war mittleren Alters, er war seit Jahren im Geschäft und hatte sein Fach theoretisch durchaus gelernt. Trotzdem hatte er nicht erkannt, dass der Stoff nicht die elementaren Voraussetzungen für die Serie, für die er bestimmt war, erfüllte. Der Redakteur, der gewöhnlich stundenlang verbissen und unbelehrbar über weltbewegende Fragen diskutieren konnte, etwa was ein Unternehmer tut oder nicht tut, wie eine betrogene Ehefrau sich fühlt, wie ein krimineller Türke sich verhält, war in seinem Verständnis von Dramaturgie nie über das Stadium eines Laien hinausgekommen. Würde er dramaturgisch argumentieren, müsste er von der Wirkung ausgehen, die das »Dargestellte« auf den Zuschauer hat und wie man es anders darstellen müsste, wenn der Zuschauer es »mögen« sollte. Laien hingegen pflegen beim Ansehen von Filmen oder Fernsehspielen zu sagen: »So was tut aber eine Frau von zwanzig Jahren nicht.«; »Das lässt sich ein

Klinikchef nicht gefallen.«; »Die Krankenschwester, die sich die Mühe macht, möchte ich mal sehen!« – so reden sie, und sie haben ein Recht darauf. Sie artikulieren auf diese Weise, dass sie nicht einverstanden sind; sie versuchen ihre gefühlsmäßige Ablehnung mit einer Art von Begründung zu untermauern, indem sie die Fiktion zur Realität in Beziehung setzen, wobei sie nicht daran denken, dass ihr Wissen über die Realität genauso fiktiv ist wie die Fiktion im Fernsehen.

Vor vielen Jahren hatte ich eine recht junge Sekretärin. Sie las, wenn sie nichts zu tun hatte, Bestseller. Ich dachte mir, du musst dich mehr darum kümmern, was ein junges Mädchen liest, also erbat ich einen Roman von ihr, den sie gerade gelesen hatte. Ich dachte, dann kann ich nach frischem Eindruck sofort mit ihr darüber reden. Der Roman war von Simmel, an den Titel kann ich mich nicht mehr erinnern; ich weiß nur noch, dass der Autor eine Liebesgeschichte mit Ausländerproblematik, Umweltschutz, Frauenemanzipation und Nazivergangenheit und allem, was es sonst noch an bedeutenden Themen der damaligen Zeit gab, ohne jede Plausibilität in geradezu frecher Manier zusammengeleimt hat. Ich war also gespannt darauf, was der jungen Frau denn an diesem kruden Machwerk gefiel. Die Antwort war verblüffend und mir eine Lehre fürs Leben. Sie sagte: »Es ist so echt, so wie im Leben.«

Ein Autor muss sich daran gewöhnen, dass er immer wieder mit Leuten zu tun hat, und zwar auch an den höchsten Stellen, die ihre Wertschätzung oder Ablehnung nicht anders artikulieren können als jene Sekretärin. Der Autor muss eine psychische Technik finden, das unreife Geschwätz zu ertragen und sich das herauszusuchen, was ihm nutzt. Für sich selbst aber muss er analysieren, muss er die Regeln herausfinden und anzuwenden lernen, nach denen eine Geschichte lebensecht <u>wirkt</u>, auch wenn sie ganz und gar ausgedacht ist.

Wie wird man Serienautor? Gewiss nicht, indem man sich an den Computer setzt, eine Serienidee formuliert und an einen Sender oder Produzenten schickt. Und zwar, weil Serienideen nie, ich wiederhole, *nie* wirklich neu sind. Alles, was es als Serie gibt, ist bestenfalls Variation, Erweiterung,

Erneuerung von bekannten Mustern. Das heißt, alles, was man sich als Autor ausdenken könnte, ist längst irgendwo in Autorenhirnen, Redaktionen, Produzentenbüros ausgeheckt und niedergelegt worden.

Die Produzenten und die Sender stellen das allerdings völlig anders dar. Der »Denver-Clan« beispielsweise wurde in der amerikanischen Öffentlichkeit als eine äußerst progressive Serie dargestellt. Wieso? Weil die entscheidend handelnden Personen Frauen waren! Die Serie, von der »Denver-Clan« sich vor allem absetzte, war »Dallas«. Aber auch »Dallas« war nach dem Selbstverständnis der Vermarkter eine äußerst innovative, progressive, revolutionäre Serie, weil nämlich zum ersten Mal in der Geschichte des amerikanischen Fernsehens ein böser Mensch der Held war.

Ein Geschäftsführer von SAT.1 erklärte das seinerzeit recht betuliche Programm des Senders als äußerst innovativ und progressiv, weil der Sender es »gewagt« hätte, den Heimatfilm zur Serie zu machen. Warum wird so geredet?

Es sind in der Regel nicht die Macher, die sich so äußern, es sind die Vermarkter. Sie kommen von der Werbung und können sich nur in ihrem Vokabular äußern – oft sind es nicht unbedingt die besten Fachleute, denn wenn man gut ist, kann man in der Werbung sehr viel besser verdienen als bei einem Sender. Da sie nicht fähig sind, die Qualität ihres Produktes zu beschreiben, oder ihm misstrauen, nehmen sie die Vokabeln, die man in der Werbung nimmt, wenn einem gar nichts mehr einfällt, nämlich »neu«, »progressiv«, »kreativ«.

Um Sie jedoch nicht gänzlich zu demotivieren, verweise ich auf Teil III dieses Buches, »Die Entwicklung einer Krimiserie«. Georg Feil erläutert anhand eines Fallbeispiels ganz konkret, wie eine Serie entsteht, wie man in aller Regel mit dem Redakteur zusammenarbeitet und welche Rolle der Sender spielt.

Eine Serienidee ist nur auf dem Papier eine *Stoff*-Idee, in Wahrheit ist sie eine *Programm*-Idee, bei der die Absichten des Senders, das Können des Produzenten, die Attraktivität der Hauptfiguren und die Qualität des Autors zusammenstimmen müssen. Eine Serie wie »Derrick« kann sich jeder leicht ausdenken. Ein Kommissar (in der Serie noch hübsch altmodisch »Inspektor«) und sein Mitarbeiter klären Kriminalfälle auf. Der Erfolg kommt von der richtigen Besetzung, einem sehr kundigen Produzenten und – vor allem – dem Autor Herbert Reinecker, der ein begnadeter Schilderer von Charakteren ist, darin seinem Vorbild Simenon (»Maigret«) ähnlich, ohne jedoch dessen Liebe für das Abgründige im Menschen zu haben. Die Idee für die Serie »Ein Fall für zwei«, ein Anwalt und ein Detektiv als Ermittler, kann ebenfalls jeder haben, zumal es ähnliche Konstellationen bereits gab. »Ein Fall für zwei« gehört aber bei der Konstruktion der Fälle zu den handwerklich schwierigen Aufgaben. Anwälte verteidigen Menschen vor Gericht, sie führen keine kriminalistischen Ermittlungen durch, Detektive laufen hinter ungetreuen Ehemännern her, sie ermitteln nicht bei Kapitalverbrechen, haben dazu auch nicht die technischen Mittel und den nötigen Stab, auch ist der Detektiv in Deutschland – anders als in den Vereinigten Staaten – keine mythische Figur. Der Autor muss also zwei Figuren eine Handlung vorantreiben lassen, die für ihre Aufgaben weder zuständig noch kompetent sind. Bezeichnenderweise meinte der Programmdirektor beim Start der Serie, das Konzept würde vielleicht für 25 Folgen reichen. Tatsächlich läuft sie nun seit über zwanzig Jahren. Ein Vorzug der Serie ist, dass sie eine gewisse Vielfalt und damit kontinuierliche Erneuerung erlaubt. Der Detektiv ist mit Claus Theo Gärtner der Mann der ersten Stunde, als Anwalt ist mittlerweile der vierte Partner im Amt.

Was ist eine Fernsehserie? Die Begriffe Serie, Mini-Serie, Serial (engl.), Reihe und Mehrteiler werden oft missverständlich benutzt. So wurde »Derrick« eine Reihe genannt, obwohl die Sendung nach nationalem und internationalem Sprachgebrauch eine Serie ist.

Eine Serie hat eine feste Personenkonstellation und ist prinzipiell auf unendlich viele Folgen angelegt – »Der Fahnder«, »Wolffs Revier«, »Ein Fall für zwei«.

Eine Mini-Serie ist von vornherein für eine endliche Zahl von Folgen konzipiert, typisch ist das für Literaturverfilmungen oder Adaptionen literarischer Werke (»Dornenvögel«), es kann aber auch sein, dass die Macher sich der konsequenten Serialisierung widersetzen, obwohl konzeptionell die Voraussetzung für eine Serie gegeben wäre:»Kir Royal« zum Beispiel. Der Begriff Mini-Serie ist international üblich; im Deutschen wird er nur intern benutzt, vermutlich, weil die Silbe»mini«nach dem Verständnis der Vermarkter ein weniger wertvolles Programm verheißt. Im öffentlichen deutschen Sprachgebrauch heißen Mini-Serien entweder Mehrteiler oder Serien. Oder das Programm wird, um das leicht anrüchige Wort Serie ganz zu vermeiden, mit»Fernsehfilm/-spiel in x Teilen« umschrieben.

Von der Serie oder Mini-Serie wird im amerikanischen Sprachgebrauch – und dementsprechend auf dem internationalen Markt – das Serial unterschieden. Das sind Fortsetzungsgeschichten vom Typus»Dallas« und»Denver-Clan«. Definitorisch entsprechen dem auch die wöchentlichen oder werktäglichen Serien wie»Lindenstraße« oder»Gute Zeiten, schlechte Zeiten«, wenn diese auch meist eher»soap-opera« oder»Soap« genannt werden, um sie von höherrangigen Programmen wie»Dallas« abzusetzen (im amerikanischen Fernsehen meist tagsüber gesendet und ursprünglich vor allem von Waschmittelfirmen gesponsert). Im Deutschen werden all diese verschiedenen Typen»Serie« genannt.

Eine Reihe ist eine Sendung, bei der nach einem vorgegebenen Spielmuster (gleiche Grundsituation) wechselnde Personen agieren. Eine typische Reihe ist der»Tatort«. Bedingung eines»Tatorts« ist, dass ein Kriminalbeamter oder ein anderer Beamter mit polizeilichen Befugnissen (Zollfahnder) ermittelt. Die Handlung soll im Gebiet des ausstrahlenden Senders spielen. Die Konsequenz sind unterschiedliche Kommissare bei prinzipiell gleichem Spielmuster (Ermittlung). Innerhalb der Reihe gibt es serielle Komponenten (zum Beispiel die Schimanski-Folgen).

Die international gängigste Länge von Serienfolgen ist ca. 48 Minuten, bei den Privatsendern in Deutschland dominiert diese Länge fast ganz. Die öffentlich-rechtlichen Sender haben teilweise noch abweichende Längen: So dauert der Freitagabend-Krimi des ZDF 60 Minuten. Die Längen ergeben sich aus dem Programmschema und aus der unterschiedlichen Funktion der Werbung bei den Sendern. Die 60-Minuten-Sendungen des ZDF laufen im werbefreien Abendprogramm, den werbefinanzierten Privatsendern hingegen sind derzeit zwölf Minuten Werbung pro Stunde erlaubt, die Serienfolgen sollen – derzeit – 46:30 Länge haben, um neben der Zeit für die Werbung noch Platz für Eigenwerbung und Ansagen zu haben. Die international übliche Länge für »abendfüllende« Fernsehfilme, Fernsehspiele oder entsprechende Serienfolgen ist 90 Minuten. Aus dem amerikanischen Sprachgebrauch geistert zuweilen durch unsachgemäße Übersetzung der »Zwei-Stunden-Film« durch die Literatur. Damit ist tatsächlich ein Neunzig-Minuten-Film gemeint, der im amerikanischen Fernsehen einschließlich der Werbung zu einem »two-hour-movie« wird. Aber Vorsicht, es gibt auch hier Ausnahmen: »Colombo« hat oft wesentlich von der Norm abweichende (Über-)Längen. In dem Fall – er ist freilich die große Ausnahme – kann ein Two-Hour-Movie tatsächlich zwei Stunden lang sein.

Alle dramaturgischen Fragen des Serienschreibens lassen sich nach meiner Erfahrung auf drei Grundfragen reduzieren:

1. Ist meine Geschichte für die vorgegebene Länge geeignet?
2. Passt meine Geschichte zum Charakter der Serie?
3. Bedient meine Geschichte die Standardfiguren der Serie?

Diese drei Fragen werden in diversen Varianten im Ratgeberteil dieses Buches durchgespielt. Sie sind zwar am Beispiel des Krimis entwickelt, gelten in Analogie aber für jede Art von Serie.

Ich habe einmal eine Sitcom (Situationskomödie) produziert (»Bistro, Bistro«). Sie war nur ein mäßiger Erfolg und wurde nach 13 Folgen eingestellt. Die grundsätzliche Übereinstimmung zwischen Sender, Produzent und Autoren – Voraussetzung einer erfolgreichen Serie – stellte sich bei dieser Produktion nicht ein. Dieser Übereinstimmung hätte es umso mehr bedurft, als ich als Produzent auf diesem Gebiet ein Neuling war. Die Redaktion hat die Vorbereitung mit großem Engagement betrieben, nur haben die Mentalitäten der Beteiligten nicht zusammengepasst. Wir sprachen nicht die gleiche Sprache. Wenn ich von Plots, Personen, Situationen sprach, schaute der zuständige Mann des Senders mir tief in die Augen und sagte: Die Handlung ist bei einer Sitcom unwichtig, sie muss nur die Aufhänger anbieten, um die Witze loszuwerden. Um ganz sicherzugehen, hat die Redaktion zwei Folgen der Serie im Vorbereitungsstadium ins Englische übersetzt und an einen amerikanischen Sitcom-Autor geschickt, der – gegen stolzes Honorar – in einem ausführlichen Gespräch sein Gutachten abgeben sollte. Ich reiste mit dem Mann vom Sender nach Los Angeles; im Flugzeug zog er einen dicken Packen Papier heraus, seine gesammelten Kneipenwitze: Wir brauchen vier Lacher pro Minute. Ich meinte höflich »interessant« und »toll« und was man so sagt und bat, er möchte mir doch die Stellen zeigen, wo wir die Witze einbauen können. Er hatte keine Idee.

Die Privatstunde in Hollywood war dann einer der denkwürdigsten Augenblicke in meinem beruflichen Leben. Der Amerikaner fragte zu unserer Hauptfigur: Was will der Mann? Der Verantwortliche vom Sender unterbrach: Ja, aber wir brauchen vier Gags pro Minute! Der Amerikaner: Woher kommt der Mann? Der Sender-Mann dazwischen: Ja, aber die Witze! Der Amerikaner fuhr ungerührt fort: Wovon träumt er? An welcher Realität scheitert er? Der Sender-Mann rang um Fassung: Die Witze … Der Amerikaner, dem natürlich nicht entgangen war, dass unser Verantwortlicher keine Ahnung hatte, fuhr mit seinen elementaren Fragen fort; ich schrieb wie ein gelehriger Schüler mit und habe viel dabei gelernt, vor allem, dass man offenbar auch in Hollywood von klassischen Regeln ausgeht, dass die Handlung auch der allergeringsten Sitcom sorgfältig nach der Kunst der Dramaturgie gebaut wird, dass es – natürlich – hirnrissig ist zu meinen, man könnte eine Witzesammlung zu einer Handlung ummodeln, dass eine Handlung, die dem Zuschauer wie ein bloßes Gerüst für Pointen erscheint, in Wahrheit ein genau ausgetüfteltes Konstrukt ist.

Die Entwicklung eines Drehbuchs

Wie erzeugt man Spannung?

Die Hauptsache beim Krimi ist die Spannung. Das weiß jedes Kind. Jedermann weiß, wie spannende Filme aussehen. Unheimliche Gestalten, die unschuldigen Frauen nachstellen, rasante Verfolgungsjagden, dramatische Rettungsaktionen. Man kennt das.

Man hat aber auch Filme gesehen, in denen all das reichlich vorhanden ist und die einen trotzdem gelangweilt haben. Es wird gerannt und geschossen, einer gefährlichen Situation folgt die nächste. Und dennoch reißt es einen nicht mit. Der Aufwand ist enorm, aber der bleibende Eindruck ist: Viel Lärm um nichts. Woran liegt das?

Die Macher jener Filme, die für einige Momente spannend erscheinen und doch keine wirkliche Spannung erzeugen, haben die Zutaten für einen Spannungsfilm zusammengemixt, ohne die Regeln der Spannungsdramaturgie zu beachten. Sie sind wie schlechte Köche, die feinste Zutaten nicht so zubereiten, dass sie ihren besten Geschmack entfalten, sondern einfach alles in einen Topf werfen und durchrühren. Sie beherrschen das Handwerk nicht.

1.1 Die Kartenspieler und die Explosion

Zwei Männer sitzen an einem Tisch und spielen Karten. Sie plaudern, rauchen und trinken. Plötzlich eine Explosion. Eine Bombe geht hoch und verletzt die Männer schwer.

Diese Szene hat offensichtlich eine ereignisreiche Handlung, sie ist aber nicht spannend. Spannend ist die folgende Variante:

1.2 Die Kartenspieler und die versteckte Bombe

Zwei Männer sitzen an einem Tisch und spielen gemütlich Karten. Sie plaudern, rauchen und trinken mit großem Behagen. Unter dem Tisch liegt – für den Zuschauer sichtbar, für die Männer nicht – eine Bombe. Die Zündschnur brennt langsam ab.

Spannung ist Erwartung. Im ersten Beispiel ist die Handlung überraschend, nicht spannend, weil der Zuschauer auf nichts wartet. Das zweite Beispiel ist spannend, weil der Zuschauer darauf wartet, dass etwas passiert. Es ist die Situation, die wir aus dem Kasperletheater kennen.

1.3 Kasperle und das Krokodil – die Grundsituation einer Spannungsszene

Kasperle plaudert mit Gretchen, hinter beiden taucht das Krokodil auf. Die Kinder schreien:»Kasperle, pass auf! Das Krokodil!«

Ein guter Puppenspieler baut die Situation aus, indem er das Publikum einbezieht.

Beispiel 1.3 a
Kasperle wendet sich an die Kinder und ruft:»Was? Theophil?«

Die Kinder skandieren im Takt:»Kro-kodil! Kro-ko-dil!«

Kasperle versteht nicht, er verballhornt das Wort»Krokodil« auf kindliche Weise, er fragt:»Po-po-viel?« – Und so weiter.

Was hat die Kasperle-Szene mit Spannung zu tun? Sehr viel. Sie ist die Grundsituation einer jeden Spannungsszene. Die handelnde Figur glaubt sich in einer harmlosen Situation, der Zuschauer sieht, dass Gefahr droht.

Die Szene mit der Bombe unterm Tisch ist äußerst simpel. In den Anfangsjahren des Kinos mag sie den Zuschauer erregt haben, heute würde man sie als zu einfach empfinden. Das heißt aber nicht, man könnte heute auf die einfachen Regeln der Spannungserzeugung verzichten. Spannung trägt einen Stoff. Ist sie erst einmal etabliert, kann man einen Stoff ausbauen, erweitern, verfeinern. Am Ende wird der Zuschauer keine Ähnlichkeit mit der Szenerie des Kasperletheaters mehr erkennen, er wird feststellen, dass er einen interessanten Film gesehen hat. Er wird sagen, dass er diesen Schauspieler toll, die Kostüme prächtig fand oder die Handlung »wie aus dem Leben«. Der beste Schauspieler hätte den Zuschauer aber nicht gefesselt, die schönsten Kostüme kein Vergnügen bereitet, wenn die Handlung nicht spannend gewesen wäre. Und wenn es wirklich »wie aus dem Leben« gewesen wäre, dann hätte der Zuschauer nach wenigen Minuten abgeschaltet. Denn das wirkliche Leben ist auf dem Bildschirm so spannend wie die Übertragung der Verkehrsüberwachung in die Einsatzzentrale. Da sieht man Unfälle, Schlägereien, Demonstrationen, Wetterkatastrophen, also alles, was Filme prickelnd macht – nur spannend ist es ganz und gar nicht.

Wie macht man aus einer zeitlosen Kasperleszene für Kinder eine heutige Szene für Erwachsene? Die Antwort ist einfach. Man erhält die Struktur der Kasperleszene (denn in jedem Zuschauer steckt noch das Kind, das dem Kasperle zurufen möchte »Kasperle, pass auf!«) und reichert sie an mit Details, die das Erwachsene im Zuschauer ansprechen. Bevor wir das am Beispiel darstellen, noch eine Variante der Kartenspielerszene.

1.4 Viele spannende Szenen machen noch keine spannende Handlung

Zwei Männer spielen seelenruhig Karten, sie plaudern, trinken und rauchen. Unter dem Tisch liegt eine Bombe. Die Zündschnur brennt. Einer der Männer bewegt ein Bein, er stößt an die Bombe, er schaut unter den Tisch, sieht einen unförmigen Gegenstand, er flucht:»Verdammte Schlampe, diese Helga, überall lässt sie Sachen rumstehen.« Der andere Mann bewegt seine Füße unter dem Tisch. Dabei gerät die Lunte unter seine Fußsohlen ...

Die Szene lässt sich ausbauen:

Beispiel 1.4 a
... Die Lunte wird gelöscht. Im Nebenraum, versteckt hinter einem schweren Schrank, wartet Helga, die»Schlampe«, darauf, dass die Bombe endlich hochgeht.

Beispiel 1.4 b
Kurz bevor die Lunte abgebrannt ist, ertönt ein Signal. Die Männer springen auf. Es sind Feuerwehrleute, die zum Einsatz gerufen werden.

Beispiel 1.4 c
Die Männer plaudern nicht nur harmloses Zeug, sie wissen, dass sie verfolgt werden. Sie sind aber guter Dinge, weil sie wissen, dass sie ihre Widersacher abgehängt haben. Der Zuschauer sieht die Bombe und weiß es besser.

Das Beispiel 1.4 mit seinen Varianten entspricht der Kasperleszene in der ausgestalteten Form (Beispiel 1.3 a). Wie Kasperle mit der Gefahr»Krokodil« spielt, wie der Puppenspieler die Szene ausbaut und für seine Späße nutzt, so baut der Filmemacher seine Situation aus; er dehnt sie, reichert sie mit Details an, die sie lebendig oder auch komisch machen.
Eine spannende Situation macht noch keine spannende Handlung, auch nicht die Aneinanderreihung vieler span-

nender Situationen. Damit Spannung trägt, damit das Interesse des Zuschauers über einen längeren Zeitraum erhalten bleibt, braucht man Personen, an denen der Zuschauer Anteil nimmt, mit denen er sich identifizieren kann. Wie man das erreicht, wollen wir schrittweise entwickeln.

1.5 Das Liebespaar und der eifersüchtige Ehemann

Ein Mann und eine Frau, nennen wir sie Hans und Christine, sitzen in einem Restaurant am Tisch. Sie schauen sich verliebt an und tauschen zarte Worte aus. Sie brechen auf. Offensichtlich freuen sie sich auf ihre Liebesnacht. Im Foyer des Restaurants stürzt der Ehemann von Christine – nennen wir ihn Arno – auf das Paar zu. Er schmiert der Ehefrau eine und gibt dem Liebhaber einen Kinnhaken.

Das ist gewiss eine handlungsreiche Situation, spannend ist sie nicht. Denn der Zuschauer wusste, während er dem turtelnden Paar zuschaute, nichts von dem Ehemann. Die Szene entspricht der ersten Kartenspielerszene.

1.6 Die Bombe verwandelt sich in einen Mann

Hans und Christine sitzen im Restaurant und tauschen Zärtlichkeiten aus. Verdeckt hinter einer Scheibe schaut ein Mann zu.

Dieses Beispiel entspricht der Kartenspielerszene in der zweiten Variante. Die Bombe hat sich in einen Mann verwandelt. Die Szene ist spannend. Allein die Tatsache der Beobachtung erzeugt ein Klima der Bedrohung. Zugleich enthält die Szene ein Rätsel. Wer ist der Mann? Ein harmloser Spanner? Ein Liebespaar-Mörder? Oder ein eifersüchtiger Liebhaber? Oder der Ehemann?

Die Situation hat zwar die Struktur einer spannenden

Szene, aber die Spannung reicht nicht weit. Wenn wir das Beispiel 6 weiterführen wie das Beispiel 5, wenn also im Foyer klar wird, dass es sich bei dem Beobachter hinter dem Fenster um den Ehemann handelt, ist die Spannung, die am Anfang der Szene aufgebaut wurde, auch schon gelöst.

Die Spannung, die wir erzeugt haben, reicht allenfalls für ein paar Minuten. Um über größere Zeitspannen zu tragen, braucht eine Handlung Charaktere. Charaktere entstehen dadurch, dass der Zuschauer etwas über das Innenleben von Menschen erfährt. Die Darstellung des Innenlebens muss im Film in einer Form erfolgen, die wiederum äußere Handlung ist. Das klingt kompliziert. Ist es auch. Tatsächlich liegt in diesem Satz das ganze Geheimnis des Drehbuchschreibens: Innenleben verwandelt sich im Film in Handlung.

1.7 Die Bombe bekommt ein Innenleben

Hans und Christine sitzen in einem Restaurant am Tisch. Arno, der Ehemann von Christine, beobachtet die beiden heimlich durchs Fenster. Er liebt seine Frau trotz ihres Betruges. Er ist im Zwiespalt. Soll er Christine stellen? Dann kommt es wahrscheinlich zum Bruch. Soll er abwarten und sie zurückzugewinnen versuchen? Als er sieht, wie Hans und Christine verliebte Blicke tauschen und sich offensichtlich auf eine Liebesnacht freuen, packt ihn die Wut. Im Foyer stellt er das Paar ...

Aus dem leblosen Ding »Bombe« ist ein Mensch geworden. Da lauert nicht einfach Gefahr, sondern ein Mensch mit seinen widerstreitenden Gefühlen. Der Mann hat ein Schicksal, der Zuschauer kann mit ihm leiden.

Wie aber teile ich die Gefühle des Mannes dem Zuschauer mit? Der einfachste Weg ist, den Mann einen »inneren Monolog« sprechen zu lassen.

1.8 Der innere Monolog

Arno schaut verzweifelt. Seine innere Stimme sagt: »Eigentlich müsste ich das Luder abstechen. Aber ach, ich liebe Christine doch so! Trotz allem. Und dieser Kerl, dieses Schwein, das sie verführt hat, gehört klein gehackt und den Geiern zum Fraß vorgeworfen.«

So kann man's machen, aber die Zuschauer werden es nicht mögen. Denn ein Film ist kein bebildertes Hörspiel; er ist dramatische Handlung, die sich optisch und akustisch ausdrückt. Und zwar in Szenen, bei denen die Optik und die Akustik nicht getrennte Wege gehen, sondern untrennbar vereint sind.

Filme sind dramatische Handlungen. Im Drama reden Menschen miteinander. Was der Autor mitzuteilen hat, muss in Dialog umgesetzt werden. Wenn der Autor mitteilen will, was eine Person bedrückt, dann muss er eine zweite Person erfinden, der das gesagt wird. Das heißt in unserem Beispiel: Wenn der Autor sagen will, dass Arno seine Frau liebt, dass er sie nicht verlieren möchte, dann muss der Autor eine Person erfinden, der Arno das sagen kann. Da es um sehr persönliche Dinge geht, kommt nur ein guter Freund infrage, eine Person, die man in der dramatischen Literatur den »Vertrauten« nennt (auf der Bühne der Freund, die Freundin, die Amme, der verschwiegene Dienstbote etc.).

1.9 Der Vertraute

Hans und Christine turteln in einem Restaurant. Arno, der Ehemann, beobachtet das Paar. Bei ihm ist sein bester Freund.

Freund: Unglaublich! Also Arno, sei mir nicht bös; wenn ich du wäre, ich würde reingehen und ihr eine schmieren.

Arno: Aber ich liebe sie doch. Trotz allem.

Freund: Dann bring den Kerl um, diesen geschniegelten Golflehrer-Typ.

Arno: Das löst doch mein Problem nicht. Ich will Christine zurückgewinnen.

Freund: Eben, du musst ihr zeigen, dass du ein Kerl bist. Mach Hackfleisch aus ihm.

Arno: Meinst du?

Freund: Ich sag's dir. Die Weiber sind doch alle gleich. Zeig ihr, wer der Chef im Ring ist.

Hans und Christine geben sich einen innigen Kuss, dann brechen sie auf. Arno läuft zu großer Wut auf. Er rennt ins Foyer und stellt Hans und Christine ...

Diese Szene ist, obwohl nicht ohne Spannung, entsetzlich schlecht. Warum? Weil der Freund ganz offensichtlich nur dazu da ist, Arno die Stichworte zu geben. Und auf die Stichworte hin spricht Arno seine Gefühle im Klartext aus. Der Freund ist ein Bösewicht, der Einflüsterer aus einem schlechten Theaterstück. Der Autor hat die Information, die er geben will, auf eine simple, durchschaubare Weise in einen Dialog gefasst. Selbst wenn die beiden Personen nicht so primitiv reden würden wie in diesem Beispiel, wenn sie sich der gepflegtesten Worte bedienen würden, wäre die Szene doch primitiv. Weil sie der Anlage nach primitiv ist.

Differenziertheit wird im Film nicht durch die Differenziertheit der Sprache erreicht (obwohl sprachliche Differenziertheit vorteilhaft ist), sondern durch die Differenziertheit der Situation. Das ist zu verstehen, wenn man folgende Variante versteht:

1.10 Ein Charakter wird aufgebaut

Hans und Christine sitzen in einem großen Restaurant am Tisch. Sie schauen sich verliebt in die Augen und tauschen zärtliche Worte. In einem Nebenraum des Lokals ist eine lustige Runde beisammen. Es wird viel getrunken, gesungen und gealbert. Nur ein Mann – Arno – ist nicht bei der Sache.

Durch die halb geöffnete Tür schaut er zum anderen Ende des Lokals, wo das verliebte Paar sitzt. Seine Nachbarin versucht, ihn zum Trinken und zum Mitlachen zu animieren. Arno gibt sich redlich Mühe, aber es will ihm nicht gelingen. Die Nachbarin erkundigt sich nach Arnos Frau. Er sagt, sie besuche ihre kranke Tante. Die Nachbarin fragt neugierig nach der Tante. Arno ist das Thema peinlich. Wie magnetisch angezogen starrt er zu dem Paar hinüber. – Hans und Christine haben gezahlt. Christine sagt, dass sie heute die ganze Nacht bei Hans bleiben kann. Hans freut sich. Er fragt, wie er denn zu so einem Glück kommt. Sie sagt, ihr Mann treffe ein paar Schulfreunde. Da es dabei immer recht feucht-fröhlich zugehe, will Arno bei einem Freund übernachten. Die beiden geben sich einen innigen Kuss. – Arno wird das zu viel. Er springt erregt auf …

Diese Variante ist wesentlich interessanter als die vorhergehende (Beispiel 1.9). Der Ehemann (die »Bombe«) ist nicht in einer geschützten Situation, in der er beliebig verharren könnte, er ist eingespannt in eine eigene kleine Handlung. Arno soll lustig sein, kann es aber nicht. Und sein Dialogpartner ist nicht der Freund, der dieselbe Szene beobachtet wie er, er ist vielmehr eine neutrale Person, die unbefangene Fragen nach der Ehefrau stellt. Erst als Arno verkrampft reagiert, hakt die Nachbarin nach und wird neugierig. Aus der Kartenspielerszene haben wir neben der Grundstruktur ein wichtiges Detail übernommen, und zwar aus der Variante 1.4 c: Die Kartenspieler sprachen davon, dass sie ihre Freunde abgehängt haben. Das Liebespaar in unserem Beispiel spricht davon, dass vom Ehemann keine Gefahr droht. Der Zuschauer ahnt (er weiß ja noch nicht, dass Arno der Ehemann ist), dass das ein Irrtum ist.

Wir sehen: Die Kasperleszene ist zwar in ihrer Grundstruktur erhalten, wurde aber weiterentwickelt, differenziert und mit Charakteren ausgestaltet. Aus Kasperle, Gretchen und dem Krokodil haben wir ein Liebespaar und den betrogenen Ehemann gemacht, zeitloses Puppentheater zu einer zeitgemäßen Szene umgebaut.

Während das Beispiel 1.9 (Ehemann und sein Freund

schauen zu) zwar formal die Bedingungen der dramatischen Handlung erfüllt, aber noch wie eine schlechte Theaterszene gebaut war, ist das letzte Beispiel lebendig, differenziert, es wirkt »wie aus dem Leben«. Und ist doch nichts weiter als eine Konstruktion.

Sie werden festgestellt haben, dass Beispiel 1.8. (innerer Monolog) und 1.9. (der »Vertraute«) sich inhaltlich etwa entsprechen, während 1.10. von diesen beiden inhaltlich abweicht. Wenn der Autor sich die Aufgabe gestellt hat, dem Zuschauer mitzuteilen, dass der Ehemann seine Frau noch immer liebt, dass Arno zögert, Christine zu stellen, weil er Angst hat, sie zu verlieren, dass die innige Zärtlichkeit zwischen Hans und Christine ihm den Zorn hochjagt, dann ist ihm das mit Beispiel 1.10 nicht voll gelungen. Das ist kein Nachteil, denn er hat einiges gewonnen. Er hat sich die Möglichkeit geschaffen, die Information »Arno liebt Christine« auf sinnliche Weise mitzuteilen. Das Transportmittel für die Information ist nicht die verbale Aussage, sondern das Verhalten, denn:

Arno sagt seiner neugierigen Nachbarin nicht: »Ich weiß nicht, was meine Frau macht, es ist mir auch egal.« Er sagt auch nicht lakonisch: »Sie ist verreist.« Er druckst vielmehr herum. Und er gibt eine Erklärung, die ganz so klingt wie eine Ausrede. Er gibt sie wie jemand, der sich und anderen einreden will, es wäre doch alles ganz harmlos. Aus der Art, wie er sich äußert, erkennen wir, dass er leidet. Ob er leidet, weil er die Frau (wir wissen ja noch nicht, dass es seine Ehefrau ist) liebt oder weil seine Eitelkeit gekränkt ist, erfahren wir nicht. Noch nicht. Denn die kleine Szene soll ja nur ein Teil der Handlung sein, sie soll ja nicht im nächsten Augenblick schon aufgelöst oder von einer anderen Handlung abgelöst werden, sie soll vielmehr Charaktere aufbauen, an denen man Anteil nimmt. Die Information »Arno liebt Christine trotz ihrer Untreue« fällt möglicherweise verbal überhaupt nicht. Aber sie kann sich möglicherweise aus dem Zusammenspiel verschiedener Szenen so zwingend ergeben, dass man sie gar nicht aussprechen muss.

Beispiel 1.10. ist so angelegt, dass die Spannung mit der

Konfrontation im Foyer noch längst nicht gelöst ist. Und das ist es, was wir brauchen, Konflikte, die weitertragen, Personen, auf die der Zuschauer neugierig ist. Wenn der Autor das erst einmal erreicht hat, wenn er den Zuschauer neugierig gemacht hat, dann kann er sich Zeit lassen. Die Mitteilung eines eifersüchtigen Mannes an seinen Freund, dass er seine Frau noch immer liebt, ist, solange ich den Mann noch nicht kenne, wenig aufregend. Wenn ich den Mann aber kenne, wenn ich mit ihm fühle, dann kann sein Geständnis bewegend sein.

Wie baut man einen Krimi auf?

Ein Krimi ist die Aufklärung eines Verbrechens, in der Regel eines Mordfalls. Um aus unserer Geschichte einen Krimi zu machen, müssen wir einen Mord geschehen lassen und einen Ermittler ins Spiel bringen. Und zwar so:

Unsere Geschichte läuft ab wie unter 1.10 beschrieben, also bis zur Begegnung der drei Hauptpersonen im Foyer des Restaurants. Wir vergessen jetzt die Kinnhaken- und Ohrfeigen-Sprache des Gangsterfilms, wir passen uns den hiesigen Umgangsformen an.

2.1 Der Kommissar kommt ins Spiel

Es beginnt wie im Beispiel 1.10. Dann weiter:

Im Foyer des Restaurants stürzt Arno wie rasend auf Hans und Christine zu. Arno packt Hans am Kragen, Christine geht dazwischen. Sie bietet Arno eine Aussprache an, ihren Liebhaber bittet sie um Verständnis dafür, dass sie sich ihrem Mann widmen muss. Hans sieht ein, dass eine Aussprache für alle Beteiligten am besten ist. Er verabschiedet sich und geht. Arno hat seinen Mantel bei der Gesellschaft im Nebenraum gelassen. Er bittet seine Frau, einen Augenblick zu warten. Christine sagt, sie wolle draußen auf den Parkplatz gehen. Er holt seinen Mantel und wird einen Augenblick von der neugierigen Nachbarin aufgehalten. Arno verabschiedet sich und geht hinaus auf den Parkplatz. Dort findet er Christine blutüberströmt. In seinen Armen stirbt sie.

Wir haben unser schlichtes Beispiel von den Kartenspielern durch mehrfache Umwandlung und Ausgestaltung zum Anfang eines Krimis gemacht. Der Anfang ist gut, weil er gleich mit einer spannenden Szene beginnt und schon nach kurzer Zeit einen ersten Knalleffekt hat. Mit dem Knalleffekt aber ist die Situation nicht entspannt, vielmehr geht es jetzt erst richtig los. Der Anfang wirft mehr Fragen auf, als er Antworten gibt. Dies ist der richtige Zeitpunkt, den Kommissar ins Spiel zu bringen. Seine Aufgabe ist es, den Täter zu ermitteln. Er wird die Beteiligten verhören und dabei etwa folgende Fragen stellen: Hat jemand die Tat beobachtet? Wer hat die Getötete zuletzt gesehen/gesprochen? Er wird Arno befragen. Er wird erfahren, dass Arno und Christine nicht gemeinsam das Restaurant besucht haben. Er wird erfahren, dass Christine mit Hans im Lokal war, er wird Arno als möglichen Täter in Betracht ziehen. Er wird sich nach Hans erkundigen. Wo war er? War er schon weggefahren? Oder hat er Christine umgebracht und ist dann weggefahren? Hätte Hans ein Motiv, seine Geliebte umzubringen?

Fragen über Fragen. Bevor wir Ordnung in diesen Wirrwarr bringen, müssen wir eine Grundregel des Krimischreibens kennen lernen: Ein Krimi ist die Geschichte einer Ermittlung. Die älteste Geschichte einer solchen Ermittlung in der Weltliteratur ist die Tragödie »König Ödipus« des griechischen Dichters Sophokles.

2.2 Wie Sophokles die Ödipus-Sage erzählt

Dem Königssohn Ödipus wird bei seiner Geburt geweissagt, er werde seinen Vater erschlagen. Um diesen Frevel abzuwenden, wird ein Hirte beauftragt, den Knaben in die Wildnis zu führen und ihn zu töten. Der Hirte hat Mitleid mit dem Kind, er lässt es leben. Der Knabe wächst in der Fremde als

Adoptivsohn eines anderen Königs heran. Auf einer Reise begegnet er in einem Hohlweg einem älteren Mann. Es kommt zum Streit, Ödipus erschlägt ihn, nicht ahnend, dass dieser Mann sein Vater ist. Ödipus zieht nach Theben. Die Stadt wird von einem großen Unheil bedroht, Ödipus rettet die Stadt vor dem Unglück und heiratet die verwitwete Königin, nicht ahnend, dass sie seine Mutter ist.

Diese Erzählung der Ödipus-Sage folgt dem chronologischen Ablauf der Geschichte. Die Erzählung enthält viel Kriminelles – wie alle Tragödien –, aber sie ist kein Krimi. Und Sophokles hat die Ödipus-Geschichte auch nicht so erzählt, er hat sie in einer anderen Reihenfolge erzählt. Sein Stück beginnt, als Ödipus längst verheiratet und Familienvater ist. Ein neues Unheil bedroht die Stadt. Teiresias, ein blinder Seher, wird gerufen, und er erklärt, dass die Stadt nicht eher gerettet wird, bis der Mann bestraft wird, der großen Fluch auf sich und die Stadt geladen hat. Ödipus verspricht, nach dem Sünder zu forschen. Dabei stößt er auf seine eigene Geschichte. Er selbst ist der Übeltäter. Er erkennt, dass er seinen Vater erschlagen und seine Mutter geheiratet hat.

Also: Sophokles hat die Ödipus-Sage als Geschichte einer Ermittlung erzählt.

Jeder Krimi ist die Geschichte einer Ermittlung. Wer einen Krimi schreibt, und dieser Rat ist der wichtigste aller Ratschläge für einen Krimiautor, sollte nicht mit der Ermittlung anfangen und dann zusehen, wie der Fall einer Lösung zustrebt. Wer das versucht, kommt unweigerlich zu Lösungen nach dem Motto »der Mörder ist immer der Gärtner«, das heißt, der Mörder ist ein harmloser Zufallstäter, dem nachträglich ein paar Motive aus der Mottenkiste des Schundromans angepappt werden. (Der Gärtner hat seine Herrschaft gehasst, weil sie seine Rosenbeete zertrampelt hat; der Gärtner ist der illegitime Sohn des verstorbenen Schlossherrn, sein Mord ist die Rache des Entrechteten. Oder so ähnlich.)

Noch einmal: Fangen Sie einen Krimi erst an, wenn Sie die Lösung wissen! Es gibt Autoren, die in diesem Punkt anderer Meinung sind. Sie sagen, sie müssten sich treiben lassen, sie müssten Szenen erst ausprobieren, dann würde sich die Lösung schon irgendwie ergeben.

Mag sein, dass Autoren, die schon hundert Drehbücher geschrieben haben, tatsächlich so vorgehen können. Sie können während des Schreibens ein Dutzend Varianten blitzschnell durchdenken, sie können weiterspinnen, verwerfen, korrigieren. Aber der Anfänger, und für den sind diese Ratschläge gedacht, sollte einen Krimi nicht hinschreiben, dessen Ende er nicht weiß.

Aber wie, zum Teufel, finde ich ein Ende? Ganz einfach: Indem ich vor dem Anfang anfange.

Ein Krimi ist die Geschichte einer Ermittlung. Wenn Sie einen Krimi schreiben, dann erzählen Sie – in Gedanken oder als skizzenhaften Entwurf – die Geschichte zunächst einmal nicht als Geschichte einer Ermittlung, sondern in ihrem chronologischen Ablauf. Dann überlegen Sie, welcher Moment der Geschichte den günstigsten Einstieg für Ihre Erzählung in der Form eines Krimis bildet.

2.3 Die Vorgeschichte

Arno und Hans sind Schulfreunde. Sie sind gute Schüler und auch erfolgreiche Sportler. Sie verleben eine glückliche Zeit in einer Kleinstadt, sie haben beide keine Probleme mit Mädchen. Hans reißt mit seiner Unbefangenheit und seinem übersprühenden Temperament immer die Führung an sich. Arno hat den Charme des Schüchternen. Mit Intelligenz und ruhiger Zielstrebigkeit ist er auf seine Art ebenso erfolgreich wie Hans. Sie studieren beide in der gleichen Stadt, Hans will Arzt werden, Arno studiert Germanistik. Und im ersten Semester, sie sind beide noch nicht einmal 20, haben sie eine schicksalhafte Begegnung. Bei einem Studienkollegen treffen sie die Schwestern Christine und Alberta. Christine ist eine strahlende Schönheit, Alberta ist kaum minder schön, doch steht sie im Schatten ihrer temperamentvolleren Schwester. Die Begegnung zwischen Arno, Hans und den Schwestern hat etwas von einem Naturereignis. Sie verlieben sich beide gleichzeitig an einem Abend. Aber wer in wen?

Zunächst fliegen beide auf Christine, dann gelingt es dem stillen Arno mit seiner leisen Plauderei, Christine ganz in Beschlag zu nehmen. Und wie selbstverständlich entspinnt sich zugleich eine innige Beziehung zwischen Hans und Alberta. Eigentlich müssten beide Paare glücklich sein. Die launische und oberflächliche Christine hat in Arno den Mann gefunden, der sie mit seiner Ruhe bändigt. Die stille Alberta, die immer im Schatten der Schwester stand, hat mit Hans den geborenen Erfolgstyp gefunden, um den die anderen Frauen sie beneiden. Zumal ihm eine glänzende Karriere als Arzt in Aussicht steht, während Arno sich mit der eher bescheidenen Existenz eines Studienrats zufrieden geben muss.

Die Wege der beiden Paare gehen, beruflich bedingt, auseinander. Die Ehe von Arno und Christine ist glücklich. Zwischen Hans und Alberta kriselt es ständig. Hat Hans sich nicht im ersten Augenblick mehr für Christine interessiert? Ist Alberta für ihn doch nur die »zweite Wahl«? Der Gedanke scheint absurd. Aber Alberta kann nun einmal nicht gegen dieses Gefühl an. Hans hat gelegentlich Affären mit anderen Frauen, kehrt aber immer wieder zu seiner Ehefrau zurück. Alberta hat sich damit abgefunden. Und im Laufe der Jahre ist auch die Erinnerung an ihre Schwester verblasst. Dann plötzlich nähern sich die Paare, bedingt durch berufliche Versetzung, wieder an. Sie wohnen in der gleichen Stadt. Und Alberta bemerkt, wie Hans sich Christine nähert. Oder ist es nicht vielmehr Christine, die sich an Hans heranmacht? In Gesellschaft schäkern sie offen miteinander. Wie es zwischen Schwager und Schwägerin durchaus statthaft ist. Aber Alberta kann es nicht ausstehen, wie die beiden sich in den Vordergrund drängen, als würden sie zusammengehören. Und dann meint sie, den Beweis zu haben, dass Hans und Christine tatsächlich ein Liebespaar sind. Nun bricht alles auf. Die Rivalität der Schwestern seit ihrer Kindheit. Hans' anfängliches Interesse für Christine. Alberta ist sich nun sicher, dass sie immer nur die zweite Wahl war. Ihrem Hans verzeiht sie den Seitensprung, wie sie ihm frühere Seitensprünge verziehen hat, aber ihrer Schwester verzeiht sie nicht. Sie fühlt sich um ihre Liebe, ihr Leben betrogen.

Als Alberta ihre Schwester zur Rede stellt, bestreitet diese, dass zwischen ihr und Hans etwas ist. Alberta glaubt ihrer Schwester nicht und spioniert ihr nach. Sie setzt sich mit Arno in Verbindung. Und erkennt, dass sie sich zu ihm hingezogen fühlt. Hans bedeutet ihr längst nichts mehr. Das Prestige, das mit ihm verbunden war, hat sie immer gereizt, aber seelisch hat sie sich von ihm nie verstanden gefühlt. In Arno erkennt sie ein wesensverwandtes Herz. Und auch Arno fühlt wie sie. Aber ein Schatten steht zwischen den beiden. Der Betrug ihrer Ehepartner.

Sie erfahren von einer Verabredung zwischen Hans und Christine in einem Restaurant. Da Arno und Alberta noch keinen eindeutigen Beweis für die Untreue ihrer Gatten haben, wollen sie sich heute vergewissern. Arno sagt seiner Frau, er werde bei einem Schulfreund übernachten. Hans sagt seiner Frau, er habe eine Sitzung eines ärztlichen Freundeskreises. So was dauert oft bis in die Morgenstunden. Aus zeitlichen Gründen ist es deshalb für ihn praktisch, wenn er von der Sitzung gleich in die Praxis fährt und dort noch ein paar Stunden in seinem Privatraum schläft. – Alberta und Arno beschließen, das untreue Paar zu beobachten. Sie wollen sehen, wo die beiden nach dem Essen hingehen. Wenn sie, woran nicht zu zweifeln ist, in ein Hotel gehen, wollen sie die beiden stellen und eine Aussprache herbeiführen.

Hans und Christine sind für 20 Uhr verabredet. Arno geht schon früher hin. Um ungestört beobachten zu können, nimmt er um halb acht in einem Nebenraum Platz. Der Raum ist ab halb neun für eine Gesellschaft reserviert. Die ersten Gäste der Gesellschaft erscheinen schon früh. Sie sind sehr gesprächig, laden Arno ein und bestehen darauf, dass er am Tisch sitzen bleibt. Er nimmt die Einladung an, zumal er seinen Platz kaum wechseln kann, ohne von Hans und Christine gesehen zu werden.

Die nächste Phase der Geschichte ist uns bekannt. Wir sparen sie hier aus. Aber nur vorläufig. Denn einige Details, die wie in unseren früheren Varianten aus Gründen der Spannung erfunden haben, stimmen nun nicht mehr mit der Geschichte überein, die wir jetzt chronologisch entwickelt haben. Da muss noch umgebaut werden.

Zunächst einmal betrachten wir den Höhepunkt der Geschichte, den Mord: Alberta ist gegen 21 Uhr zum Restaurant gekommen. Sie sah die Wagen von Hans und Christine nebeneinander stehen. Ihre Wut war schon beträchtlich. Die unverschämte Lüge vom ärztlichen Freundeskreis wurmte sie gewaltig. An den ärztlichen Freundeskreis hatte sie nie geglaubt, aber jetzt, wo sie die Lüge bestätigt findet, ist ihre Wut grenzenlos. Als sie das Restaurant betreten will, kommt ihr Hans entgegen. Er ist erstaunt und unwillig. Er sagt, er müsse jetzt zu seinem Freundeskreis, und er sagt ganz unbefangen, er habe Christine vorher getroffen. Alberta will reden. Aber er lässt sie einfach stehen und fährt weg. Kaum ist er fortgefahren, erscheint Christine. Für Alberta ist natürlich klar, dass sie hinter Hans herfährt. Es kommt zu einem kurzen, heftigen Wortwechsel zwischen den Schwestern. Alberta bekommt eine zufällig herumliegende Schaufel zu fassen und schlägt auf Christine ein. Sie trifft tödlich.

Wir haben jetzt eine lange Vorgeschichte und nur sehr wenig von der Geschichte, die wir im Film zeigen. Das ist richtig und wichtig. Denn jede Geschichte hat eine Vorgeschichte. Keine Geschichte fängt bei null an. Selbst die primitive Szene mit den Kartenspielern hat eine, wenn auch sehr reduzierte, Vorgeschichte. Aus der Art, wie die Männer reden, wie sie gekleidet sind und in welchem Raum sie sitzen, erkennen wir, ob es sich um Gangster handelt, um Feuerwehrleute oder um Kneipenbesucher. Je weiter wir die Geschichte ausbauen (»die Verfolger abgehängt« oder »Signal für Feuerwehrleute« oder »Helga wartet im Nebenzimmer«), desto zahlreicher werden die Hinweise auf Herkunft, soziale Stellung, aktuelle Lage der Personen. So ist das bei jeder Geschichte.

Beim Krimi kommt der Vorgeschichte eine ganz besondere Bedeutung zu. Er beginnt ja mit einem Mord oder Totschlag oder einem anderen Verbrechen gegen das Leben, folglich muss bereits zu Beginn eine dramatisch zugespitzte

Situation vorhanden sein. Der Krimi ist, man kann es nicht oft genug wiederholen, die Geschichte einer Ermittlung. In der Anfangszeit der Kriminalliteratur, besonders bei dem eigentlichen »Erfinder« des neuzeitlichen Krimis, nämlich bei Edgar Allan Poe, waren die Autoren vor allem bemüht, die intellektuellen Fähigkeiten des Ermittlers (sei es ein Polizist oder ein Detektiv) beim Aufklären besonders kniffliger Fälle in den Vordergrund zu stellen. Nun wirken die guten alten englischen Morde mit geheimnisvollen, indianischen Pfeilgiften, mit den Extrakten von Giftpflanzen, die von zwielichtigen Wissenschaftlern in geheimen Verliesen gezüchtet werden, angesichts der heute allgemein bekannten wissenschaftlichen Methoden der Kriminalistik nur noch in nostalgischem Ambiente; im heutigen Krimi sind sie kaum mehr anwendbar. Manche Autoren versuchen, die ehrwürdigen Requisiten zu ersetzen. Da operieren die Täter mit gefälschten Tonbändern, elektronisch ausgelösten Schusswaffen und heimlich deponierten Chemiegiften. Solche Versuche wirken auch in modernem Gewande meist altertümlich. Sie gehen nämlich davon aus, dass der heutige Zuschauer mit der Frage, welche gewitzte elektronische Schaltung denn möglich ist, um ein Gerät zur Todesfalle zu machen, gefesselt werden kann. Tatsächlich sind solche Fragen entsetzlich langweilig. Der Zuschauer weiß ja, dass der Kommissar den Täter am Ende finden wird. Die Frage, wie der Täter es technisch gemacht hat, spielt dabei gewiss eine Rolle, aber eine nebensächliche. Die Hauptsache ist, <u>warum</u> er es gemacht hat.

Warum sind Krimis nach wie vor erfolgreich, <u>obwohl</u> das Schema doch jedermann bekannt ist, <u>obwohl</u> doch jeder weiß, dass der Kommissar am Ende immer siegt? Weil die heute erfolgreichen Autoren es verstehen, nicht die Tat und ihre technische Durchführung in den Mittelpunkt zu stellen, sondern die Personen, die in die Tat verwickelt sind, ihre Konflikte, ihre Gefühle, ihr Denken. Da der Vorrat an menschlichen Konflikten unerschöpflich ist, kann es den Krimi so lange geben, wie es Menschen gibt.

Für einen heutigen Krimi ist also nicht die Gewitztheit der

Mordmethoden von Bedeutung, sondern die Plausibilität der Motivationen.

Um die Geschichte einer Ermittlung zu schreiben, ist es nötig, vorher genau festzulegen, was ermittelt wird. Da es in erster Linie nicht darum geht, die technischen Mittel und Wege der Tat zu zeigen, sondern Beweggründe der handelnden Personen, ist es nötig, sich über Vorgeschichte, Motive und Absichten der Handelnden vorab klar zu werden. Aus diesem Grunde ist es nützlich, eine ausführliche Vorgeschichte zu entwickeln, von der jedoch im Laufe der Weiterarbeit vieles wieder wegfällt. Sie ist aber dennoch nötig. Stellen Sie sich einen Baumstamm vor, aus dem ein Bildhauer eine Statue schnitzt. Dreiviertel des kostbaren Holzes wird zu Abfall!

Wir haben bei unserer Geschichte jetzt einen spannenden Anfang, und wir haben eine Lösung. Was noch fehlt, ist der Mittelteil.

Man lernt nicht nur am guten Beispiel, man lernt auch aus Fehlern. Deshalb ein Beispiel, wie aus unserer Geschichte kein guter Krimi wird.

2.4 Wie man es nicht machen soll

Der Anfang der Geschichte läuft ab wie im Beispiel 1.10 beschrieben. Vorgeschichte und Lösung sind identisch mit dem oberen Beispiel. Wir führen jetzt den Mittelteil aus:

Kommissar Falter kommt an den Tatort. Er verhört zunächst den Mann, der die Leiche gefunden hat, also Arno. Das Tatwerkzeug wird von der Spurensicherung ins Labor gebracht. Ein Mitarbeiter des Kommissars verhört Restaurantgäste und das Personal. Der Verdacht richtet sich zunächst gegen Arno. Die genaue Rekonstruktion des zeitlichen Ablaufes (Streit im Foyer, Abholen des Mantels – was von der »lustigen Gesellschaft« bezeugt wird) ergibt jedoch keine belastenden Momente. Freilich auch nichts eindeutig Entlastendes. Theoretisch könnte Arno in der kurzen Zeit zwischen dem Hinausgehen auf den Parkplatz und dem Entdecken der Leiche seine Frau erschlagen haben. Zudem hat er als eifersüchtiger Ehemann ein Motiv. Kommissar Falter wird sodann Hans aufsuchen und ihn verhören. Hans könnte es ebenfalls gewesen sein. Nur er hat kein plausibles Motiv. Außerdem wird Falter Alberta vernehmen. Sie könnte es zeitlich gewesen sein, und sie hat ein Motiv. Zeitgleich mit diesen Verhören (bei denen auch die Fingerabdrücke von allen Tatverdächtigen genommen werden) läuft die Arbeit der Spurensicherung. Ein Vergleich der Fingerabdrücke der Verdächtigen mit der Tatwaffe überführt Alberta als Täterin.

Es braucht wohl nicht erläutert zu werden, dass diese Geschichte fad ist. Fast scheut man sich sie hinzuschreiben, weil man denkt, so einfach macht es sich doch kein Autor. Tatsächlich hat man solche Geschichten schon dutzendweise im Fernsehen gesehen. Der Kommissar befragt ein paar Leute, er verdächtigt, bohrt, verfolgt falsche Spuren – und am Ende erfolgt die Aufklärung durch die übliche Tätigkeit der Spurensicherung. Der Kommissar hätte sich die Vernehmungen sparen können. Er hätte lediglich auf die Spurensicherung warten müssen.

So aber geht es nicht!

Vor allem darf man nicht so schnell auf die Täterin kommen. Dazu sind zwei Dinge nötig. Erstens muss sie – zumindest für den Kommissar und den Zuschauer – irgendwie vom Ort der Handlung entfernt werden. Zweitens muss überdacht werden, ob die Tatwaffe, die Schaufel, das richtige Instrument ist. Bisher hatten wir einen zufällig herumliegenden Gegenstand zur Tatwaffe gemacht. Wir hatten angenommen, dass auf der Tatwaffe Fingerabdrücke sind. Das kann man alles ändern. Die Tatwaffe kann so beschaffen sein, dass sie keine Fingerabdrücke aufnimmt (zum Beispiel ein Ziegelstein), die Täterin kann die Fingerabdrücke abgewischt oder Handschuhe getragen haben. Oder die Täterin hat gar nicht ein zufälliges Werkzeug benutzt; sie hat die Waffe mitgebracht und nach der Tat wieder an sich genommen, etwa einen Schraubenschlüssel. Es ist überhaupt nicht zwingend, dass Christine erschlagen wird. Vielleicht ist es besser, wenn man sie ersticht oder erschießt? Wir wollen all diese Fragen hier nur aufwerfen, um die Möglichkeiten aufzuzeigen, mit denen der Krimiautor beim Entwickeln seiner Geschichte immer spielen muss. Im Augenblick ist die Ausführung der Tat noch nicht entscheidend, erst einmal muss die viel wichtigere Frage geklärt werden, wie wir Alberta aus der Schusslinie bekommen.

Als Hans nach dem Streit im Foyer zum Parkplatz gegangen ist, wurde er von Alberta gesehen, er seinerseits hat Alberta nicht gesehen. Kommissar Falter vernimmt nun Alberta. Sie gibt an, zur Tatzeit bei einer Freundin gewesen zu sein. Kommissar Falter vernimmt die Freundin. Sie bestätigt das Alibi.

Wenn wir die Geschichte so konstruieren, dass keine Fingerabdrücke auf der Tatwaffe sind oder die Waffe (noch) nicht gefunden wurde, hätte man für den Mittelteil der Geschichte ein wenig Fleisch. Arno ist verdächtig, Hans ist schwach verdächtig, Alberta hat ein Alibi. Da hätte der Kommissar schon genügend zu tun. Er müsste das falsche Alibi knacken. Unbefriedigend an dieser Variante ist, dass zur Ausgestaltung des Mittelteils, des Kernstücks der Geschichte, eine Person eingeführt werden muss, die mit der Vorgeschichte, also mit den Konflikten der Hauptpersonen, nichts zu tun hat. Jemand ein falsches Alibi zu geben ist keine alltägliche Sache. Alberta hat ja nicht geplant, ihre Schwester zu ermorden; sie hat sie im Affekt erschlagen (strafrechtlich: Totschlag), sie kann sich also kein Alibi irgendwie geschickt vorbereiten, sie muss jemanden haben, der willens ist, einen Meineid für sie zu schwören. Über eine solche Person müsste man einiges erfahren, ihre Gründe müssten nachvollziehbar sein, sonst wird allzu deutlich, dass diese Person nur konstruiert wurde, um die Ermittlungen in die Länge zu ziehen.

Besser ist es, wenn das Spiel von Verdächtigung, Belastung, Entlastung und neuerlichem Verdacht von den Hauptpersonen und den von ihnen ausgehenden Motivationen in Gang gehalten wird. Das vorhergehende Beispiel hat den Nachteil, dass nach einem kurzen Auftakt nur noch eine Recherche auf die andere folgt. Das ist ermüdend. Diese Regel muss jeder Autor beherzigen: Mordfall plus Recherche ergibt noch keinen guten Krimi!

Ein Krimi ist zwar die Geschichte einer Ermittlung, eine Ermittlung aber, die nur aus reinem Abfragen besteht, ist trocken. In einem guten Krimi muss erstens die Geschichte, die ermittelt wird, interessant sein, zweitens aber auch der Vorgang der Ermittlung selbst. Eine bloße Aneinanderreihung von Recherchen langweilt schnell. Deshalb muss während der Ermittlungstätigkeit neue Handlung entstehen. Das kann auf sehr verschiedene Weise geschehen. Sei es, dass der Täter frei herumläuft und aus »Mordlust« weitere Taten begeht. Sei es, dass der Täter weitere Verbrechen in der Absicht begeht, seine erste Tat zu vertuschen (zum Beispiel Zeugen umbringt). Sei es, dass jemand das Wissen über den Täter dafür nutzt, ihn zu erpressen. Neue Handlungsenergie entsteht aber nicht nur aus neuen Untaten, sie kann auch aus Gedanken, Plänen, Absichten entstehen, die sich erst durch die Tat oder nach der Tat entwickelt haben. Zum Beispiel kann einer die Tat eines anderen auf sich nehmen. Oder jemand, der in der Konstellation der Beziehungen ein Belastungszeuge ist, wandelt sich zum Entlastungszeugen. Diese letzte Möglichkeit wollen wir für unser Beispiel wählen. Wir geben Alberta nicht ein Alibi durch eine fremde Person, wir lassen sie durch unsere Hauptpersonen entlasten. Zwar sind Entlastungszeugen, die selber zu den Verdächtigen gehören, nicht gerade Zeugen erster Güte. Aber schließlich muss Alberta ja nicht ihre Unschuld beweisen, sondern der Kommissar ihr die Schuld. Und das fällt schwer, wenn Alberta sagt, sie wäre zu Hause gewesen, und Arno sagt, er hätte kurz vor der Tat noch mit ihr telefoniert.

Wichtiger als die Details der Aussagen von Arno und Hans sind aber die Gründe, warum Alberta entlastet wird. Arno hat schließlich durch sie seine Frau verloren. Und Hans die Geliebte. Wir kriegen das nicht hin, wenn wir bei dem Anfang in der bisherigen Form bleiben. Wir müssen den Anfang ändern.

2.5 Ein trauriger Abschied

Hans und Christine haben sich nicht zu einem Essen mit anschließender Liebesnacht gefunden, es ist ihr Abschiedstreffen. Sie hatten miteinander geflirtet, sie hatten sich ein bisschen ineinander verknallt. Aber Hans weiß, dass er Alberta nie verlassen wird. Er hat sie oft gekränkt, aber er liebt sie nach wie vor. Christine sieht es ebenso. Sie hat Arno bisher nie betrogen, der Flirt mit Hans war wie ein Ausflug in unbeschwerte Jugendtage. Auch sie würde Arno nie verlassen. – Nach der Tat fährt Alberta dem Hans hinterher. Sie findet ihn tatsächlich in seinem ärztlichen Freundeskreis. Er hatte dort fest zugesagt und ist auch pünktlich erschienen. Den Termin mit Christine hatte er dazwischen geschoben. Alberta gesteht Hans ihre Tat. Er gesteht seine Untreue und erklärt, dass er mit Christine an diesem Abend Schluss gemacht hat. Das Ehepaar erkennt das tragische Missverständnis und versöhnt sich. Hans und Alberta beschließen, Arno die Wahrheit zu sagen. Der Verlust Christines schmerzt Arno sehr, aber er spürt keine Rachegefühle Alberta gegenüber. War er nicht selbst in einem tragischen Irrtum befangen? Hätte er nicht selbst, als er die beiden im Restaurant am Tisch sitzen sah, seinem Freund am liebsten den Hals umgedreht?!

Wenn wir die Handlung so aufbauen wollen, dann muss die erste Szene umgeschrieben werden (keine Schmuseszene, sondern Abschied), wobei genügend mimische Elemente erhalten bleiben müssen, die von einem Eifersüchtigen als Zeichen des erotischen Einverständnisses gedeutet werden können.

Wir sind jetzt an dem Punkt, an dem wir die verschiedenen Varianten in einem Exposé zusammenfassen können.

Was ist ein Exposé bzw. ein Treatment?

Ein Exposé ist ein Arbeitspapier, mit dem Krimis »gehandelt« werden. Es ist für einen Autor nicht ratsam, sich mit einem fertigen Drehbuch an einen Sender oder an einen Produzenten zu wenden. Ein Exposé ist praktischer. Der Redakteur oder Produzent kann seine Kritik in einem frühen Stadium der Stoffentwicklung einbringen, der Autor geht nicht das Risiko ein, ein ganzes Drehbuch zu schreiben und es dann etwa aus Gründen abgelehnt zu bekommen, die nichts mit der Qualität seiner Arbeit zu tun haben (zum Beispiel Stoffdoublette). Auf ein Exposé hin erhält der Autor in der Regel einen Drehbuchvertrag und die erste Rate des Honorars. Mit einer Anzahlung auf dem Konto, einem Vertrag in der Hand und den aufmunternden Worten des Produzenten im Kopf lässt sich's unbeschwerter arbeiten!

Wie sieht ein Exposé aus?

Ein Exposé ist eine filmische Inhaltsangabe. Sie unterscheidet sich von einer üblichen Inhaltsangabe dadurch, dass die Inhalte in der Reihenfolge mitgeteilt werden, wie sie im Film auftauchen. In einer üblichen Inhaltsangabe kann ich beispielsweise sagen: Arno liebt Christine trotz ihrer Untreue immer noch. In der filmischen Inhaltsangabe muss ich sagen, wann und in welcher Situation dem Zuschauer dies klar wird. Dass das gar nicht so einfach ist, zeigen die Beispiele.

Den Inhalt eines Films kann man auf ein bis drei Schreibmaschinenseiten wiedergeben. Ein Krimiexposé (für einen 60-Minuten-Film) ist kaum unter acht bis zehn Seiten zu machen, meist brauchen die Autoren zehn bis 15 Seiten. Der Begriff Exposé ist nicht eindeutig. Manche verstehen unter einem Exposé lediglich eine kurze Stoff-Skizze von zwei bis drei Seiten und nennen die Form, die auf den nachfolgenden Seiten demonstriert wird, Szenarium. Manche wiederum nennen es Treatment. Die Bezeichnung Treatment ist für die nachfolgend beschriebene Form auf jeden Fall abzulehnen, weil unter einem Treatment ein vollständiger Drehbuchentwurf zu verstehen ist, bei dem lediglich die Dialoge fehlen oder bestenfalls angedeutet sind. Ein Treatment hat nur Sinn, wenn das Exposé abgenommen ist und man weiß, dass man sich an die konkrete Entwicklung des Drehbuchs machen kann.

Wir wollen jetzt den Anfang unserer Geschichte in der Form eines Exposés darstellen, wie man es einem Sender oder einem Produzenten schicken würde.

3.1 Ein Exposé als Beispiel

Ein paar praktische Anmerkungen vorweg: Manche Autoren schreiben auf ihre Exposés keinen Titel, weil ihnen noch kein passender eingefallen ist, sie schreiben ihren Namen nicht drauf, weil ihnen das zu großkotzig vorkommt, und sie verzichten auf die Adresse, weil die ja im Anschreiben steht. Das ist falsch!

Der Titel ist wichtig, weil der Text ja irgendwie unter den vielen hundert Manuskripten, die der Redakteur oder Produzent oder Lektor herumliegen hat, identifizierbar sein muss. Wenn man noch keinen passenden Titel hat, wählt man halt einen Allerweltstitel und schreibt »Arbeitstitel« dazu. Der Autorenname ist wichtig, weil ein Exposé, und mag es noch so kurz sein, ein urheberrechtlich relevantes Dokument ist. Die Adresse ist wichtig, weil Anschreiben zuweilen verlegt werden. Nicht ganz so wichtig ist das Datum. Aus praktischen Gründen ist es zuweilen nützlich – etwa wenn von einem Exposé mehrere Fassungen erstellt werden.

Hans im Unglück

Exposé von Werner Pawelczyk
2. Fassung vom 13.3.2003

Werner Pawelczyk
Wernerstr. 8
12345 Pawelzhausen
Tel. 0123-456789
E-Mail: Werner@pawelczyk.de
Vertreten durch Agentur
screendoctors Hanna Pawelczyk, Berlin

1. *Restaurant Adria*

Dr. Hans Schütz, ein erfolgreicher Arzt, und Christine Kaltenbrunner sitzen in einem großen Restaurant. Sie sind beide etwa 40 Jahre alt. Sie haben sich getroffen, um Abschied zu nehmen. Sie haben erkannt, dass es für sie selbst und für ihre Ehepartner, die sie beide nach wie vor lieben, am besten ist, wenn sie ihren kurzen Flirt beenden.

Anmerkung: Wenn wir einleitend gesagt haben, dass in der filmischen Inhaltsangabe die Inhalte dort mitgeteilt werden, wo sie dem Zuschauer deutlich werden, so gilt das für die Gefühle, die Motivationen, Pläne und Absichten der Personen. Dagegen sollte man Name, Beruf, soziale Stellung und Beziehungen der Personen zueinander gleich anfangs mitteilen, auch wenn sich das teilweise erst später klärt. Im fertigen Film drücken sich diese Dinge durch Kleidung, Diktion, Benehmen und auch durch den Dialog dar. Da man dies alles im Exposé ja nicht beschreiben kann, ist eine Etikettierung durch Beruf, soziale Stellung etc. hilfreich.

In einem Nebenraum des Restaurants sitzt Arno Kaltenbrunner, Studienrat, im gleichen Alter wie Hans und Christine, inmitten einer lustigen Gesellschaft. Er schaut mehrmals zu Hans und Christine, die durch die halb geöffnete Verbindungstür zu sehen sind, hinüber. Eine Tischnachbarin animiert Arno zum Trinken. Er stößt mit ihr an und sagt ein paar Höflichkeiten. Die Frau bemerkt, dass Arno bedrückt ist. Sie fragt ihn, ob er Kummer habe. Arno verneint. Sie sieht seinen Ehering. Neugierig fragt sie, warum er denn allein ausgehe, was denn seine Frau mache. Arno sagt, sie besuche eine Tante. Die Nachbarin meint, wie schön es doch sei, wenn man zu den Verwandten noch Kontakt hat.

Hans und Christine haben die Rechnung bezahlt und wollen aufbrechen. Hans muss zu einem Treffen eines ärztlichen Freundeskreises. Christine fällt es schwer, sich von Hans zu trennen. Sie wird nach Hause gehen. Es trifft sich gut, sagt sie, dass Arno, ihr Mann, nicht zu Hause ist. Sie will allein sein, um mit der Situation fertig zu werden. Hans und Christine schauen sich tief und wehmütig in die Augen und geben sich – mit Tränen in den Augen – einen zarten Abschiedskuss. Arno sieht dies vom Nebenraum aus. Er springt wütend auf.

2. Foyer

Hans und Christine betreten, aus dem Restaurant kommend, das Foyer. Arno stürmt hinterher. Er reißt Christine, seine Ehefrau, von Hans los, dann packt er Hans am Kragen. Er beschimpft ihn. Christine geht dazwischen. Sie bittet Hans zu gehen und sagt zu ihrem Ehemann, dass er die Situation missverstehe. Sie will ihm alles erklären.

Hans verabschiedet sich. Christine beruhigt Arno ein wenig. Man will sich zu Hause in Ruhe aussprechen. Arno will seinen Mantel aus dem Nebenzimmer holen. Da einige Gäste neugierig ins Foyer schauen, ist Christine die Situation unangenehm. Sie sagt, sie wolle auf dem Parkplatz warten.

3. Nebenzimmer

Arno holt seinen Mantel. Die Nachbarin bedauert, dass er schon geht.

4. Foyer
Arno durchquert das Foyer.

5. Parkplatz
Arno schaut sich suchend auf dem Parkplatz um. Leise hört er aus einer Ecke eine weibliche Stimme. Er eilt hin und findet Christine blutüberströmt. Sie stirbt in seinen Armen.

6. Polizeipräsidium/Büro Falter
Kommissar Falter sitzt mit seinem Mitarbeiter Specht am Schreibtisch. Die beiden Männer langweilen sich. Seit Wochen kein Mord. Die Verbrecher haben, scheint's, den Pfad der Tugend eingeschlagen. Düstere Zeiten für Kommissare. Arbeitslosigkeit droht. Da klingelt das Telefon. Kommissar Falter lächelt froh.

7. Restaurant Adria
Arno erklärt dem Kommissar, dass die Getötete seine Frau ist. Während er seinen Mantel holte, sei Christine vorausgegangen. Als er ihr folgte, habe er sie sterbend vorgefunden. Kommissar Falter hakt nach. Wieso hätten sie denn nicht gemeinsam die Garderobe geholt und gemeinsam das Lokal verlassen? Arno sagt, seine Frau wäre mit einem gemeinsamen Freund im Lokal gewesen. Er wäre nur zufällig dazugekommen. Der Kommissar erkundigt sich nach diesem Freund.

8. Arztpraxis
Kommissar Falter hat den Arzt Dr. Hans Schütz in seiner Praxis aufgesucht. Hans ist erschüttert vom Tod seiner Schwägerin. Falter erkundigt sich, was Hans mit seiner Schwägerin denn zu besprechen gehabt habe. Hans stellt es als harmlos dar: Es hat in der Vergangenheit gewisse Spannungen zwischen Christine und Alberta, seiner Frau, gegeben – die beiden Frauen sind Schwestern. Er hätte sich mit Christine aussprechen wollen. Ob Christines Ehemann von dem Treffen gewusst hätte, will Falter wissen. Hans meint, vermutlich nicht. Es sei aber ganz unerheblich. Christine, Al-

berta, Arno und er seien seit ihrer Jugend eng befreundet. Jeder könne jeden treffen, ohne dass man es vorher dem anderen sagen muss. Natürlich sagt man es normalerweise, aber wenn man es vergisst, sei das auch keine Affäre. Zu Beobachtungen am Tatort befragt, sagt Hans, er habe auf dem Parkplatz beim Wegfahren eine verdächtige Person gesehen. Ein Mann, den er leider kaum beschreiben könne, mittelgroß und dunkelhaarig, zwischen 30 und 40 vielleicht. Oder jünger.

9. Wohnung Dr. Hans Schütz

Kommissar Falter befragt Alberta Schütz, die Frau des Arztes Dr. Hans Schütz, wo sie am Vorabend war und ob sie dafür Zeugen habe. Alberta sagt aus, sie sei zu Hause gewesen. Das könne Arno bezeugen, der sie gegen halb neun angerufen habe.

10. Vor der Wohnung Dr. Hans Schütz

Falter und Specht besprechen die Aussage von Alberta. Die Tat geschah um Viertel vor neun, die Fahrtzeit zwischen Wohnung Schütz und dem Tatort beträgt eine gute halbe Stunde. Alberta kann es also nicht gewesen sein. Falls Arno bestätigt, dass er mit ihr telefoniert hat.

So weit die ersten zehn Bilder des Exposés. Kommissar Falter hat für seine Weiterarbeit folgende Anhaltspunkte:

1. Was war das für ein Treffen zwischen Hans und Christine? War es wirklich so harmlos, wie Hans es darstellt? Seine Lebenserfahrung sagt ihm, dass da etwas nicht stimmt. Falter wird Freunde und Bekannte von Hans und Christine vernehmen, die Sprechstundenhilfe von Hans. Nehmen wir einmal an, er erfährt zunächst noch nichts Greifbares. Er wird dann noch einmal und noch hartnäckiger suchen, nachdem er bei seiner zweiten Frage weitergekommen ist.
2. War Arno wirklich zufällig im Restaurant? Er wird das Restaurantpersonal befragen und die »lustige Gesellschaft«. Dabei findet er einen ersten Anhaltspunkt.

Die »Nachbarin« schildert das Verhalten von Arno. Daraus wird Falter klar, dass Arno nie und nimmer zufällig in dem Restaurant war. Er hat seine Frau beobachtet, er hat ihr nachspioniert.

3. Wer ist der Unbekannte auf dem Parkplatz?

Falter befragt Restaurantpersonal, Gäste, Anwohner. Das Ergebnis ist negativ. Er befragt noch einmal Arno. Arno gibt an, er habe einen Mann weglaufen sehen, mittelgroß, dunkel, zwischen 30 und 40. Auf die Frage des Kommissars, warum er denn eine so wichtige Beobachtung nicht gleich mitgeteilt habe, sagt Arno, er habe, als er auf dem Parkplatz nach seiner Frau suchte, dem Weglaufenden keine Bedeutung beigemessen. Der Mann wirkte auch nicht gehetzt, er schien bloß in Eile. Dann wäre die Entdeckung seiner sterbenden Frau ein solcher Schock gewesen, dass er nicht klar habe denken können. Jetzt erst komme ihm nach und nach die Erinnerung. Arno bestätigt übrigens, dass er kurz vor halb neun mit Alberta telefoniert hat. Aber sagt er die Wahrheit?

Kommissar Falter hat vier Verdächtige.

a) Hans
Hans lügt offensichtlich, was seine Beziehung zu Christine anbetrifft. Er könnte es technisch gewesen sein. Ein Motiv ist allerdings nicht ersichtlich.

b) Arno
Arno lügt, was seine Anwesenheit im Restaurant (zufällig oder gezielt) anbetrifft. Er könnte es technisch gewesen sein.

c) Der Unbekannte
Er könnte es gewesen sein. Da er jedoch nur von zwei Menschen, die selber verdächtig sind, gesehen wurde (von einem dazu erst sehr spät erinnert), ist zweifelhaft, ob es ihn überhaupt gibt.

d) Alberta
Sie hat genauso starke Motive wie Arno.

Falter muss versuchen, Albertas Alibi, sich während der Tatzeit zu Hause aufgehalten zu haben, durch eine weitere Person bestätigen zu lassen oder zu widerlegen. Er kann Nachbarn fragen, ob sie gesehen haben, wie Alberta das Haus verließ. Er kann noch einmal gezielt das Restaurantpersonal befragen. Und Gäste. Und Anwohner. Man kann die Sache auch so führen, dass Alberta behauptet, sie hätte Fernsehen geschaut.

Falter lässt sich bei einem Fernsehsender das Programm vom Tattag vorspielen, verwickelt dann Alberta in eine Plauderei und stellt fest, dass sie das Programm nicht gesehen hat.

Wie bekommen wir nun Ordnung in all diese Fragen?

Wenn wir die Befragungen der Restaurantgäste, des Personals, der Anwohner zeigen würden, wie sie in einem wirklichen Kriminalfall ablaufen, dann die ersten Vernehmungen der Verdächtigen, dann die zweiten Vernehmungen im Lichte neuer Erkenntnisse, die Befragungen der Nachbarn von Hans und Christine, der Sprechstundenhilfe, vielleicht noch der Putzfrau, wenn wir all das zeigen würden, hätten wir Stoff für gut drei Stunden Film. Für drei Stunden langweiligen Film. Denn viele Befragungen ergeben gar nichts. Manche bestätigen, was wir ohnehin schon wissen. Der Autor, der spannende Filme schreiben will, muss sich aus den vielen hundert Einzelszenen, die sich bei der Ermittlungsarbeit denken lassen, das gute Dutzend heraussuchen, das anrührende und bewegende Szenen verspricht.

Aber nach welchen Kriterien soll er aussuchen?

Es gibt dafür keine Regel, die sich aus der Geschichte, wie wir sie bisher entwickelt haben, zwingend ableiten ließe. Wir haben den Auftakt des Films, also das Spiel zwischen Hans und Christine, den Mord (oder Totschlag) und die ersten Recherchen des Kommissars, wie eine Mathematikstunde entwickelt. Was jetzt folgt, lässt sich nicht in der gleichen Weise weiterbauen. Im Mittelteil darf ein Krimi nicht einfach eine mathematische Aufgabe sein. Der Autor muss sich jetzt für eine Erzählstruktur entscheiden, die der Geschichte persönliche Färbung, Lebendigkeit, Witz gibt.

3.2 Varianten

Wir wollen verschiedene Möglichkeiten andeuten. Welche man wählt, hängt von den Vorlieben des Autor ab. Aber auch von den Vorgaben der Serie, für die der Stoff bestimmt ist.

Colombo-Variante

Wäre der Stoff für Inspektor Colombo bestimmt, dann würde man ihn als Abfolge von Recherchen anlegen. Aus dem Arzt Hans würde man einen Professor und Klinikchef machen, aus dem Studienrat Arno einen schwerreichen Privatgelehrten. Colombo wäre der kleine, schmuddelige Bulle, der die Stützen der Gesellschaft bei ihren kleinen, schmuddeligen Lügen ertappt. Die Diskrepanz zwischen der geringen sozialen Stellung von Colombo und der hohen Stellung seiner Opfer gäbe den Szenen so viel Farbe, dass man es sich leisten könnte, eine Recherche an die andere zu reihen. Da die Hauptpersonen ja alle lügen, da das Spiel von Belastung und Entlastung von den Hauptpersonen mitbewegt wird, da die Situation auch nach der Tat nicht statisch bleibt, ist die Spannung, wenn der Kommissar (oder Inspektor) ein faszinierender Ermittler ist, gewährleistet.

Klassische Kommissar-Variante

Für diese Variante würde man zusätzlich zu den Hauptverdächtigen noch ein oder zwei »blinde Spuren« legen. Zum Beispiel könnte man einen Restaurantgast, einen Parkwächter oder einen zufälligen Passanten so einführen, dass der von Hans und Arno erlogene Unbekannte möglich erscheint. Am Ende würde man die Hauptverdächtigen zusammenführen, der Kommissar würde das Für und Wider abwägen und der Täterin seine Meinung (eine Mischung aus Fakten und Mutmaßungen, keine schlüssigen Beweise) auf den Kopf zusagen. Woraufhin die Täterin zusammenbricht und gesteht.

Schimanski-Variante

Wäre die Geschichte für Schimanski zu schreiben, würde man aus Hans einen Autoschieber machen und aus Arno einen verkrachten Rechtsanwalt. Über die Nutte, die mit einem Zockerkumpel von Hans pennt, bekommt Schimanski raus, dass was zwischen Hans und Christine war. Er schnallt natürlich sofort, dass der große Unbekannte eine Erfindung ist. Wie findet er die Wahrheit? Er recherchiert mit den Fäusten, er sagt »so nicht, mein Junge« zu dem Hosenscheißer Arno, poliert ihm so lange die Fresse, bis er zugibt, dass er mit Hans gemeinsam den Unbekannten erfunden hat. Schimanski verliebt sich in Alberta, bumst Tag und Nacht mit ihr, und als sein Chef Königstein ihn sanft daran erinnert, dass er gelegentlich auch mal einen kleinen Mordfall zu klären hat, gesteht er unter Heulen und Brüllen (wie ein angestochener Stier), dass Alberta ihm gerade im Sinnenrausch die Tat gestanden hat.

Dies sind drei Varianten, die auf bekannte Kommissartypen zugeschnitten sind. Nun fünf Varianten für einen neuen Kommissar, den Kommissar Falter.

Erste Kommissar-Falter-Variante

Wir bauen die Figur der Tischnachbarin aus. Sie empfindet Mitgefühl und Sympathie für den attraktiven, gebildeten und tief einsamen Arno. Als sie erfährt, dass er im Verdacht steht, seine Frau erschlagen zu haben, will sie ihm helfen. Sie stützt die Version vom »Unbekannten« (die räumlichen Verhältnisse im Restaurant müssen dann so gewählt werden, dass sie auf den Parkplatz hätte schauen können), sie entlastet Arno und Hans damit erheblich, woraufhin die Bemühungen des Kommissars sich auf Alberta konzentrieren.

Zweite Kommissar-Falter-Variante

Der Kommissar ist felsenfest von Arnos Täterschaft überzeugt. Er verfolgt ihn auf Schritt und Tritt. Er wartet auf ihn vor der Schule, er trifft ihn in der Freizeit beim Handball, er begleitet ihn ins Kino. Dabei erfährt der Kommissar viel von dem Vierecksverhältnis zwischen Hans, Arno, Christine und Alberta. Er erkennt, dass sie eine verschworene Gemeinschaft sind. Dass jeder für den anderen, trotz Untreue, trotz Totschlag, eintritt. Er macht Arno mit seinen Verdächtigungen derart fix und fertig, dass er die Tat, die er nicht begangen hat, gesteht. Das führt dazu, dass Alberta nun ihrerseits gesteht. Denn das kann sie nicht zulassen, dass der Freund unschuldig für sie büßt.

Diese Variante entspricht in manchem dem Strickmuster der »Kommissar«-Serie. Freilich mit einer wichtigen Nuance: Die Täterin gesteht nicht einfach, weil die letzten fünf Minuten des Films angebrochen sind, sondern weil sie in eine seelische Situation gebracht worden ist (und zwar durch Aktivitäten des Kommissars!), die ihr nach ihrer Vorgeschichte und ihrer Moral keine andere Wahl lässt.

Es gibt, wie gesagt, für den Mittelteil, für die »Durchführung« einer Geschichte keine Regeln, nach denen sich entscheiden ließe, was gut oder was weniger gut ist. Die Fantasie des Autors ist hier gefordert, das erlernbare Handwerk reicht da nicht mehr aus, da muss der Autor beweisen, ob er das Zeug zum Kunsthandwerker hat.

Dritte Kommissar-Falter-Variante

Kommissar Falter findet einen Zeugen, der Alberta beobachtet hat.

Wählt man eine solche Konstruktion, muss man freilich klären, warum dieser Zeuge erst spät (gerade passend für die Auflösung) kommt. Er war verreist (schwach!) oder krank (schlecht!) oder wollte sein Wissen zu einer Erpressung nutzen (möglich!). Oder er hat nicht die Tat selbst beobachtet, aber Alberta in der Nähe des Tatortes. Damit ist Alberta nicht der Tat überführt, ihre Glaubwürdigkeit ist jedoch ziemlich erschüttert. Unter diesen Umständen ist es denkbar, dass ein Zeuge sich nicht gleich gemeldet hat, einfach, weil ihm die Bedeutung des Alibis von Alberta nicht bewusst war, er also die Bedeutung seiner Beobachtung nicht einordnen konnte.

Vierte Kommissar-Falter-Variante

Die Täterin hat die Tatwaffe an den Tatort mitgebracht. Der Kommissar überführt sie über die Waffe.

Das wäre sehr kompliziert. Die Tatwaffe müsste eindeutig Albertas Eigentum sein und/oder ihre Fingerabdrücke tragen, zum Beispiel ein Messer. Aber warum sollte sie ein Messer bei sich tragen? Und wenn, dann hätte sie genügend Zeit gehabt, die Waffe zu beseitigen.

Fünfte Kommissar-Falter-Variante

Der Anfang unserer Geschichte lässt sich auch völlig anders weiterspinnen:

Alberta war gar nicht die Täterin. Die Tat war tatsächlich ein Raubmord durch einen Unbekannten. Arno findet die sterbende Christine und glaubt, Alberta (die er in der Nähe des Restaurants weiß) hätte sie umgebracht. Tatsächlich ist Alberta erst in diesem Moment angekommen. Sie sieht, wie Arno die Tatwaffe (die er prüfend in der Hand hält) weglegt. Sie hält Arno für den Mörder. Arno und Alberta decken sich gegenseitig, weil sie den jeweils anderen für den Täter halten. Da der Kommissar dies rasch durchschaut, vernachlässigt er die Suche nach dem Unbekannten (die Aussage von Hans, er hätte den »Unbekannten« gesehen, hält er natürlich für einen Entlastungsversuch der verschworenen Gemeinschaft).

Die Variante bietet reizvolle Möglichkeiten. Der Nachteil, dass der Täter nichts mit den Hauptfiguren zu tun hat, kann durch das sehr nuancierte Spiel von (falscher) Verdächtigung und (unnötiger) Entlastung gegenüber einem auf falscher Fährte suchenden Kommissar kompensiert werden. Der Krimi zeigt dann unter dem Vorwand einer Ermittlung in Wahrheit die Geschichte einer tragischen Verstrickung von Menschen, die sich gegenseitig einen Mord zutrauen. Eine solche Konstruktion erfordert viel Erfahrung.

Die »Hohe Schule« des Krimischreibens

Man kann auch Krimis schreiben, bei denen der Täter von Anfang an bekannt ist. Die Spannung wird allein aus der Frage gezogen, wie es dem Kommissar gelingt, die Tat aufzuklären. Die fünfte Kommissar-Falter-Variante bietet sich auch dafür an. Einen Kommissar zu zeigen, der nahezu den ganzen Film über auf falscher Spur jagt, erfordert freilich die »Hohe Schule« des Krimischreibens. Dem Anfänger ist eine solche Konstruktion nicht zu empfehlen.

Was ist ein Drehbuch?

Es gibt viele Arten von Drehbüchern. Manche Autoren haben das Drehbuch als literarische Form (Jean-Paul Sartre, Alexander Kluge) veröffentlicht. Regisseure fertigen für sich Arbeitsbücher mit Kameraeinstellungen, Dekorationsskizzen und Schauspieler-Anweisungen. Im Buchhandel gibt es Drehbücher, die Protokolle von fertigen Filmen sind, meist mit detaillierten Beschreibungen der Szenerie, mit Angabe der Länge jeder Einstellung und Beschreibungen des Bildausschnittes und der Kamerabewegungen.

All diese Formen sind für den angehenden Drehbuchautor von nebensächlichem Interesse.

Drehbücher, nach denen heutzutage Fernsehspiele oder Filme gemacht werden, sind keine mit technischen Angaben befrachteten Arbeitsbücher; es sind filmische Erzählungen. Sie lässt sich am besten im Kontrast zur literarischen Erzählung definieren. Die literarische Erzählung schildert Schauplätze und Menschen; sie gibt wieder, was Menschen sprechen und was sie fühlen.

In filmischen Erzählungen werden Schauplätze nicht geschildert, sie werden lediglich *definiert*. Das war in früheren Zeiten anders. Als die Innenräume von Filmen praktisch ausnahmslos im Studio gebaut werden, haben die Drehbuchautoren die Schauplätze oft sehr detailliert beschrieben. Aus gutem Grund. Bei den früher riesenhaften Ausstattungsabteilungen mit ihren Architekten, Requisiteuren, den Werkstätten mit Tischlern, Schlossern, Tapezierern etc., konnten selbstverständlich Details schon mal vergessen werden, weil mal einer nicht richtig mitgedacht hat. Was aber ausdrücklich im Buch stand, das war für die nachgeordneten Mitarbeiter so verbindlich wie die Bibel. Die Autoren haben also aus Sicherheitsbedürfnis die Schauplätze recht ausführlich beschrieben. Heute werden Filme, Fernsehspiele und Serien zu weit über 90 Prozent an Originalschauplätzen gedreht. Da muss man dem Architekten vertrauen, dass er das richtige Motiv findet. Und wenn er's nicht findet, nützen detaillierte Beschreibungen im Drehbuch auch nichts.

4.1 Schauplätze und Personen

Zur Charakterisierung eines Lokals etwa genügen Angaben wie »eine gemütliche Bierkneipe« oder »gehobenes Esslokal« oder »schlichte Eckkneipe«.

Auch die Personen werden in der filmischen Erzählung nicht beschrieben, sie werden lediglich nach Alter, Geschlecht, sozialer Stellung etikettiert. Wenn es für die Geschichte von Bedeutung ist, sind Angaben zum Aussehen (»groß«, »gut aussehend«, »unscheinbar«, »hässlich«) möglich. Man sollte solche Angaben jedoch nur machen, wenn sie wirklich von ganz entscheidender Bedeutung sind und sich nicht von selbst aus der Handlung ergeben. Denn wie Hässlichkeit oder Attraktivität im Film konkret aussehen, wird nicht durch die Beschreibungen des Autors bestimmt, sondern durch die Besetzung. Also: Schauspieler und Personen werden in der filmischen Erzählung nicht geschildert, sie werden lediglich definitorisch knapp bezeichnet.

Die Sprache im Film ist prinzipiell nicht von der Sprache im Drama unterschiedlich. Der Unterschied ist lediglich praktisch: Der Sprache kommt im Film eine wesentlich geringere Bedeutung zu, weil dem Film außer der Sprache zahlreiche andere Ausdrucksmittel zur Verfügung stehen, die das Drama nicht oder nur in sehr beschränktem Maße hat: Schauplatzwechsel, Licht, Kameraeinstellung, Kamerabewegung, Geräusch, Musik, Farbeffekt etc.

Das Innenleben von Menschen, die Gefühle, das hatten wir schon anfangs in den Beispielen sieben bis zehn gelernt, müssen im Film in äußerer Handlung dargestellt werden.

Bevor wir die Aufgabe angehen, den Stoff »Hans im Unglück« in der Form eines Drehbuch aufzuschreiben, müssen wir etwas über die elementaren Einheiten der filmischen Erzählung wissen.

4.2 Einstellung, Sequenz und »Bild«

Die kleinste filmerzählerische Einheit ist die Einstellung. Das ist eine ungeschnittene Aufnahme der Kamera. Sie kann wenige Sekunden oder viele Minuten lang sein. Sie kann statisch oder bewegt sein. Die nächstgrößere Einheit ist die Sequenz. Das ist eine sachliche Einheit, z.B. die Ankunft eines Reisenden mit Szene im Zug, Begrüßung auf dem Bahnhof, Gang zum Auto, Wortgeplänkel im Auto. Eine Sequenz umfasst in der Regel mehrere Schauplätze und viele Einstellungen (muss aber nicht sein – man kann unter Umständen auch mehrere Schauplätze, eine ganze Sequenz, in einer einzigen Einstellung drehen!).

Die filmerzählerischen Grundbegriffe, also Einstellung und Sequenz (und noch viele andere) sollte der Drehbuchautor kennen und für analytische Zwecke anwenden können. Beim Drehbuchschreiben sollte er sie nicht benutzen.

Die elementare Einheit des Drehbuchschreibens ist die Szene, oder, wie man meist sagt, das »Bild«. Wenn jemand in eine fremde Stadt fährt, in einer Straße nach einem Haus sucht, vor dem Haus ein paar Worte mit dem Briefträger wechselt, durch den Hausflur geht, an einer Wohnungstür klingelt und schließlich seine langgesuchte Freundin umarmt, ist das ein sachlich zusammenhängender Vorgang, filmisch handelt es sich um fünf verschiedene Schauplätze, die im Drehbuch einzeln ausgewiesen werden müssen.

4.3 Innen-Außen, Zeitsprung, Tag-Nacht

Wie der Wechsel der Schauplätze durch Zeitsprünge und Wechsel von Tag zu Nacht ein wesentliches filmisches Ausdrucksmittel sein kann, wollen wir im Folgenden an einigen Beispielen erläutern:

1. Straße/Stadtrand   **Außen/Tag**

Norbert fährt auf eine Großstadt zu.

2. Straße mit Wohnblocks   **Außen/Tag**

Norbert sucht nach einer Hausnummer.

(Wenn wir wollen, dass in dieser Phase des Suchens das richtige Haus noch nicht zu sehen ist. Wenn doch, dann wird dieses Bild mit dem folgenden zusammengezogen!)

3. Vor Wohnblock   **Außen/Tag**

Norbert hat seinen Wagen geparkt. Ein Briefträger kommt aus dem Haus. Norbert fragt, ob hier eine Marion Kröner wohnt. Der Briefträger bejaht.

4. Hausflur   **Innen/Tag**

Norbert geht durch den Hausflur, findet die Klingel von Marion und schellt. Marion öffnet, sie ist überrascht und erfreut. Sie zieht ihn stürmisch in die Wohnung hinein.

5. Wohnung Marion   **Innen/Tag**

Norbert legt seine Kleidung ab. Marion ebenfalls.

Bei dieser Gelegenheit ein kleiner praktische Tipp: Bei der Bezeichnung der Schauplätze ist zu beachten, dass der gleiche Schauplatz in einem Drehbuch stets die gleiche Bezeichnung hat. Also nicht einmal »Zwei-Zimmer-Appartement« und an anderer Stelle »Wohnung Marion«. Wenn verschiedene Straßen vorkommen, möglichst charakterisieren, also »Straße mit Wohnblock«, »Ausfallstraße«, »Straße mit Einfamilienhäusern«, »Enge Straße« etc. Wenn das nicht geht: »Straße I«, »Straße II« usw.

Innen-Außen

Was innen und was außen spielt, ist normalerweise evident. Folgende Grenzfälle sind zu beachten: Wenn eine Handlung innen und außen spielt, wählt man die Bezeichnung nach dem Ort, an dem die Kamera steht.

Beispiel: Otto hat Streit mit seiner Frau. Er schaut aus dem Fenster und sieht ihren Tennispartner vorfahren. Dies ist eine Innenszene, sofern die Kamera die Anfahrt des Tennispartners nur aus Ottos Blickwinkel sieht.

Wenn wir in die Szene auf der Straße springen, etwa einen kleinen Flirt des Tennislehrers mit der Nachbarin zeigen wollen, ist eine gesonderte Szene zu schreiben, die dann logischerweise eine Außen-Szene ist.

Auch wenn wir den Blick von Otto mit einem Gegenblick des Tennislehrers beantworten wollen, wird dieser Blick (und sei er nur sekundenlang) ein gesondertes Bild, logischerweise ein Außen-Bild.

Umstritten ist bei Fachleuten, wie Szenen im Auto einzustufen sind. An sich ist das Innere eines Autos – natürlich – ein Innenraum. Drehtechnisch ist das Drehen im Auto eher eine Außenaufnahme. Manche schreiben deshalb Innen / Außen / Tag (bzw. Nacht). Der Verfasser bevorzugt die Bezeichnung »außen«. Aber das ist Ansichtssache.

Der Drehbuchautor sollte sich über diese definitorischen Details nicht zu viele Gedanken machen. Produktionsleiter und Regisseur werden das gegebenenfalls korrigieren. Für den Erstleser, den Redakteur, Dramaturgen, Produzenten oder Lektor, ist das ohne große Bedeutung.

Zeitsprung, Tag-Nacht

Der Wechsel von Tag und Nacht ist eines der wichtigsten Gestaltungsmittel des zeitlichen Ablaufs. Die kleine Episode »Norbert sucht Marion« kann man durch den Wechsel von Tag und Nacht entscheidend umgestalten. Etwa so:

1. Straße/Stadtrand   **Außen/Nacht**

Norbert fährt auf eine nächtliche Großstadt zu.

2. Straße mit Wohnblocks   **Außen/Tag**

Norbert sucht nach einer Hausnummer.

(Zwischen Bild 1 und 2 signalisiert der Wechsel von Nacht zu Tag einen erheblichen Zeitsprung. Wir sagen damit, ohne ein Wort zu sprechen, dass Norbert schon lange gesucht hat.)

3. Vor Wohnblock   **Außen/Tag**

Wie bisher.

Durch kleine inszenatorische Details können wir, wenn wir wollen, den Zeitsprung vergrößern oder verkleinern. Etwa:

– Zeitungsausträger (sehr früh)
– Geschäft wird geöffnet (früh)
– Postbote (vormittags) o.Ä.

4. Hausflur   **Innen/Tag**

Wie bisher.

5. Wohnzimmer Marion   **Innen/Nacht**

Norbert und Marion sitzen im Wohnzimmer auf dem Fußboden. Sie hat ein T-Shirt an, er einen Bademantel.

Auf dem Boden ein Tablett mit Brot, Käse und Rotwein ...

Wieder haben wir einen Zeitsprung eingebaut. Was uns die Möglichkeit gibt, in sehr knapper Form und ohne Worte sehr viel zu erzählen, nämlich dass sich Norbert und Marion geliebt haben, dass sie es genossen haben und auch die Situation danach genießen. Durch wenige Details (Norbert trägt einen passenden Bademantel oder einen, der ihm viel zu klein ist; er kennt sich in der Wohnung aus oder nicht; er entdeckt ein Geschenk, das von ihm stammt) können wir definieren, ob Norbert Gast ist oder Heimkehrer, flüchtiger Liebhaber, Abenteuer, Haft-Entlassener. Oder ... oder ...

Dämmerung
Ein Grenzfall, der gerade bei Anfänger-Autoren sehr beliebt ist, ist die Dämmerung. Logisch ist ja der Ablauf Tag-Dämmerung-Nacht. Und fotografisch ist die Dämmerung besonders reizvoll. Sie ist freilich filmisch außerordentlich schwierig. Die für eine Dämmerungseinstellung nutzbare Zeit dauert an einem klaren Tag etwa eine halbe bis Dreiviertelstunde. Das bedeutet, dass in der Regel nur eine einzige Einstellung möglich ist (ein oder zwei Wiederholungen mitgerechnet). Und die Einstellung darf nicht allzu kompliziert sein. Wenn Autos, Straßenbahnen, Menschenmassen zu bewegen sind, kann man froh sein, wenn man es überhaupt schafft, die Einstellung ein einziges Mal zu drehen. Eine Wiederholung ist am gleichen Tag nicht möglich. Und in unseren Breitengraden ist es praktisch unmöglich, verschiedene Einstellungen einer Dämmerungsszene an verschiedenen Tagen zu drehen. Denn nichts ist so unterschiedlich wie verschiedene Dämmerungsstimmungen (je nach Dichte und Art der Bewölkung), da passt kaum das Licht des einen Tages zu dem des anderen. (Für Regionen mit stabilen Wetterphasen gilt das nicht.)
Der Autor sollte Dämmerung nur äußerst selten vorsehen und sich, wenn's denn sein muss, von vornherein eine sehr simple Handlung ausdenken.

Nachdem wir einige Grundbegriffe des Drehbuchschreibens erlernt haben, bringen wir das Exposé »Hans im Unglück« in die Form eines Drehbuchs, wobei wir uns hier mit den ersten zehn Seiten begnügen.

4.4 Drehbuch

Hans im Unglück

Drehbuch von Werner Pawelczyk

Werner Pawelczyk
Wernerstr. 8
12345 Pawelzhausen
usw.

Personen:
Dr. Hans Schütz, Arzt (40)
Alberta Schütz (38)
Arno Kaltenbrunner (40)
Christine Kaltenbrunner (37)
Bernd Falter, Kriminalkommissar
Specht, Kriminalobermeister
Frau Seidel (ca. 45)
usw.

Anmerkung: Es werden in der Regel nur die Personen aufgeführt, die Text haben, ferner »stumme Rollen«, d.h. Personen, die nicht nur Staffage sind, sondern die Handlung wesentlich mittragen. Das ungefähre Alter wird angegeben, wenn es für die Personenkonstellation von Bedeutung ist.

Schauplätze:
1. Restaurant Adria
2. Foyer

3. Restaurant Adria
4. Foyer
5. Parkplatz
6. Polizeipräsidium/Büro Falter usw.

Anmerkung: Manche Produzenten möchten kein chronologisches Verzeichnis der Schauplätze, sondern ein systematisches, d.h. jeder Schauplatz wird nur einmal – Innenschauplätze und Außenschauplätze separat – aufgeführt. Siehe Drehbuch »Chemie eines Mordes«.

1. Restaurant Adria   **Innen/Nacht**

Ein italienisches Restaurant der mittleren Preisklasse mit großem Gastraum, Nebenzimmer und Foyer. Das Restaurant ist gut besucht, aber nicht überfüllt. In einem Nebenzimmer feiert eine laute, lustige Gesellschaft. Zwischen dem großen Gastraum und dem Nebenzimmer besteht – z.b. durch eine geöffnete Schiebetür – Blickverbindung.

An einem Tisch sitzen Dr. Hans Schütz, ein Arzt von 40 Jahren, gut aussehend und selbstsicher, und Christine Kaltenbrunner, eine nur wenig jüngere, aparte Frau. Die Stimmung ist gedrückt, Christine stochert lustlos in einem Omelett. Hans isst schweigend ein Kalbsmedaillon.

Sie versucht – ein wenig verkrampft –, heiter zu sein.

Christine ist nun doch verletzt durch die Unbekümmertheit von Hans. Sie ist den Tränen nahe.

Christine: Oder doch manchmal. Wenn Alberta eine ihrer kleinen Parties gibt. Wir sehen uns ganz ... verwandtschaftlich ... nicht wahr!

Hans: Natürlich. Das wäre doch komisch, wenn du nicht zur Party deiner Schwester kommst. Ich bin ganz cool zu dir. Und dann gebe ich dir einen ganz coolen schwägerlichen Kuss auf die Wange.

Er deutet Kuss und Umarmung an.

Im Nebenzimmer sitzt ein introvertiert wirkender Mann im Alter von Hans, Arno Kaltenbrunner, Studienrat. Er beobachtet Hans und Christine. Der angedeutete Kuss wirkt aus seiner Sicht wie der Anfang eines erotischen Spiels.

Um Arno herum trinkt und lärmt die lustige Gesellschaft. Seine Tischnachbarin hat offensichtlich Gefallen an ihm gefunden. Sie stößt mit ihrem Glas an das Weinglas von Arno, das auf dem Tisch steht.

Frau Seidel: Prost!

Arno wird aus seinen Gedanken gescheucht.

Arno: Verzeihung.

Er greift zum Glas.

Arno: Ja, Prost ... dann ...

Er stellt das Glas ab.

Arno: Verzeihen Sie, ich störe nur, ich passe hier gar nicht hin.

Frau Seidel (gefühlvoll): Doch, doch, ich bin gar nicht so für die Lustigkeit.

Dabei ist sie durchaus lustig.

Arno: Ich habe mich hier richtig reingedrängt. So was liegt mir überhaupt nicht. Am besten gehe ich gleich.

Er macht aber keine Anstalten zum Gehen. Er schaut immer wieder verstohlen zu Hans und Christine.

Hans hat Christine am Arm gefasst. Jetzt ist er sehr ernst.

Hans: Mach es uns doch nicht schwer. Ich werde dich immer lieben. Wie eine Schwester.

Christine schluchzt schwer. Sie beugt sich vor, um Hans über den Tisch hinweg einen Kuss zu geben. Hans findet das etwas theatralisch. Er schaut prüfend in die Runde.

Hans (zischelt): Nicht hier, Christine.

Aus der Sicht von Arno sind die Tränen in den Augen nicht zu sehen. Es reißt ihn.

Frau Seidel: Wir sind hier ein ganz lustiger Verein. Wir treffen uns jeden Dienstag. Kommen Sie doch einfach wieder mal dazu. (Sie schaut auf Arnos Ehering. Sie »klopft auf den Busch«.) Wenn Sie Lust haben, dann bringen Sie doch Ihre Frau mit.

Arno erklärt eilfertig und überflüssigerweise:

Arno: Meine Frau besucht heute eine Tante. Das tut sie jeden Dienstag.

Frau Seidel entgeht Arnos Verlegenheit nicht. Sie sagt vieldeutig:

Frau Seidel: Wie schön, wenn man zu seinen Verwandten so guten Kontakt hat ... (seufzt) Ich bin leider ganz allein.

Hans und Christine haben gezahlt. Sie stehen auf. Hans versucht, die Stimmung weiter zu lockern. Als er Christine in den Mantel hilft, fasst er sie kameradschaftlich um die Hüfte.

Aus dem Blickwinkel von Arno sieht es so aus, als könnten die beiden sich nicht länger beherrschen. Er springt auf. Frau Seidel schaut irritiert.

Hans und Christine gehen ins Foyer hinaus. Arno läuft ihnen nach.

2. Foyer Innen/Nacht

Hans und Christine betreten das Foyer, Arno kommt hinzu. Er reißt Christine, die sich an Hans geschmiegt hat, los, dann packt er Hans am Kragen.

Arno: Du Sau, du elender Mistkerl.

Er würgt Hans mit seinem Mantelkragen.

Arno: Wo wollt ihr hin? In ein Hotel, hä? In ein Hotel!?
Christine: Arno, bitte, nein! Du verstehst das falsch.
Arno: Was ist da falsch zu verstehen, hä!?
Hans: Ich schwöre dir bei unserer Freundschaft, du siehst das nicht richtig.

Arno findet die Ausflüchte angesichts der Situation peinlich. Er lässt von Hans ab.

Arno: Lächerlich.
Christine: Hans, bitte lass mich mit meinem Mann allein. (zu Arno) Ich werde dir alles erklären.

Hans weiß nicht, ob er gehen soll. Christine wirft ihm einen flehenden Blick zu.

Christine: Bitte.

Einige Gäste aus dem Lokal sind aufmerksam geworden.

Christine (zu Arno): Wir gehen nach Hause.
Hans: Also gut dann. Adieu.

Hans geht auf den Parkplatz, der hinter dem Haus liegt, hinaus.

Arno steht verlegen da. Christine nimmt die Situation in die Hand.

Christine: Du holst jetzt deinen Mantel und dann gehen wir.

Sie fühlt sich von gaffenden Gästen belästigt.

Christine: Ich warte so lange auf dem Parkplatz.

Christine geht auf den Parkplatz hinaus. Arno geht ins Lokal hinein.

Zwei Anmerkungen: Wenn man Exposé und Drehbuchszenen vergleicht, bemerkt man, dass nicht alle Informationen aus dem Exposé im Drehbuch stehen. Hans ist als Ehemann von Christine überzeugend eingeführt. Wer aber Alberta ist, versteht man noch nicht. Das ist kein Problem. Der Autor sollte nicht versuchen, komplizierte verwandtschaftliche Verhältnisse durch verbale Erläuterungen einzuführen. Der Zuschauer merkt sich so was nicht. Für den Moment genügt es, dass die Liebe zwischen Hans und Christine »unmöglich« ist und dass da irgendwelche verwandtschaftliche und freundschaftliche Verhältnisse bestehen. Wenn Alberta als Person eingeführt wird, wird sich das alles ganz zwanglos klären.

Die zweite Anmerkung betrifft die grafische Anordnung von Erzählung und Dialog. Üblich ist heute die so genannte amerikanische Schreibweise, vorzugsweise in einem dafür gebräuchlichen Textverarbeitungssystem (z.B. »Final draft«); viele Produzenten bestehen sogar darauf, weil man mit diesem Programm Auszüge aus dem Drehbuch machen kann, wodurch dessen Analyse für die verschiedenen produktionstechnischen Belange von der Schauspielerterminierung, den Schauplätzen bis hin zur Ausstattung und zum Kostüm etc. erleichtert wird. Nachteil der amerikanischen Schreibweise ist jedoch, dass man in den ersten Fassungen keine Bildnummern voranstellt, d.h. auch hier »durchlaufend« schreibt; erst in der endgültigen Drehfassung (im so genannten technischen Drehbuch) werden Bildnummern, und oft auch schon Einstellungsnummern eingefügt – aber das ist dann nicht mehr Sache des Autors.

Restaurant Adria   **Innen/Nacht**

Arno holt seinen Mantel aus dem Nebenzimmer. Er hängt auf einem Garderobenständer zwischen vielen anderen Mänteln. Frau Seidel hilft ihm bei der Suche.

Frau Seidel: Kommen Sie doch mal wieder.
Arno: Danke. – Ja, vielleicht.

Er will gehen. Frau Seidel versucht ihn aufzuhalten.

Frau Seidel: Sie sollten wirklich mehr unter Menschen gehen. Nicht so alles in sich hineinfressen. Das tut einem Mann nicht gut. Versprechen Sie, dass Sie am nächsten Dienstag kommen?
Arno (wenig überzeugend): Ganz bestimmt. Ich verspreche es.

Anmerkung: Im Exposé hieß dieses Bild »Nebenzimmer«, jetzt heißt es »Restaurant Adria«. Die Bezeichnung im Exposé ist nicht korrekt. Da das dritte Bild der gleiche Schauplatz ist wie das erste, müssen die Bezeichnungen identisch sein – auch wenn im dritten Bild vielleicht kein Blick mehr auf den großen Gastraum gedreht wird.

Foyer   **Innen/Nacht**

Stimmengewirr/Musik

Arno durchquert das Foyer.

Anmerkung: Der kleine Zwischenschnitt auf Arno im Foyer mag auf den ersten Blick überflüssig erscheinen. Man muss im Film nicht jede Situation, die logisch folgt, auch zeigen. Zumal wir Arnos Handeln ja auch nicht lückenlos verfolgen. Der Zwischenschritt signalisiert, dass Zeit vergeht. Während wir bei Arno geblieben sind, ist auf dem Parkplatz nämlich viel passiert. Hans ist in sein Auto gestiegen und weggefahren, Christine ist auf den Parkplatz getreten, Alberta hat sie angesprochen, es kam zum Wortwechsel, Alberta hat Christine erschlagen. Das nimmt mehr Zeit in Anspruch, als wir mit Arno verbracht haben. Deshalb ist es wichtig, dass wir nicht völlig kontinuierlich bei Arno sind. Die Aufteilung der Arno-Handlung in kurze Abschnitte signalisiert dem Zuschauer, dass mehr Zeit vergangen ist, als wir zeigen.

Angaben zur Akustik, die nicht Dialoge sind, werden zwischen Schrägstriche gesetzt. Geräusche sollte der Drehbuchautor nur dann vorschreiben, wenn sie von ganz besonderer Bedeutung sind und sich aus der Situation nicht von selbst ergeben. Auf Angaben zu den Musikeinsätzen sollte der Autor ganz verzichten.»Stimmengewirr« und»Musik« sind hier also entbehrlich und lediglich zur Demonstration der Schreibweise aufgeführt.

Parkplatz   **Außen/Nacht**

Arno betritt den Parkplatz. Er schaut sich suchend um, er kann Christine nicht entdecken. Er hört ein schwaches Röcheln.

Christine (kaum verständlich): Arno!

Arno sieht Christine zwischen den Autos liegen. Er eilt auf sie zu.

Arno: Christine! Was ist passiert?
Christine (will etwas sagen): ... ich ... ich ... Alberta ...

Sie stirbt.

131

Polizeipräsidium/Büro Falter   Innen/Nacht

Kriminalkommissar Falter, ein schlanker Mann von Ende dreißig, sitzt an seinem Schreibtisch und liest in einem Comicheft. Sein Mitarbeiter, Kriminalobermeister Specht, sitzt gegenüber. Er liest in einem Fachbuch. Falter lacht leise vor sich hin.

Specht: Dass du über den Käse lachen kannst.

Falter rückt seine Brille zurecht. Er hat jetzt ein recht intellektuelles Aussehen.

Falter: Mord! Raub! (er schnalzt genüsslich mit der Zunge) Vergewaltigung! (wie wenn er eine leckere Speise kosten würde) Aaaaah!

Das Telefon klingelt.

Falter: Erstes Kommissariat, Falter.

Er hört zu, murmelt ab und zu ein Wort, schreibt eifrig mit.

Falter: Danke. (legt auf)
Specht: Na, und?
Falter (mimt große Freude): Mord! Endlich ein Mord!

Specht schaut verdrießlich. Beide Polizisten machen sich rasch auf den Weg.

Anmerkung: Der Stil dieser Szene unterscheidet sich von dem der vorhergehenden. Das ist Absicht. Um zu demonstrieren, dass man den Stoff auch als Groteske schreiben kann.

4.5 Wie lang soll ein Drehbuch sein?

Das hängt zunächst einmal von der Länge der Sendung ab. Die in Deutschland übliche Länge für ein Fernsehspiel ist 90 Minuten. Bei den Serien des Abendprogramms gibt es 60 Minuten und 45 Minuten. Die Serien des Vorabendprogramms haben 25 Minuten oder 50 Minuten, im Nachmittagsprogramm gibt es noch 30-Minuten-Serien. Diese Längen verstehen sich brutto, d.h. nach Abzug der Titel und des Abspanns sind die Filme nur ca. 87, 57, 43, 23 resp. 48 Minuten lang. Das sind die typischen Formate. Ausnahmen sind zwar theoretisch möglich, jedoch äußerst schwer durchzusetzen. Das liegt ganz einfach daran, dass ein teures Fernsehspiel (und auch eine teure Serienfolge) mindestens 2,5-mal ausgestrahlt werden muss, wenn es sich finanziell rechnen soll. Bei einer ersten Ausstrahlung im Abendprogramm werden, einer Investition im Industriesektor vergleichbar, die ersten 60 Prozent der Produktionssumme »abgeschrieben«, bei einer zweiten Ausstrahlung noch einmal zwischen 15 und 25 Prozent (je nach Sendeplatz-Qualität, d.h. möglicher Zuschauerzahl), die dritte Ausstrahlung auf einem möglichst preiswerten Platz oder in einem der Dritten Programme bringt dann zwischen zehn und 15 Prozent. Erst dann ist das Fernsehspiel bezahlt. Da jedoch die so genannten Wiederholungstermine (das sind feste Programmschienen, die nach hinten nicht »offen« sind, weil dort die Nachrichten oder der zweite Sendeblock einsetzt) jede Flexibilität verbieten, müssen die Originalstücke wiederholungskompatibel sein, d.h. eine definitiv begrenzte Länge haben. Das ist manchmal hart, hat aber objektive Gründe – ist also nicht etwa auf die mangelnde Flexibilität der Redakteure oder die Halsstarrigkeit der Sendeplaner zurückzuführen.

Wie lang muss nun ein Drehbuch für – sagen wir – eine 60-Minuten-Serie sein? Die Frage ist sehr schwer zu beantworten. Selbst unter Leuten, die seit vielen Jahren zusammenarbeiten, kommt es darüber immer wieder zum Streit. Die richtige Vorausschätzung der Filmlänge aufgrund des Drehbuches ist ein wichtiger wirtschaftlicher Faktor bei der Filmherstellung. Pro Drehtag werden beim Fernsehen heute in der Regel vier (bis fünf oder gar sechs) Filmminuten hergestellt. Wenn man nun zum Beispiel vier Minuten mehr dreht, als der Film lang sein darf, hat man das Pensum eines ganzen Drehtages umsonst gedreht. In der Praxis dreht man immer mehr, als man schließlich verwendet. Gänge und Fahrten sind nicht genau vorauskalkulierbar, spontane Einfälle kommen hinzu. Das ist normal. Wenn ein Drehbuch von vornherein zu lang ist, summieren sich die Überlängen, die schwer kalkulierbaren Momente und die spontanen Einfälle. Wenn man dem Film dann beim Schnitt nicht alle bereichernden Details rauben will, muss man ganze Komplexe herausnehmen; verständlich, dass da die Aufmerksamkeit jenen Szenen gilt, die bei genauer Betrachtung von vornherein entbehrlich sind. Und das sind oft die »schönsten«, in die man sich verliebt hat. Die kleinen hübschen Figuren-Zeichnungen, das sympathische Zwischenspiel, die lustige Arabeske ... Es ist also anzuraten, von vornherein die richtige Länge abzuliefern, sonst verliert man diese geliebten Farben und Nuancen als Erstes.

Wie ermittelt man aber die Länge eines Drehbuches, ohne vorher mit dem Regisseur gesprochen zu haben?

Am besten gehen sie mit der Stoppuhr in der Hand die Szene vor dem geistigen Auge durch und sprechen den Dialog laut vor sich hin. Durchgehende Dialogpassagen sind relativ verlässlich zu schätzen; je mehr Bewegung im Bild ist, desto schwieriger ist es. Da spielt auch das Temperament des Regisseurs eine große Rolle.

Die nachfolgenden Angaben für Drehbuchlängen sind nur als Faustregeln zu verstehen. Sie beruhen freilich auf langjährigen Erfahrungen. Bei der »modifizierten amerikanischen« Schreibweise, jedoch ohne Seitenwechsel nach jedem Bild, d.h. also »durchgeschrieben«, sind folgende Längen überschlägig anzunehmen:

90 Min. (87 netto) – 90-125 Bilder, 100-150 Seiten
60 Min. (57 netto) – 60-95 Bilder, 80-100 Seiten,
50 Min. (48 netto) – 50-65 Bilder, 60-75 Seiten
45 Min. (43 netto) – 40-55 Bilder, 45-70 Seiten

30 Min. (28 netto) – 35-45 Bilder, 40-55 Seiten
25 Min. (23 netto) – 30-40 Bilder, 30-40 Seiten

Es versteht sich, dass je nach Stoff große Abweichungen möglich sind. Die Adaption eines Theaterstückes wird wenig Bilder haben. Ein Film, der ganz vom schnellen Wechsel der Schauplätze lebt, wird viele Bilder haben. Es ist bei den hier angegebenen Richtwerten zu beachten, dass ein gewisser Anteil an kurzen Szenen, die im Drehbuch nur aus ein paar Zeilen bestehen, bereits berücksichtigt ist. Eine Besonderheit gilt für Telefonate. Um nicht eine unnötige Zahl von Bildern zu schreiben, fasst man die Schauplätze in der Kopfzeile zusammen und überlässt dem Regisseur die Aufteilung. Also etwa so:

14. Telefonzelle Bahnhofshalle   **Innen/Tag**

Rolf betritt die Telefonzelle, er wählt hektisch. (Unterschnitten mit Bild 15)

Appartement Susanne   **Innen/Tag**

Susanne nimmt den Hörer ab. Als sie Rolfs Stimme hört, möchte sie gleich wieder auflegen.

Susanne: Ach du bist es.
Rolf: Hör mir nur kurz zu.
Susanne: Ich hab dir schon viel zu lange zugehört ...

Ein gutes Drehbuch beginnt mit einer spannenden Situation. Danach macht sich ein Knalleffekt gut, dann kann man es etwas geruhsamer weiterlaufen lassen. Für den Schluss aber sollte man noch ein paar Trümpfe im Ärmel behalten. Was für ein Drehbuch gilt, gilt auch für einen Ratgeber. Wir kommen jetzt zu der Frage, die die meisten Leser vor allem interessiert: Wie verkauft man ein Drehbuch? Und: Wie viel Geld kann man damit verdienen?

Wie verkaufe ich ein Drehbuch?

5.1 Exposé oder mehr?

Es wurde bereits gesagt, dass der Autor eines Fernsehkrimis auf keinen Fall gleich ein Drehbuch schreiben sollte; es ist sinnvoller, zunächst ein Exposé zu formulieren. Das gilt für alle Serien, an denen mehrere Autoren arbeiten. Die Produzenten sind vor allem an guten und für die betreffende Serie geeigneten Storys interessiert. Wenn der Autor bei der Ausarbeitung, etwa bei den Dialogen, Schwierigkeiten haben sollte, findet sich leicht jemand aus dem etablierten Team, der dem Neuling hilft.

Anders ist es bei Einzelspielen und Filmen. Für den allerersten Kontakt mag ein gut geschriebenes Exposé auch bei Einzelwerken ausreichend sein, aber ein Auftraggeber will von einem neuen Autor auch wissen, ob er Szenen schreiben kann. Bevor es zu einer verbindlichen (vertraglichen) Vereinbarung kommt, wird er, wenn nicht andere Arbeitsproben ihn überzeugen, ein Drehbuch verlangen. Die nachfolgenden Ratschläge beziehen sich also, auch wenn nur von Drehbüchern die Rede ist, stets auch auf Exposés. Und sie gelten, versteht sich, nicht nur für Krimis, sie gelten für alle Arten und Genres.

5.2 Die richtigen Adressaten

An wen schickt man sein Drehbuch? An den Intendanten eines Senders? An einen bekannten Schauspieler? Oder an einen erfolgreichen anderen Autor? An möglichst viele Produktionsfirmen (nach dem Branchenverzeichnis)? Alles falsch.

Lassen Sie sich nicht durch Histörchen aus der Presse irritieren, in denen Schauspieler von ihrem Einfluss auf Drehbücher reden. Das mag im Einzelfall seine Berechtigung haben, ist aber für den Drehbuchautor zunächst einmal ohne Belang. Lassen Sie sich nicht von dem irritieren, was Programmdirektoren vor der Presse als »ihr« Programm erläutern. Programmdirektoren bestimmen die Schwerpunkte des Programms, sie lesen nicht die eingehenden Stoffe.

Die richtigen Adressaten für Drehbuchautoren sind die Redakteure, sie entscheiden über die Annahme von Drehbüchern. Intern mögen an der Entscheidung einige andere mitwirken. Die Abteilungsleiter, die Fernsehspielchefs, im Sonderfall auch Direktoren oder Intendanten. All das ist für den Anfänger aber ohne Bedeutung. Allenfalls eine Besonderheit des deutschen Fernsehens ist zu berücksichtigen: Die meisten Fernsehspiele und Serien werden als Auftragsproduktionen von Firmen hergestellt. Diese Produzenten haben dem Sender gegenüber im Prinzip die gleiche Stellung wie jeder beliebige andere, sie können Vorschläge machen. Die Vorschläge erfolgreicher Auftragsproduzenten haben freilich, wie man sich denken kann, ein besonderes Gewicht. Es kann deshalb sehr sinnvoll sein, ein Drehbuch einem dieser Produzenten zu schicken.

Wie soll man konkret vorgehen? Es wäre nicht schwer, hier eine Adressenliste anhand der Branchenverzeichnisse abzudrucken. Sie wäre jedoch wenig hilfreich. Denn die Verhältnisse sind bei den einzelnen Sendern sehr unterschiedlich. Und sie ändern sich ständig.

Ich schlage deshalb einen Weg vor, der ein wenig mühsam ist, aber absolut verlässlich und praktikabel:

Schauen Sie sich den Nachspann der Sendungen an, die

Ihnen gefallen, der Serien oder Einzelspiele, die Ihren Ambitionen entsprechen, kurzum das, was auf Ihrer »Wellenlänge« liegt. Bei den Leuten, die hinter dem Programm stehen, das Sie mögen, haben Sie die besten Chancen, ein offenes Ohr zu finden.

Wie findet man heraus, wer für den Autor wichtig ist? Notieren Sie sich aus dem Nachspann der Sendung die letzten Titel. Der Ablauf der letzten vier bis fünf Titel ist in der Regel:

- Redaktion,
- Produktion,
- Regie,
- Produktionsfirma (evtl. mit Namen des Produzenten oder Gesamtleiters),
- Sender.

Redakteur/in ist die für Sie wichtigste Person. Wie oben gesagt: Wenn Sie ihr schreiben wollen, genügt die Adresse des Senders und der Name.

Wenn ein Produzent ausgewiesen wird, handelt es sich um eine Auftragsproduktion. Achten Sie dann auf den Firmennamen am Schluss! Anhand eines Branchenverzeichnisses können Sie den Produzenten identifizieren.

Bei den Produktionsfirmen erscheint im Titel zuweilen ein Name, manchmal mit dem Zusatz »Gesamtleitung«. Diese Regel gilt für Firmen, bei denen der Produzent Inhaber der Firma ist.

5.3 Rechtschreibung etc.

Noch ein paar praktische Ratschläge. Ein Drehbuch sollte in einwandfreiem Deutsch und nach Möglichkeit auf einem Computer in MS Word geschrieben werden und in aller Regel auch gemailt werden. Zumindest sollte sie als rtf-Datei vorhanden sein, denn nur mit diesem Format kann man die System-Unverträglichkeiten zwischen Microsoft und Macintosh überwinden. Eine ausgedruckte Version sollte man aber schon noch versenden, das gehört zu den Anstandsregeln. Viele Autoren (nicht nur von Drehbüchern) haben Probleme mit der Rechtschreibung. Das ist kein Makel. Es gibt bedeutende Autoren, die Legastheniker waren (z.b. Hans Christian Andersen). Für einen Leser ist der Originaltext eines Legasthenikers freilich eine Qual. Ein Autor schafft nicht gerade die für die Annahme seines Werkes notwendige gute Atmosphäre, wenn er den Redakteur/Lektor/Produzenten zunächst einmal quält. Es empfiehlt sich daher für Autoren, die unter Rechtschreibschwäche leiden, den Text von einem lieben Menschen, der diese Schwäche nicht hat, korrigieren zu lassen.

Sauberer Computerdruck ist Standard. Wählen Sie 1,5 Zeilen Abstand und mindestens eine 11-Punkt-Schrift. Es schadet aber nicht, wenn gelegentlich ein Wort von Hand korrigiert ist. Entscheidend ist allein die Lesbarkeit. Der Leser will nicht Schriftkunde betreiben, er will flüssig lesen. Aufwändige Einbände, etwa mit eingeprägtem Titel in dicker Pappe, sind überflüssig. Ein handelsüblicher Schnellhefter genügt.

Das Format ist DIN A4. Die Blätter werden einseitig bedruckt.

5.4 Was ein erfolgreicher Autor verdienen kann

Die einzelnen Sender haben unterschiedliche Honorarraster. Aber selbst wenn man die Raster hier abdrucken könnte (und Insider kennen natürlich die für sie wichtigen Eckdaten), wäre das nur verwirrend. Jede einzelne Zahl müsste ausführlich interpretiert werden, weil die Raster sehr weitgefasst sind und zahllose Besonderheiten umfassen (z.B. Drehbuch nach einem »vorbestehenden« Werk, nach Dokumenten oder original; Ausstrahlung im Inland oder im deutschsprachigen Bereich; Drehbuch für Kinder- und Jugendprogramm, Vorabend- oder Abendprogramm). Das wäre uferlos. Es muss bei den folgenden Summen auch das Wiederholungshonorar (das nur bei den öffentlich-rechtlichen Sendern gezahlt wird – und da auch nur in Staffelungen je nach Programmplatz, für das Abendprogramm gelten in der Regel 100 Prozent) außer Acht bleiben, ebenso Kabel- und Satellitenrechte und so weiter. All diese Dinge sind sehr kompliziert und für den Anfänger wohl auch nicht von primärem Interesse. Der Anfänger dürfte sich zunächst einmal dafür interessieren, was er für die Erstausstrahlung seines Werkes im Inland bekommt.

Die nachfolgenden Summen sind Richtwerte von 2002/03, im Einzelfall sind erhebliche Abweichungen möglich. Sie gelten für originale (nicht Roman-Adaptionen o.Ä.), fiktionale (nicht Dokumentation o.Ä.), dramatische (nicht Show-Nummern o.Ä.) Drehbücher und gehen bei 90 Minuten von einer Grundvergütung von 25.000 Euro inkl. (!) Mehrwertsteuer von sieben Prozent aus. Das heißt, dass für ein Drehbuch für einen 25-Minuten-Film (z.b. für den Vorabend) ca. 7.000 Euro gezahlt werden, für eine 45-Minuten-Folge einer Serie 12.500 Euro. Bei privaten Sendern oder solchen, die By-out-Regelungen vorziehen (d.h. die Abgeltung aller Wiederholungen und aller weiteren Beteiligungen an den Verwertungserlösen wie z.B. den Auslandsverkäufen), kann man diese Summen »über den Daumen« verdoppeln – günstig sind derartige Verträge allerdings ganz und gar nicht.

Dies sind die für den Anfänger wichtigen Summen. Was aber kann man als Drehbuchautor überhaupt verdienen? Drehbuchautoren sind Freiberufler, der Spielraum bei den Einkünften ist enorm. Nur ein paar Anhaltspunkte: Bei Serien und populären Einzelspielen des Abendprogramms ist eine Wiederholung so gut wie sicher – bei einem Tatort kann man mit bis zu sieben Wiederholungen rechnen. Das vervielfacht das Honorar.

Bei der ARD sind Wiederholungen in den Dritten Programmen häufig. Das Wiederholungshonorar ist je nach Sendegebiet gestaffelt. Wenn alle Dritten Programme übernehmen, summiert sich das Honorar noch einmal zu 100 Prozent. Auslandsverkäufe bringen wenig Geld, lediglich bei erfolgreichen und produktiven Serienautoren ergeben sich beträchtliche Summen.

Im neuen Urhebergesetz ist vorgesehen, dass Sie zunächst einmal »angemessen« bezahlt und im Fall einer ungewöhnlich erfolgreichen Sendung an deren zusätzlichem (und bei der Produktion nicht zu erwartenden) Erfolg finanziell beteiligt werden müssen; als angemessen werden zurzeit die oben genannten Honorare angesehen (morgen kann das schon wieder anders sein), aber ab wann ein Erfolg »unerwartet« eintritt, hat das Gesetz nicht definiert; wenn es auch den Schutz der Autoren im Sinn hatte, hat es leider mehr Unklarheiten geschaffen als Vorteile oder gar Rechtssicherheit – denn in der Zukunft werden die Gerichte viel zu tun haben, um herauszufinden, was bei einem Erfolg »unerwartet« war.

Aber lassen Sie sich nicht verdrießen und rechnen Sie einmal nach, was z.b. Herbert Reinecker, der Autor des »Kommissar« und des »Derrick« (und zahlreicher Filme, Specials und Fernsehspiele) verdient haben mag; er hat fast 100 »Kommissare« (zu damals vermutlich gut 50 Prozent der heutigen Honorare) geschrieben, die alle teils mehrfach wiederholt wurden. Er hat über 150 »Derricks« (zu Honoraren, die damals ca. 75 Prozent der heute üblichen betrugen) geschrieben, die sicherlich wiederholt werden. Die Rechte für Österreich und Schweiz (Koproduzenten), für Satellitenrechte und Auslandsverkäufe nicht mitgerechnet, ergibt sich …

Rechnen Sie selbst!

Aber Vorsicht! Herbert Reinecker ist ein Genie an Produktivität. Ein talentierter, fleißiger und erfolgreicher Autor schafft normalerweise im Jahr nicht mehr als zwei Fernsehspiele (90 Minuten). Wenn der Autor sich im Seriengeschäft gut etabliert hat, sind vier bis sechs Drehbücher (à 60 Minuten) ein sehr guter Wert. Wenn der Autor außerordentlich fleißig ist und von Identitätskrisen, Ehe-, Alkohol- und Drogenproblemen unbehelligt bleibt (was selten der Fall ist), kann er in guten Jahren auf ein Dutzend Drehbücher kommen.

Einige meiner Freunde aus der schreibenden Zunft sind Millionäre geworden. Ich gönne ihnen das von Herzen, denn sie haben viel riskiert. Und ich gönne es Ihnen auch, wenn Sie mindestens ebenso viel riskieren!

Das Drehbuch

6.1 Der Autor Karlheinz Willschrei

Karlheinz Willschrei ist einer der Erfinder der »Tatort«-Folgen um Kommissar Haferkamp, er hat die Drehbücher zu der Detektivserie »Lobster« geschrieben, er ist Miterfinder und Hauptautor der Serie »Ein Fall für zwei«; darüber hinaus hat er zahlreiche Einzelfilme geschrieben (»Schwarz und weiß wie Tage und Nächte«, »Die zwei Gesichter des Januar«), ferner Drehbücher für komische Serien wie »Ein zauberhaftes Biest«, »Angelo und Lucy«, »Duett in Bonn«, insgesamt über 100 Drehbücher. »Chemie eines Mordes« ist weder sein bestes noch sein erfolgreichstes Drehbuch. Denn welches das »beste« Drehbuch ist, lässt sich, wenn überhaupt, erst nach Realisierung des Filmes bestimmen, und Meinungen über Filme sind nie ungeteilt, außerdem spielen bei der Realisierung viele Faktoren eine Rolle, die nichts mit der Qualität des Drehbuches zu tun haben. »Chemie eines Mordes« ist ein normales Serien-Drehbuch, es wurde unter dem Gesichtspunkt ausgewählt, dass sich daran demonstrieren lässt, wie sehr es bei einer Serie darauf ankommt, dass die Grundidee der Geschichte zum Konzept der Serie passt.

6.2 Anpassung an das Serienkonzept

Krimis sind im Fernsehen in der Regel Serienkrimis. Stoffe, die nicht in ein Serienschema passen, werden von den Redaktionen in der Regel mit der Begründung abgewiesen, der Bereich Krimi wäre mit den erfolgreichen Serien bereits abgedeckt. Nur in Ausnahmefällen akzeptieren die Sender einen Krimistoff als Einzelfilm. Und sie stellen dann meist die Bedingung, dass die Geschichte nicht von einem Kommissar oder sonstigen neutralen Ermittler aus erzählt wird, sie erwarten entweder Polit-Thriller wie »Gambit« (politische Kriminalität aus der Sicht einer Journalistin) oder Filme wie »Bellas Tod« (Kriminalität aus der Sicht der Beteiligten), wobei in den meisten Fällen auf literarische Stoffe zurückgegriffen wird.

Der neue Autor, der Krimis schreiben möchte, wird es also in der Regel mit Serien zu tun haben. Und bevor er schreibt, sollte er sich Gedanken über die Serie machen, für die er schreiben möchte. Während der Autor eines Einzelstückes sich fragen muss, wie er seinen Stoff am besten entfalten kann, stellt sich die Aufgabe dem Serienautor genau umgekehrt: Er muss herausfinden, wie er seine Geschichte am geschicktesten der Serienkonstellation anpasst.

Das Finden von Geschichten, die in eine Serienkonstellation hineinpassen, bzw. die Anpassung einer Geschichte an diese Konstellation – das ist die erste Arbeit eines Serienautors. Es gibt Geschichten, die sich vernünftig nur von den Beteiligten her erzählen lassen, sie verlieren ihren Reiz, wenn man ihnen die Sicht eines neutralen Ermittlers aufpfropft. Es gibt andererseits Geschichten, die zwingend den Kommissar fordern, der mit amtlicher Befugnis ermittelt. Geschichten, die von einem Kommissar aus erzählt sind, haben einen Vorzug: Der Autor muss keine besondere Motivation für die Arbeit der Ermittlung finden, der Kommissar ist von Amts wegen zuständig. Die Kommissar-Krimis haben freilich auch ein Handicap: Da die hauptsächliche Tätigkeit eines Kommissars nun einmal das Befragen von Leuten ist, reiht sich leicht eine Recherche an die andere. Die Tatsache, dass der Autor nicht begründen muss, warum der Ermittler so hartnäckig bohrt, verführt leicht zu einem mechanischen Nacheinander von Abfrage-Szenen. Wenn der Ermittler dagegen nicht Kommissar ist, sondern Detektiv, Priester, Anwalt,

Journalist etc., muss der Autor glaubwürdig machen, warum die Aufklärung des Falles nicht Sache der Polizei ist. Das ist gewiss für den Autor zunächst eine Erschwernis, es ist aber, wenn der richtige Einstieg für die Ermittlerfigur erst einmal gefunden wurde, auch von Vorteil. Das besondere Verhältnis (Vertrauen, Misstrauen, Hass, Sympathie) des Ermittlers zu den Verdächtigen kann den Geschichten eine starke Emotionalität geben.

Um die Qualität der Stoff-Idee »Chemie eines Mordes« zu verstehen, zunächst ein <u>schlechtes</u> Gegenbeispiel.

6.3 Ein abschreckendes Beispiel

Der Bauunternehmer Sölch fährt abends mit seinem Auto nach Hause. Er stellt den Wagen in die Garage, geht in sein Wohnzimmer, liest, hört Musik und trinkt eine Flasche Wein. Nach zwei Stunden kommt die Polizei. Vor einer Stunde ist mit Sölchs Wagen – der nicht mehr in der Garage steht – der Kleingartenbesitzer Schobert überfahren worden. Da Schobert ein Grundstück besitzt, das einem großen Bauvorhaben von Sölch im Wege steht, gerät der Unternehmer in Verdacht, den Kleingartenbesitzer mit seinem Wagen absichtlich überfahren zu haben. Er bittet seinen Anwalt Dr. Renz um Beistand. Renz setzt Matula auf den Fall an, der ermittelt, dass man Sölch eine Falle gestellt hat.

Die Bedingung der Serie »Ein Fall für zwei« lässt sich in einem Satz formulieren: Die Aufklärung eines Verbrechens aus der Sicht eines Anwalts und eines Detektivs. Das hört sich einfach an. Die Tücke steckt im Detail. Es sollen Fälle »für zwei« sein. Das heißt, nicht Fälle für einen, bei denen der andere dann und wann einen guten Ratschlag gibt, vielmehr sollen beide Serienfiguren in ihrer beruflichen Funktion voll in die Geschichte integriert sein.

Die Stoff-Idee hat zwei Nachteile. Erstens ist Sölch überhaupt nicht richtig in der Klemme. Auch dem dümmsten Polizisten leuchtet sofort ein, dass ein Bauunternehmer, der einen Widersacher umbringen will, das nicht mit seinem eigenen Auto tut und, falls er es doch täte, ein Alibi für die Tatzeit hätte. Die Polizei wird Sölch gewiss routinemäßig in den Kreis der Verdächtigen einbeziehen, aber das Hauptinteresse wird sich auf Personen im Umkreis von Sölch richten, die ein Interesse daran haben könnten, ihm Schaden zuzufügen.

In der Ausarbeitung des Stoffes ließ der Autor den Detektiv Matula viele Einzelheiten des Falles bei der Polizei recherchieren. Dank Matulas Beziehungen zu seinen alten Kumpels ist das zwar möglich, aber Matula wurde in diesem Fall zu einem Pseudo-Polizisten. Er handelte aufgrund von Ermittlungen der Polizei und stellte selbst Ermittlungen an, die eigentlich der Polizei zukämen. Dr. Renz hatte sich vor allem damit herumzuschlagen, den Verdacht von seinem Mandanten abzuwenden, wobei schnell deutlich wurde, dass Sölch nicht nur als Täter unwahrscheinlich, sondern dass der Plan, ihn zu belasten, viel zu grob gestrickt war. Wenn kein besonders gescheiter Plan zu ermitteln ist, konzentriert sich die Recherche naturgemäß aufs bloß Faktische, also auf die Frage, wer wann wo mit dem Tatwerkzeug Auto gesehen wurde, also auf Ermittlungen, für die nun wirklich die Polizei am besten befähigt ist. Für Renz und Matula ergab sich keine plausible Funktion. Der Stoff wurde im Stadium des Exposés abgelehnt. Neben den beschriebenen Punkten spielte dabei auch eine Rolle, dass es einen bereits realisierten Stoff mit einer ähnlichen Ausgangssituation gab, nämlich »Chemie eines Mordes«. An ihm lässt sich sehr gut demonstrieren, wie der Autor seine Grundidee mit den Vorgaben der Serie »Ein Fall für zwei« in Einklang bringt.

Das nachfolgend abgedruckte Drehbuch ist die Fassung, die den Dreharbeiten zugrunde lag. Der fertige Film weicht in geringfügigen Details von diesem Drehbuch ab. Es handelt sich um Abweichungen aus geschmacklichen oder praktischen Gründen ohne Bedeutung für die Konstruktion der Geschichte, also irrelevant für die Zwecke dieses Buches.

»Chemie eines Mordes« – Das Drehbuch

Ein Fall für zwei: »Chemie eines Mordes«

von
Karlheinz Willschrei

Odeon Film GmbH
Unter den Eichen
6200 Wiesbaden

Personen:
Renz
Matula
Dr. Markus sen.
Dr. Alexander Markus (Mitte 40)
Joana Markus (südländ. Typ)
Kommissar Hase
Dr. Danzer (Anfang 40)
Alexander Birk (Anfang 30)
Ilona Faber (Prostituierte)
Sekretärin
Frau Knopp (Ende 30)
1. Polizist (Pollack)
2. Polizist (Kelsch)
Dame
Älterer Herr
Herr mit Hunden

Anmerkung 1: Bei Drehbüchern wird jeweils nur eine Seite des Blattes beschrieben. Aus Gründen der Platzersparnis werden hier beide Seiten bedruckt. Ansonsten entspricht das nachfolgende Drehbuch in Text und Form dem Original. Lediglich das Papierformat ist hier für den Druck verkleinert. Bei Drehbüchern ist DIN A4 üblich.

Schauplätze (Innen):
Villa Renz – Wohnzimmer
Büro Renz – Vorzimmer
Wohnung Matula
Villa Dr. Markus sen.
  – Wohnzimmer
  – Wohnzimmer und Diele
  – Joanas Zimmer
Haus Danzer – Wohnzimmer
Polizeipräsidium – Büro Kommissar Hase
Chemiekonzern – Büro Dr. Markus
Vor Wohnung Knopp – Treppenhaus
Vor Wohnung Birk – Treppenhaus
Wohnung Birk – Wohnzimmer
Lagerhaus

Anmerkung 2: Die Aufteilung nach Innen- und Außenschauplätzen ist ein Relikt aus den Zeiten, als Innenschauplätze praktisch ausnahmslos im Studio gebaut wurden. Eine chronologische Liste, die damit den Charakter einer Inhaltsangabe hat, erscheint dem Verfasser nützlicher und hat sich vielfach eingebürgert. Manche Firmen halten jedoch an der traditionellen Form fest.

Schauplätze (Außen):
Straße und Garten vor Haus Markus
Straße vor Haus Danzer – Vorgarten
Straße mit Haus Danzer – Hauseingang
Seitenstraße – Nähe Haus Danzer
Straßen – im Polizeiauto
Gelände mit Lagerhallen

Straße mit Prostituierten
Werksparkplatz Markus-Chemie

1. Straße   Außen/Nacht

Eine Straße mit Prostituierten. Sie stehen meist einzeln unter Laternen. Auf der anderen – dunkleren – Straßenseite Freier und Zuhälter. Autos fahren im Schritttempo vorbei. Jetzt hält einer, ein Mädchen geht hin, verhandelt durch das geöffnete Fenster, steigt ein und der Wagen fährt davon.

Jetzt kommt ein Freier über die Straße. Er ist angetrunken, schwankt, geht auf eine Prostituierte zu, spricht ein paar Worte, bis sie sich abwendet, ihn stehen lässt. Er tritt auf die Fahrbahn, sieht zurück auf die andere Straßenseite. Gleichzeitig hören wir einen großen Motor aufheulen, so, wie ein Auto sich anhört, wenn es beschleunigt wird, dann schießt ein Jaguar ins Bild, erfasst den Betrunkenen, schleudert ihn auf die Fahrbahn, fährt ca. 50 Meter mit unverminderter Geschwindigkeit weiter, bremst dann unter einer Laterne, beschleunigt aber sofort wieder und verschwindet schnell.

Huren und Freier sind zu dem Betrunkenen gelaufen; andere sehen dem Auto nach. Ein Mädchen merkt sich die Nummer des Wagens. Sie heißt Faber.

Faber: F – CR 308

Sie kramt einen Zettel aus ihrem Täschchen und schreibt mit Lippenstift darauf: F – CR 308

Anmerkung 3: Der Film beginnt mit einem Knalleffekt. Ein Mensch wird schwer verletzt. Ist da nicht gegen die Regel der Spannungsdramaturgie verfahren worden? Ist da nicht die berühmte »Bombe« gleich zu Anfang hochgegangen? Keineswegs. Denn mit der Attacke auf den Menschen wurde erst eine Lunte gezündet, die der folgenden Szene ihre Spannung gibt.

2. Straße und Garten vor Haus Markus   Außen/Nacht

Eine Villengegend. Alles ist ruhig. Dann bemerken wir im Vorgarten des Hauses Markus, einer hübschen Villa, zwei uniformierte Polizisten, die beharrlich auf den Klingelknopf der Haustür drücken. Von innen hören wir gedämpft das Schrillen der Glocke. Aber niemand antwortet, das Haus bleibt dunkel.

Jetzt hören die beiden Polizisten auf der stillen Straße Schritte näherkommen. Sie blicken sich kurz an, treten dann hinter ein Gebüsch oder eine Baumgruppe, warten.

Die Schritte kommen näher, durch das Gartentor tritt Dr. Alexander Markus, ein sympathischer, elegant gekleideter Mann von Mitte 40, geht auf die Haustür zu, zieht einen Schlüssel aus der Tasche, will aufschließen, als die beiden Polizisten – sie heißen Pollack und Kelsch – aus ihrem Versteck hervortreten und auf ihn zukommen. Markus hört sie, fährt erschrocken herum. Pollack, der Ältere, fragt ihn:

Pollack: Sind Sie Dr. Markus?
Markus: Ja.
Pollack: Fahren Sie einen Jaguar mit dem Kennzeichen F – CR 308?
Markus: Ja. Warum?
Pollack: Wo ist dieser Wagen jetzt?
Markus: In der Garage.
Pollack: In welcher Garage?
Markus (weist mit der Hand): Da. Hier, neben dem Haus in der Garage.
Pollack: Könnten wir ihn bitte sehen?
Markus: Ja. Nein. Warum?
Pollack: Würden Sie uns den Wagen bitte zeigen?
Markus: Sagen Sie mir bitte zuerst warum.
Pollack: Mit dem Wagen ist vor einer halben Stunde ein Unfall passiert.
Markus: Das dürfte schwer möglich sein.

Damit geht er schon, sein Schlüsselbund in der Hand, auf die Garagentür zu, schließt sie auf, kippt sie hoch, macht das Licht an. Die beiden Polizisten sind ihm gefolgt. Alle drei starren in eine leere Garage. Markus braucht einige Sekunden, bis er sich gefasst hat. Dann:

Markus: Ich hab ihn gegen sieben hier reingestellt. Dann bin ich mit der S-Bahn zu meinem Schwager gefahren. Jetzt komme ich nach Hause, das haben Sie selbst gesehen. Ich weiß nicht, was in der Zwischenzeit passiert ist.

Anmerkung 4: Denken wir uns, der Film würde mit dieser Szene beginnen. Ein Mann tritt der Polizei selbstsicher entgegen. Offenbar fühlt er sich völlig unschuldig. Es wäre keine üble Szene. Spannender jedoch ist es durch die vorgeschaltete kleine Szene, in der wir den Unfall sehen. Der Mann denkt: Was kann mit meinem Wagen schon sein! Der Zuschauer weiß, dass er sich täuscht, dass mit seinem Wagen sehr wohl etwas ist. Und zwar eine schlimme Sache. Es ist die klassische Situation mit der Bombe unterm Tisch, die der Zuschauer sieht, die Beteiligten aber nicht.

Pollack (ruhig): Herr Dr. Markus, haben Sie etwas getrunken?
Markus: Ja, Milch. Deshalb bin ich ja mit der S-Bahn gefahren.
Pollack (weiter freundlich): Könnte es sein, dass Sie mit Ihrem Wagen hin- und mit der S-Bahn zurückgefahren sind, weil Sie etwas getrunken haben?
Markus (ironisch): Natürlich könnte es sein, aber es ist nicht so. Ich bin mit der S-Bahn hingefahren, weil ich wusste, dass ich Milch trinken würde, und ich bin mit der S-Bahn wieder zurückgefahren.

Pollack nickt.

Pollack: Was haben Sie getrunken?
Markus: Milch.

Pollack sieht ihn an, bis er hinzufügt:

Markus: Mit Whisky natürlich. Mein Spezialcocktail.
Pollack: Wie viel?
Markus: Ich hab sie nicht gezählt.
Pollack: Herr Dr. Markus, wir müssen Sie bitten, uns zur Entnahme einer Blutprobe zu begleiten.
Markus: Soweit ich weiß, ist es in diesem Lande nicht verboten zu trinken.

Damit dreht er sich abrupt um und geht mit schnellen Schritten auf die Haustür zu. Die Polizisten folgen ihm, aber er ist schon durch die Tür, die er vorher aufgeschlossen hatte, ehe sie ganz bei ihm sind, und schlägt sie ihnen vor der Nase zu.

Kelsch drückt sofort auf den Klingelknopf, wieder hören wir gedämpft das Schrillen der Klingel. Gleichzeitig ruft Pollack:

Pollack: Machen Sie auf! Machen Sie sofort die Tür auf, oder wir öffnen sie mit Gewalt!

Anmerkung 5: In die Selbstsicherheit von Dr. Markus mischt sich nun Arroganz. Das ist zunächst einmal ein Zug, der der Person ein wenig Farbe gibt. Wer könnte die Situation nicht nachvollziehen, wenn man angetrunken nach Hause kommt, von der Polizei gestellt wird und sich völlig unschuldig fühlt: Da macht es doch richtig Spaß, den Polizisten die Alkoholfahne ins Gesicht zu blasen! Die Arroganz hat für die Konstruktion der Geschichte eine große Bedeutung. Es wird mit dem Thema Alkohol ein besonders sensibler Punkt im Leben von Dr. Markus berührt, was im Verlauf noch eine große Rolle spielen wird.

Die Arroganz von Dr. Markus ist damit nicht nur eine beliebige Charaktereigenschaft, sie ist ein Konstruktionselement, das die Verschiebung des Kriminalfalles von der Ebene der Polizei in den Bereich von Renz und Matula entscheidend bewirkt. Wir werden das erläutern.

3. Haus Markus/Wohnzimmer   Innen/Nacht

Markus hat den Telefonhörer in der Hand, schlägt nervös mit der anderen Hand gegen den Oberschenkel. Aus dem Telefonhörer hören wir das Rufzeichen. Gleichzeitig:

Pollack (off): Zum letzten Mal! Öffnen Sie, oder wir brechen die Tür auf!

Jetzt hören wir aus dem Telefon eine verschlafene Stimme:

Renz (off): Ja ... Renz ...

Anmerkung 6: Engl. »off« = weg, ab, aus, bedeutet, dass der Sprecher des betreffenden Textes nicht im Bild ist.

Markus: Alexander Markus hier. Entschuldigen Sie die Störung, Herr Renz, aber in meinem Haus ist der Teufel los. Die Polizei ist hier und man hat mein Auto gestohlen, ich meine, man hat mein Auto gestohlen und deshalb ist die Polizei hier, weil offenbar jemand mit meinem Auto einen Unfall gemacht hat oder sonst was. Ich versteh die Sache auch nicht, aber –

Anmerkung 7: Die Grundbedingung für einen »Fall für zwei« ist die Ermittlung aus der Sicht von Renz und Matula. Das heißt, die beiden Figuren sollen den Fall führen. Im Idealfall wird der Fall ausschließlich aus ihrer Sicht erzählt, es gibt keine Szene ohne Renz und/oder Matula, die Erzählperspektive wird streng eingehalten. Manche Autoren der Serie gehen mit der Erzählperspektive sehr willkürlich um, Karlheinz Willschrei hält sie in aller Regel ein. Mit einer Ausnahme. Und das ist der Anfang. Bis Renz und Matula bei einem Verbrechen eingeschaltet werden, ist oft bereits viel geschehen, man müsste den Film also mit der Erzählung der Vorgänge beginnen, die Grundlage für ihre Aktivität sind. Das ergibt keine schönen Anfänge. Aus diesem Grund haben auch die Fälle für zwei, die ansonsten aus der Erzählperspektive von Renz und Matula erzählt sind, meist einen kleinen Vorlauf, in dem die Beteiligten unter sich sind (in diesem Fall bis Bild 10).

Die Einhaltung der Erzählperspektive ist kein Prinzip, das Willschrei sklavisch genau durchhält, es ist mehr eine Sache der erzählerischen Disziplin als der formalen Einheitlichkeit. Wenn Disziplin insgesamt gehalten wird, sind kleine Ausnahmen gestattet. So erlaubt Willschrei sich in diesem Film eine weitere Durchbrechung der Erzählperspektive in Bild 22.

4. Villa Renz/Wohnzimmer   Innen/Nacht

Renz im Bademantel am Telefon. Er ist noch verschlafen. Er hört einige Sekunden zu, dann:

Renz: Ja, ich verstehe. Und jetzt? – Haben Sie was getrunken?

5. Haus Markus/Wohnzimmer   Innen/Nacht

Markus am Telefon. Er wirkt verändert, besorgt, unsicher, die lässige Frechheit von vorher ist weg.

Markus: Ja, sicher. Das ist es ja. Sie werden mir anhängen, dass ich besoffen gefahren bin. Ich bin ja einschlägig vorbestraft, wie Sie wissen. Und wenn der Alte davon hört – es geht um meine Existenz, verstehen Sie das? Aber ich lasse mir keine Blutprobe abnehmen.

Anmerkung 8: Erinnern wir uns an das – schlechte – Beispiel in Kapitel 6.3. Da ging es auch um einen Mann, mit dessen Wagen ein Mensch umgefahren wurde. Mangels genügender persönlicher Verstrickungen blieb der Fall in Ermittlungsroutine (wer, wann, wo) stecken. Renz und Matula mussten mühsam in eine Handlung eingeflickt werden, die eigentlich

der Führung der Polizei überlassen gehörte. In unserem Fall ist das anders. Es geht Dr. Markus um seine Existenz. Der Zuschauer erfährt noch nicht genau inwiefern, er ist lediglich durch die ungewöhnliche Angst von Markus aufmerksam gemacht.
Weiteres dazu in der Anmerkung 10.

6. Villa Renz/Wohnzimmer   Innen/Nacht

Renz (ins Telefon): Wenn Sie nicht gefahren sind, ist es doch egal, wie viel Sie getrunken haben.

7. Haus Markus/Wohnzimmer   Innen/Nacht

Markus (ins Telefon): Das sage ich doch. Und deshalb ist auch keine Blutprobe nötig.

8. Villa Renz/Wohnzimmer   Innen/Nacht

Renz (ins Telefon): Als Halter eines Autos sind Sie dazu verpflichtet. – Doch, auch wenn Sie nicht gefahren sind, aber gefahren sein könnten. – Herr Markus, ich kann nur wiederholen, was ich gesagt habe. Wenn Sie etwas anderes tun wollen, dann ist das Ihre Sache, aber dann hätten Sie mich nicht um Rat fragen sollen. – Gut, dann bis morgen um neun. Und beruhigen Sie sich. Gute Nacht.

Anmerkung 9: In einer früheren Fassung des Drehbuches hatte Dr. Renz seinem Mandanten lediglich den guten Rat gegeben, sich freiwillig der Blutprobe zu unterziehen. Auf die Anregung des beratenden Anwalts der Serie »Ein Fall für zwei« wurde das (der Rechtslage entsprechend) verschärft. Dr. Renz erklärt nun seinem Mandanten, dass er zur Blutprobe verpflichtet ist. Diese Verschärfung kommt, abgesehen davon, dass sie rechtlich richtig ist, der Konstruktion sehr entgegen. Die Arroganz von Dr. Markus soll dem Zuschauer nicht als charakterlicher Defekt erscheinen, sondern als von der Situation ausgelöst. Eine Rechtslage, die nicht jedermann gleich einleuchtet (warum soll ich mich untersuchen lassen, wenn ich nicht gefahren bin?), macht das provozierende Verhalten plausibel. Der Zuschauer soll die Absicht des Autors, den wunden Punkt in der Biografie des Dr. Markus zu exponieren, nicht als Absicht registrieren; die Information erfolgt beiläufig, eingepackt in Blödelei.

Vorwiegend zum Zwecke der Verpackung sind auch die beiden nächsten Szenen geschrieben. Der Trotz von Dr. Markus steigert sich (Bild 9), die einzig relevante konkrete Information, nämlich dass er sogar ein Alibi hat, ist in angesoffenem Gerede versteckt (Bild 10).

9. Haus Markus/Wohnzimmer und Diele
Innen/Außen/Nacht

Markus steht an einem Barschrank, gießt ein Wasserglas voll Whisky und schüttet es mit zwei großen Schlucken herunter. Dann füllt er es von neuem und geht mit dem Glas aus dem Wohnzimmer in die Diele und zur Haustür.

Außen an der Tür hört er Geräusche. Er öffnet die Tür und steht Pollack und Kelsch gegenüber. Kelsch hat einen großen Bund Dietriche in der Hand, mit dem er offenbar am Türschloss herumhantiert hat. Markus hebt sein Glas, nimmt erneut einen Schluck. Dann:

Markus: Prost. Damit Sie sehen, dass ich getrunken habe. Und wann und wo.

Er sieht auf seine Armbanduhr, fügt hinzu:

Markus: Es ist jetzt 00 Uhr 17.
Pollack: Warum haben Sie sich eingeschlossen?
Markus: Weil ich ungestört mit meinem Rechtsanwalt telefonieren wollte. Das ist doch wohl mein Recht, oder? Mein Anwalt meint übrigens, ich soll mir die Blutprobe entnehmen lassen. Also gehen wir.

Damit tritt er aus dem Haus, das Whiskyglas immer noch in der Hand, will die Tür hinter sich zuziehen. Kelsch stellt den Fuß dazwischen.

Kelsch: Wollen Sie das Glas mitnehmen?

Markus: Warum nicht? Da es offenbar notwendig ist, durch eine Blutprobe festzustellen, was ich von Anfang an zugegeben habe, ist's vielleicht noch besser, wenn der Arzt sich durch Augenschein davon überzeugt, das ich heute Lust habe zu trinken. Kommen Sie.

Damit lässt er den Türknauf los und geht mit dem Glas in der Hand durch den Garten in Richtung zur Straße.

Pollack und Kelsch sehen sich an, dann ruft Pollack hinter Markus her:

Pollack: Haben Sie Ihren Hausschlüssel?

Markus greift in die Jackentasche, zieht ein Schlüsselbund hervor, klimpert damit und geht weiter. Kelsch zieht die Haustür zu und die beiden Polizisten folgen Markus zur Straße.

10. Straßen/Im Polizeiauto Außen/Innen/Nacht

Kelsch am Steuer, auf dem Rücksitz Pollack und Markus, der noch immer sein Glas in der Hand hat. Pollack betrachtet ihn von Seite, fragt:

Pollack: Wie heißt denn Ihr Schwager, bei dem Sie den Abend über waren?
Markus: Danzer. Dr. Danzer natürlich. In der Chemiebranche ist Dr. ein beliebter Vorname, so wie anderswo Peter oder Rainer oder Michael.
Pollack: Ein Kollege von Ihnen also?
Markus (angetrunken): Mein Kollege und mein Schwager. Er ist mit meiner Schwester verheiratet. Ganz glücklich sogar, glaube ich.

Pollack: War Ihre Schwester auch da heute Abend?
Markus: Nein, die ist in Ischia. Bis Samstag noch. Bandscheibenbeschwerden, deshalb fährt sie jedes Jahr nach Ischia.
Pollack: Und wo wohnt Ihr Schwager?
Markus: ...allee 52. Er wird mein Alibi bestätigen, Sie müssen sich keine Sorgen machen. Aber gehen Sie nicht mehr heute Nacht zu ihm, versprechen Sie mir das. Er schläft bestimmt schon.

Pollack und Kelsch werfen sich einen schnellen Blick zu.

Pollack: Wir werden ihn morgen befragen.
Markus (jetzt fast aufgeräumt): Ja, tun Sie das. Und finden Sie mir mein Auto wieder. Es ist zwar ein Firmenwagen, aber ich habe ihn trotzdem gern.

Der Funkstreifenwagen fährt durch die Nacht.

11. Büro Renz   Innen/Tag

Am nächsten Morgen sitzt Markus Renz gegenüber. Markus berichtet jetzt ruhig und nüchtern:

Markus: Mein Schwager und ich spielen jeden Donnerstag Schach miteinander. Das ist seit Jahren so. Wir treffen uns um acht und spielen so bis gegen zwölf, zwei oder drei Partien. Und weil ich weiß, dass ich dabei trinke – und weil sie mir schon einmal den Führerschein abgenommen haben –, fahre ich mit der S-Bahn. Die Station ist vielleicht 500 Meter von Danzers Haus entfernt, und von mir aus bis zur S-Bahn sind es nicht mehr als 15 Minuten zu Fuß.
Renz: Und so war das gestern auch?
Markus: Ja. Ich bin gegen halb sieben ... ziemlich genau um halb sieben ... nach Hause gekommen –
Renz (unterbricht): Mit dem Wagen.
Markus: Ja, mit dem Wagen von unserer Fabrik her. Ich

hab den Wagen in die Garage gestellt, bin ins Haus gegangen, hab ein paar Brote gegessen, die mir die Frau, die meinen Haushalt versorgt, vorbereitet hatte –

Renz (unterbricht erneut): Diese Frau war nicht da?

Markus: Nein, sie kommt morgens um zehn und geht gegen drei.

Renz: Ja. Weiter.

Markus: Ja, nichts weiter. Ich bin dann gegen halb acht zur S-Bahn gegangen, bin raus nach … gefahren und zu Danzer, und wir haben gespielt. Erst eine Französische mit Springer C3, Läufer B4 – spielen Sie Schach?

Renz: Nur sehr amateurhaft.

Markus: Jedenfalls bin ich dann kurz vor halb zwölf, wir hatten zwei Partien gespielt und für eine dritte war ich zu müde oder vielleicht auch zu angetrunken, hab ich mich dann auf den Heimweg gemacht.

Renz: Kann man denn angetrunken Schach spielen?

Markus (lacht): Aljechin ist betrunken Weltmeister geworden.

Renz: Gut, und vor dem Haus war dann die Polizei, und Sie bemerkten, dass Ihr Wagen nicht mehr da war. War die Garagentür irgendwie beschädigt?

Markus: Nein.

Renz: Wann ist der Unfall mit Ihrem Wagen passiert?

Markus: Sie haben mir überhaupt nichts gesagt. Weder wann der Unfall war, noch wo er war, noch was es für ein Unfall war und wer zu Schaden gekommen ist, oder ob überhaupt eine Person zu Schaden gekommen ist oder nur Blech – nichts. Das Einzige, was sie interessierte, war die Blutprobe.

Renz: Warum haben Sie sich – das wollte ich eben fragen – warum haben Sie sich dagegen gewehrt, wenn Sie doch nichts zu befürchten haben?

Markus (düster): Ich habe etwas zu befürchten. Eine Anklage genügt und mein Stiefvater wirft mich aus dem Konzern. Sie kennen ihn doch.

Ein Kopfnicken von Renz. Markus fügt heftig, fast verzweifelt hinzu:

Markus: Die Polizei muss mir *beweisen*, dass ich gefahren bin. Ihm genügt, dass es den *Anschein* hat.

Renz (nach einer Pause): Nun gut, Herr Markus, jetzt versuchen wir erst mal herauszufinden, was überhaupt passiert ist. Dann sehen wir weiter.

Beide stehen auf.

Markus: Wenn Sie was erfahren, rufen Sie mich an.

Renz: Natürlich.

Markus: Gut dann, Wiedersehen. Und entschuldigen Sie nochmals die nächtliche Störung. Aber irgendwie dachte ich gestern, ich träum die alte Geschichte noch mal.

Renz: Ist ja schon gut.

Die beiden gehen zur Tür.

Anmerkung 10: Nach einiger Handlung, nach Knalleffekten, Gerenne und aufgeregtem Gerede wird im 11. Bild nun Klartext geredet. Markus stellt den Sachverhalt ruhig dar und Renz stellt seine Fragen. Manche Regisseure neigen dazu, jede Szene auf Teufel komm raus »filmisch« zu gestalten. Szenen, die vernünftigerweise in einem unauffälligen Büro spielen, werden in Parks, Eisenbahnen, auf Gänge, in Fahrstühle und auf Dachterrassen verlegt. Das ist Krampf. Nach einer gewissen Anzahl von bewegten Szenen ist es viel organischer und auch wirkungsvoller, einen einfachen Sachverhalt in einer einfachen Gesprächsszene auszudrücken. Der Sachverhalt, der hier ausgesprochen wird, wurde in den vorhergehenden Szenen hinreichend durchgespielt, jetzt steht er klipp und klar da: Markus kann nicht gelassen abwarten, wie sich die Polizei müht, seine Schuld zu beweisen, er muss vielmehr seinem Stiefvater gegenüber seine Unschuld beweisen. Mit dieser Wendung hat der Autor den Stoff über die Kompetenz der Polizei gehoben.

Gewiss wird die Polizei ihre Ermittlungen anstellen. Zur Belastung des Verdächtigen. Oder auch zur Entlastung. Aber das alles bleibt weit unterhalb dessen, was Markus wirklich betrifft. Die Arbeit der Polizei wird vom Autor nicht ausgeklammert – wie wir sehen werden. Die emotional wichtige Ebene der Ermittlungen liegt in den Verstrickungen von Dr. Markus, in seiner zutiefst persönlichen Sphäre. Dieser Umstand sichert den Anteil des Anwalts und des Detektivs, die in der persönlichen Sphäre mehr zu Hause sind als die Polizei.

12. Wohnung Matula   Innen/Tag

Matula steht in Unterhosen im Zimmer und trainiert seine Muskeln mit einem Expander. Dazu aus dem Radio flotte Musik, die jetzt unterbrochen wird mit folgender Durchsage:

Radiosprecher: Und hier eine Durchsage der Polizei an alle Autofahrer – und natürlich auch an die Nichtautofahrer. Gesucht wird ein Jaguar, Farbe (entsprechend Spielauto), Kennzeichen F – CR 308. Ich wiederhole: F – CR 308. Der Wagen war in einen schweren Unfall verwickelt, der Fahrer ist mit dem Wagen geflohen und hat ihn wahrscheinlich irgendwo versteckt. Wenn Sie also einen (grünen) Jaguar sehen, der wahrscheinlich am vorderen rechten Kotflügel beschädigt ist, informieren Sie die nächste Polizeidienststelle, oder rufen Sie die Nummer 37 36 35 – ich wiederhole: 37 36 35 an. Und jetzt weiter in unserer Sendung Hit-hot-Hit!

Von neuem

MUSIK

und weiter Matulas Expanderbewegungen.

Anmerkung 11: Matula kommt in diesem Drehbuch recht spät vor. Mit richtiger Funktion erst in Bild 15. Um den Mangel zu beheben, hat der Autor eine kleine Szene zwischengeschaltet, in der Matula von dem Fall durchs Radio erfährt. Es ist keine besonders glückliche Art, den Detektiv einzuführen. Da Matula im späteren Verlauf quantitativ und qualitativ genügend Anteil hat, ist der Kunstfehler, ihn so spät einzuführen, tolerierbar.

13. Polizeipräsidium/Büro Kommissar Hase
Innen/Tag

Renz vor Hases Schreibtisch. Hase ist ein ruhiger Mann in Uniform, der wirkt, als könne er kein Wässerchen trüben. Renz sitzt ihm gegenüber. Hase kommt gerade mit dem Bericht der Ereignisse vom Vorabend zu Ende.

Hase: Der Angefahrene, ein gewisser Willi Wollgräber, ist noch auf dem Weg ins Krankenhaus an inneren Blutungen gestorben.
Renz: Und die Zeugin, diese ...
Hase: Ilona Faber –
Renz: ... sie hat das Nummernschild deutlich erkennen können?
Hase: Der Wagen hat ja zunächst gestoppt, so als wolle der Fahrer anhalten und aussteigen. Und hat dann erst wieder beschleunigt. Frau Faber hatte also Zeit, das Kennzeichen zu lesen.
Renz: Und was war die genaue Unfallzeit?
Hase: 23 Uhr 45 bis 47.

Renz vergleicht das im Kopf mit den Zeitangaben von Markus und macht weiter:

Renz: Hm. Die Zeugin hat an dem Fahrer nicht irgendwas erkennen können? Kleidung, Haarfarbe ...

Während Renz diesen ziemlich hilflosen Satz sagt, klingelt das Telefon. Hase nimmt ab.

Hase (ins Telefon): Ja?

Hase hört eine längere Zeit zu, macht sich auf einem Zettel Notizen.

Hase: Ja, genauso machen Sie das. – Ja, ich komm dann runter und seh ihn mir an.

Damit legt er auf, sieht Renz an. Der spürt, dass der Anruf etwas mit seiner Sache zu tun hat.

Renz: Gibt's was?
Hase: Man hat den Wagen am Boehle-Park gefunden. Der rechte vordere Kotflügel ist beschädigt, und an der Stoßstange sind Kleiderfetzen.
Renz: Sie lassen ihn abschleppen und labortechnisch untersuchen?
Hase: Ja.
Renz: Am Boehle-Park ...

Hase ist schon aufgestanden und geht zu einer Stadtkarte, die an der Wand hängt, zeigt dann mit dem Finger auf einen Punkt.

Hase: Hier ist der Boehle-Park und hier ... zwei Blocks weiter ... ist der Bischofsweg, die Wohnung Ihres Mandanten Dr. Markus.

Die Kamera ist sehr groß auf der Karte und kann mitverfolgen, was Hase dort demonstriert.

Anmerkung 12: Erinnern wir uns noch einmal an das – abschreckende – Beispiel. Da verfolgt die Polizei hartnäckig einen Mann, wobei jeder vernünftige Betrachter erkennen muss, dass dem Mann eine Falle gestellt wurde. Die dumme Polizei sieht das nicht. Unsere großen Helden erkennen die Falle und retten den Mann. Eine recht simple Handlungsführung. Bei »Chemie eines Mordes« ermittelt die Polizei besonnen. Umso niederschmetternder ist das Ergebnis für unseren Mandanten. Wenn der Wagen in unmittelbarer Nähe seiner Wohnung gefunden wird, erscheint es nicht als böswillige Unterstellung, wenn man annimmt, er könnte bei den Prostituierten vorbeigefahren sein und das Auto abgestellt haben, kurz bevor er vor seinem Haus auf die Polizisten traf. Der Zuschauer hält Markus aufgrund seines Verhaltens vor dem Haus und an seiner Garage für unschuldig, er muss aber sehen, dass diejenigen, die Belege für seine Schuld suchen, sich nicht unfair verhalten. Das macht seine Lage schlimmer.

14. Chemiekonzern/Büro Dr. Markus   Innen/Tag

Ein großes, mit nüchterner Eleganz eingerichtetes Büro. An einem Fenster, das möglichst ein Industriegebiet überblicken sollte, steht Markus einige Sekunden völlig bewegungslos und blickt hinaus. Dann dreht er sich um und sieht Renz an, der bei einem Schreibtisch steht.

Markus: Sie glauben, ich hab Sie belogen, nicht wahr? Sie glauben, ich bin mit meinem Wagen zu Danzer gefahren, hab mich dort angetrunken, bin noch in die … Straße, hab diesen armen … Menschen überfahren und das Auto dann gleich bei mir um die Ecke versteckt, um die Polizei glauben zu machen, der Wagen sei gestohlen worden, und nicht ich sei der Fahrer gewesen! Das denken Sie, stimmt's?
Renz: Die Polizei nimmt es an.
Markus: Ja. Ich würd es vielleicht auch annehmen – von der kleinen Blödheit, den Wagen gleich um die Ecke unterzustellen, mal abgesehen.

Renz sieht ihn wieder stumm an. Dann:

Renz: Ihr Widerstand gegen die Blutprobe spricht auch nicht gerade für Sie.
Markus: Dass die Polizei es annimmt, versteh ich ja.

Aber Sie, gerade Sie, Herr Dr. Renz, sollten es besser wissen.

Renz (erstaunt): Warum gerade ich?

Markus: Weil Sie den Prozess gegen Birk geführt haben.

Renz: Ich sehe keinen Zusammenhang.

Markus: Ich schon. Ich entlasse meinen Assistenten, den Chemiker Alexander Birk. Er macht eine eigene Firma für Pharmazeutika auf. Ich weise – mit Ihrer juristischen Hilfe – nach, dass die Zusammensetzung seines wichtigsten Medikaments in unserem Werk entwickelt worden ist, dass er ein Patent gestohlen hat. Ich lasse – wieder mit Ihrer Hilfe – seine Firma schließen, seine Ware beschlagnahmen. Das heißt konkret: Ich zerstöre seine Existenz. Eine Woche später passiert etwas, das geeignet ist, meine Existenz zu zerstören. Und Sie sehen da keinen Zusammenhang?

Renz: Sie wissen, was Sie Birk da unterstellen? Einen vorsätzlichen, kaltblütigen Mord an einem völlig unbeteiligten, unschuldigen Dritten.

Aber Markus lässt sich nicht beirren. Er eröffnet Renz nach einem kurzem Zögern:

Markus: Sie kennen nur den geschäftlichen Teil unseres Kampfes. Es gibt noch einen privaten.

Renz schweigt, wartet auf die Erläuterung.

Markus: Birk hat mir nicht nur ein Patent gestohlen, sondern auch meine Frau.

Renz mustert Markus, denkt zurück.

Renz: Ach, so ist das. Ich hab mich ein paar Mal gefragt, warum Sie so ... unerbittlich gegen ihn vorgegangen sind.

Markus: Ja, das bin ich. Und genauso will er zurückschlagen. Nur dass meine Mittel rechtmäßig und seine kriminell sind.

Anmerkung 13: In der theoretischen Literatur über den Krimi wird seine Verwandtschaft mit dem Rätsel oft herausgestellt. Das Rätsel ist die Frage: Wer ist der Täter? Tatsächlich sind einige der klassischen literarischen Beispiele, insbesondere von Edgar A. Poe und Agatha Christie, so aufgebaut, dass eine gewisse Anzahl von möglichen Tätern vorgeführt wird, in der Auflösung weist der Kommissar/Detektiv dann durch seine überlegene Kombinatorik nach, wer's wirklich war, in der Regel einer, auf den man nicht so leicht kommen konnte. Die Möglichkeiten des Rätselspiels in dieser Form sind freilich bald durchgespielt. Die Autoren haben längst entdeckt, dass ein Krimi genauso spannend sein kann, wenn das Rätsel (unter der Voraussetzung, man kennt den Täter bereits) lautet: Wie hat er's gemacht? Oder (wenn der Verdächtige offensichtlich unschuldig ist): Wie befreit er sich vom Verdacht?

Die zweitgenannte Variante hat Hitchcock in seinem Film »The Wrong Man« gespielt. Wir wissen, dass der Beschuldigte – wie ja schon der Titel deutlich sagt – unschuldig ist. Die Schlinge, die um den Hals des Verdächtigen gelegt ist, wird immer enger. Das Bangen um ihn wird nicht dadurch geringer, dass wir wissen, dass in einem Thriller dieser Art (und dieser Zeit) die Gerechtigkeit ja doch siegen wird.

»Chemie eines Mordes« hat Strukturelemente von »The Wrong Man«. Zwar wissen wir nicht im Sinne von Faktenwissen, dass Dr. Markus unschuldig ist, aber die Zuschauererfahrung sagt uns doch recht zuverlässig, dass ein Verdächtiger, der uns derart präsentiert wird, sich am Schluss nie und nimmer als der Schuldige herausstellt. Der Zuschauer fühlt, dass es hier um den unschuldig Verdächtigen geht. In dieser Szene nun spielt Willschrei den zweiten Entlastungsversuch des Verdächtigen aus (der erste ist das Alibi). Der Entlastungsversuch ist zwiespältig. Er enthält eine massive Beschuldigung gegen andere Menschen, so gravierend, dass Markus einige Mühe hat, seinen Anwalt zu überzeugen. Zugleich erscheint uns Markus subjektiv weiterhin glaubwürdig. Man hat von ihm nicht den Eindruck, er würde derart schwer wiegende Beschuldigungen vorbringen, wenn er sich subjektiv nicht sicher wäre. Falls sich seine Anschuldigungen freilich als falsch erweisen sollten, dürfte er seine Lage eher verschlechtern.

Wieder ein langer skeptischer Blick von Renz.

Renz: Noch etwas ist verschieden. Er lebt mit Ihrer Frau. Oder?
Markus: Er wird sie verlieren, wenn er sein letztes Geld verliert.
Renz: Wollen Sie sie zurück?

Markus ist diese Frage unangenehm.

Markus: Das ... weiß ich nicht. Er wird sie jedenfalls nicht haben.

Wieder sieht Renz ihn abwartend an. Renz möchte mehr über diese Geschichte wissen. Schließlich sagt Markus soviel:

Markus: Sie ist Portugiesin. Ich habe sie in Lissabon kennen gelernt. Es war Liebe auf den ersten Blick. Ich habe sie Hals über Kopf geheiratet. Wir waren – ich weiß nicht, was sie war – aber ich war glücklich. Bis dieser Kerl kam – mein Assistent.

Er hat mehr zu sich gesprochen. Jetzt blickt er Renz an, wird wieder sachlich.

Markus: Und jetzt zur Sache: Joana hat Schlüssel sowohl zu meinem Haus als auch zur Garage, und ich glaube, auch zu meinem Auto.
Renz (beeindruckt): Hm. Das macht Ihren Verdacht in der Tat um einiges schlüssiger.

Markus: Sie weiß natürlich auch, dass ich jeden Donnerstag Schach spiele. Und auch, dass ich dabei trinke.

Renz: Wollen Sie, dass ich diese Verdachtsmomente der Polizei mitteile?

Markus: Das sollten wir wohl.

Renz: Falls Ihr Verdacht zutrifft, erwartet Birk natürlich, dass die Polizei auftaucht.

Markus (bitter): Ja, sicher. Er wird wahrscheinlich meine Frau als Alibizeugin angeben und sie zwingen, einen Meineid zu schwören.

Renz: Es würde die beiden verwirren, wenn die Polizei nicht auftaucht, oder?

Markus: Worauf wollen Sie hinaus?

Renz: Ich möchte Ihnen vorschlagen, dass wir einen Privatdetektiv einschalten. Von dem Vorteil des Überraschungsmoments abgesehen weiß er vielleicht Mittel und Wege –

Markus (unterbricht): Haben Sie jemanden?

Renz: Ja.

Markus: Soll ich ihn anrufen, oder wollen Sie das tun?

Renz: Ich kann zunächst mit ihm reden. Aber er wird dann sicher bei Ihnen auftauchen und –

Markus: Ich habe nichts zu verbergen. Im Gegenteil, wir haben etwas aufzudecken.

Anmerkung 14: Noch einmal das schlechte Beispiel: Die Annahme, Sölch hätte seinen Widersacher absichtlich mit seinem eigenen Auto zu Tode gefahren, war unsinnig. Aber auch der Gedanke, jemand könnte den Plan haben, ihn derart in Verdacht zu bringen, war wenig sinnvoll. Das Opfer einer Intrige muss mit einiger Plausibilität schuldig erscheinen. Das war bei Sölch nicht der Fall. Anders ist es hier: Markus hat keinen beruflichen Widersacher umgefahren. Die Raffinesse des Plans, der gegen ihn ausgeheckt wurde, besteht gerade darin, dass eine beliebige Person das Opfer ist, das Komplott ist so geschickt eingefädelt, dass die Möglichkeit einer Intrige zwar besteht, aber dem unvoreingenommenen Betrachter nicht gleich ins Auge springt. Im Bild

14 fühlt der Zuschauer nach wie vor, dass Markus es nicht war. Aber die Indizien gegen ihn sind doch so stark, dass selbst sein Anwalt gewisse Zweifel hat. Die Verschwörungstheorie von Markus erscheint Renz wenig glaubwürdig, Renz warnt sogar versteckt vor dem Einsatz von Matula, Renz meint, Matula könnte mehr finden als seinem Mandanten lieb ist.

15. Büro Renz   Innen/Tag

Wir beginnen auf einem Gruppenfoto, das rechts Dr. Markus, in der Mitte seine Frau Joana, eine sehr hübsche Frau südländischen Typs von Mitte 30, und links Alexander Birk, einen Mann von Anfang 30 mit einem gut geschnittenen, ein wenig brutalen Gesicht zeigt.

Renz (off): Rechts, das ist Dr. Markus, in der Mitte, das ist seine Frau Joana, und links Alexander Birk, mit dem Frau Markus jetzt lebt. Er war früher Assistent von Dr. Markus.

Die Kamera zieht jetzt auf, und wir sehen Matula, der das Foto in der einen Hand, eine Milchtüte in der anderen hat, und Renz, der neben ihm steht.

Matula: Nettes Gespann.

Anmerkung 15: Matula kommt, wie schon in der Anmerkung 11 erwähnt, in diesem Stoff viel zu spät, nämlich in wesentlicher Funktion erst in Bild 15, ins Spiel. Jedes Seriendrehbuch ist ein Kompromiss zwischen Anforderungen, die nicht immer auf einen Nenner zu bringen sind. Bei der Serie »Ein Fall für zwei« sind es zwei Bedingungen, die auf jeden Fall erfüllt sein müssen: 1. Guter Krimistoff. 2. Überzeugende Funktion für Renz und Matula. Bei der zweiten Bedingung ist ein großer quantitativer Anteil für die beiden Protagonisten wünschenswert (und bei Autoren, die die Erzählperspektive der beiden Helden einhalten, auch naturgemäß kein

Problem), für die konzeptionellen Überlegungen eines Autors ist aber der qualitative Anteil, also die beruflich definierte, klare Ausgangslage (zu der im günstigen Fall eine persönliche Motivation hinzukommen kann), weitaus wichtiger als der quantitative Anteil. Erinnern wir uns an das (schlechte) Gegenbeispiel in Kapitel 6.3: Da recherchiert Matula aufgrund von Informationen, die er durch seine Polizeikontakte hat. Die Ausgangslage seiner Aktivitäten ist falsch. Er ist ein schlecht verkappter Polizist. Das macht den quantitativ hohen Anteil von Matula-Aktivitäten letztlich wirkungslos, weil ohne jede persönliche (Detektiv-)Note. Ein – positives – Gegenbeispiel ist der erste Film dieser Serie, »Die große Schwester«. In diesem Fall kommt einer, nämlich der Anwalt Dr. Renz, quantitativ sehr wenig vor. Er hat am Anfang eine große Szene vor Gericht, wo er Matula zur Schnecke macht, dann eine kleine Szene in der Mitte, er fungiert am Schluss in einer mittelgroßen Sequenz als Berater von Matula im Hintergrund (also emotional wenig exponiert), schließlich macht er Matula den Vorschlag, künftig mit ihm zusammenzuarbeiten. Trotz dieser geringen Anteile der einen Hauptfigur war das Gespann Renz-Matula von dieser ersten Sendung an überzeugend etabliert. Denn in den wenigen Szenen zwischen beiden war das emotional sehr starke Schema »Aus-Feinden-werden-Freunde« enthalten. Die Szenen genügten, der beruflichen Zusammenarbeit von Renz und Matula eine emotionale Aufladung zu geben. Ein Mehr an Szenen, ein Ausspielen der gegenseitigen Wertschätzung, wäre sicherlich eine Abschwächung gewesen.

Dies darf nicht so verstanden werden, man käme auch mal mit wenig Anteil von Renz und/oder Matula aus. Beileibe nicht. Der Anfangsfilm ist ein Sonderfall. Wichtig an diesem Beispiel ist, auf die Bedeutung des qualitativen Anteils hinzuweisen. Wenn Renz und Matula in ihrer beruflichen Funktion richtig in die Geschichte verwoben sind, ist es in der Regel kein Problem, die quantitativen Anteile der Bedeutung der Protagonisten gemäß zu dosieren, wobei geringe Abweichungen zugunsten des einen oder anderen der beiden Hauptfiguren möglich sind.

Dass Matula hier ein wenig spät kommt, ist ein kleiner Schönheitsfehler, kein wirklicher Mangel.

Renz: Versuch, was über die beiden, ich meine Birk und die Frau, herauszukriegen. Besonders, was sie am Donnerstagabend gemacht haben.

Matula: Wie stellst du dir das vor?

Renz: Bin ich der Schnüffler oder du? Vielleicht kannst du auch in der Nachbarschaft von Markus rumhören, ob einer den Birk am Donnerstag dort gesehen hat. Man kennt ihn da ja, er hat ja lang genug in dem Haus verkehrt.

Matula: Du meinst jemand, der gesehen hat, wie er mit dem Jaguar aus der Garage gefahren ist?

Renz: Das wär das Beste, ja.

Matula: Ich denke, ich fange in der Mitte an.

Renz: Was heißt in der Mitte?

Matula: Bei der Frau.

Renz: Das ist eine fabelhafte Idee, die mit einem Schlag dein ganzes Genie darlegt.

Anmerkung 16: Bei Gelegenheit dieses hübschen Dialog-Scherzes sei angemerkt, dass über die Fähigkeit, die der Drehbuchschreiber vor allem haben muss, bisher noch kein Wort verloren wurde: Talent. Der Drehbuchschreiber sollte Sachverhalte klar formulieren und einen lebendigen Dialog schreiben können. Witz ist erwünscht. Die Frage ist nun, ob man das Schreiben lernen kann, ob Bücher wie dieses überhaupt einen Sinn haben. Dazu ist zu sagen: Wer nach dreizehn Jahren Schulunterricht, nach Beschäftigung mit mindestens zwei Fremdsprachen, nach jahrelanger täglicher Zeitungslektüre und häufiger Buchlektüre, nach täglichem Sprechen und Schreiben keine Fähigkeit im sprachlichen Ausdruck erlernt hat, wird es kaum in einer Autorenschule packen. Anders ist es mit dem hochspezialisierten Schreiben von Drehbüchern. Es wird nirgendwo gelernt. Das tägliche Anschauen von Filmen nutzt so viel wie das Anhören von Musik für die Beherrschung eines Instrumentes, nämlich nichts, falls nicht Training und Schulung dazukommen. Ob einer, der dieses Buch durchgearbeitet hat, einen Krimi schreiben kann, wird jeder beantworten können, der eine Antwort auf die folgende Frage weiß: Kann jemand, der ein Französischlehrbuch durchgearbeitet hat, Französisch?

Matula will etwas erwidern, als sich die Tür öffnet und die Sekretärin den Kopf hereinsteckt.

Sekretärin: Herr Dr. Danzer möchte Sie in der Sache Markus sprechen.
Renz (überrascht): Ich lasse bitten.

Matula sieht Renz an.

Matula: Soll ich ...
Renz: Nein, nein, bleib nur hier, es ist jetzt ja auch deine Sache.

Fast gleichzeitig kommt Dr. Danzer herein. Er ist Anfang 40, er hat ein etwas zurückhaltendes, fast verhemmtes Wesen. Er stellt sich artig vor. Er wirkt nicht unsympathisch.

Danzer: Danzer.
Renz: Renz.

Er weist auf Matula:

Renz: Das ist Herr Matula, ein ... enger Mitarbeiter.
Matula: Guten Tag.
Danzer: Guten Tag.

Matulas Anwesenheit scheint ihn leicht zu verwirren, aber Renz überbrückt das, indem er sagt:

Renz: Wollen Sie nicht Platz nehmen.

172

Renz und Danzer setzen sich in eine Sitzgruppe, während Matula am Fenster stehen bleibt und sie beobachtet.

Danzer (etwas nervös): Ja, ich nehme an, Sie wissen, wer ich bin.

Renz: Der Schwager von Herrn Markus, mit dem dieser am Donnerstagabend Schach gespielt hat.

Danzer: Ja, und da ist nun diese ... diese Sache passiert, und da war dann am nächsten Morgen die Polizei bei mir und ... ja, ich weiß nicht, ob ich mich da sehr geschickt verhalten habe. Ich habe das meinem Schwager auch gesagt, ich konnte ja nicht wissen, dass sich daraus eine so ... so, wie soll ich sagen ... heikle Sache entwickelt. Mein Schwager meinte dann, ich sollte mit Ihnen darüber reden.

Renz ist betont ruhig und versucht damit, Danzer zu beruhigen.

Renz: Und was haben Sie der Polizei gesagt?
Danzer: Die Wahrheit natürlich, nichts als die Wahrheit. Wann Alexander, ich meine Dr. Markus, wann er gekommen ist, wann er gegangen ist, so ungefähr jedenfalls, ich hab natürlich nicht auf die Uhr geguckt, in welcher Minute er das Haus verlassen hat, das tut man ja nicht, nicht wahr?
Renz: Nein, gewöhnlich nicht. Welche Zeit haben Sie also genannt?
Danzer: Ja, so Viertel nach elf, nehme ich an, vielleicht auch halb zwölf, wie gesagt ...
Renz: Die Polizei wird doch sicher gefragt haben, ob Herr Markus mit dem Auto da war?
Danzer: Ja, genau da war ich ungeschickt. Ich hab nämlich nicht gesagt, dass ich weiß, dass er mit der S-Bahn da war.
Renz (aufmerksam geworden): Was haben Sie stattdessen gesagt?
Danzer: Dass ich es nicht weiß. Wir haben ja auch gar

nicht darüber geredet. Ich hatte, als er kam, die Figuren schon aufgestellt, und wir haben sofort angefangen zu spielen. Geredet haben wir kaum etwas. Schon gar nicht über seine ... seine ... Transportweise.

Renz: Sie wissen also gar nicht, ob er mit der S-Bahn gekommen ist?

Danzer: Nein. Aber das hätte ich ja der Polizei nicht auf die Nase binden müssen. Ich hätte ja sagen können, dass er mit der S-Bahn gekommen ist.

Renz: Aber wenn Sie es doch nicht wussten?

Danzer: Ja, ja, aber sehr geschickt war das nicht, schließlich möchte ich ihm ja helfen. Meinen Sie, ich kann das bei der ... bei der Verhandlung, wenn es so was gibt, wieder gutmachen?

Renz: Sie dürfen auch bei der Verhandlung nur die Wahrheit sagen.

Danzer (niedergeschlagen): Ja, sicher.

Renz: Wie war das denn gewöhnlich, wenn Herr Markus zu Ihnen kam?

Danzer: Ja, meistens kam er mit der S-Bahn. Er hat immer ein bisschen was – wie soll ich sagen – ...

Renz: Getrunken.

Danzer: Ja, und weil er das wusste, hat er meistens die S-Bahn genommen.

Renz: Was heißt meistens? Nicht immer?

Danzer: Manchmal, wenn es in der Firma viel Arbeit gab, ist er auch direkt aus dem Büro zu mir gekommen, und dann hatte er natürlich den Wagen dabei.

Renz: Manchmal? – Oder öfter?

Danzer (vorsichtig): Ich weiß nicht. Ich hab ja nicht aus dem Fenster geguckt und aufgepasst, wie Alexander zu mir gekommen ist. Und darüber geredet, wie gesagt, haben wir auch nicht.

Renz: Gab's am letzten Donnerstag viel Arbeit in der Firma?

Danzer: Also ich war mit meiner Arbeit um 6 fertig, und die Sekretärinnen sind auch um 6 gegangen, aber ob Alexander noch länger geblieben ist ... es gab da eine

174

Exportsache mit Chile ... nein, das weiß ich wirklich nicht. Aber wenn er sagt, er ist von der Firma erst nach Hause gefahren und dann mit der S-Bahn zu mir gekommen, dann ist das bestimmt richtig.

Renz: Und um mir das zu sagen, sind Sie hergekommen?

Danzer: Nein. Ja, auch. Ich wollte vorschlagen, dass Sie mich, wenn es zu einer Verhandlung kommt, ... dass wir vorher noch einmal miteinander reden, Sie und ich, damit ich nichts ... damit ich die richtige Aussage mache.

Renz: Ja, Herr Danzer, das werden wir tun. – Wenn es zu einer Verhandlung kommt.

Danzer: Sie glauben nicht?

Renz: Wir werden sehen.

Renz steht auf und Danzer tut dasselbe.

Danzer: Ja, dann ... hören Sie von mir. Beziehungsweise ich von Ihnen. Es hat mich gefreut, Sie kennen zu lernen, Herr Renz.

Renz: Ganz meinerseits. Ganz meinerseits.

Renz begleitet Danzer zur Tür. Die beiden geben sich die Hand, sagen gleichzeitig:

Renz/Danzer: Auf Wiedersehen.

Damit ist Danzer aus der Tür. Renz wendet sich Matula zu.

Matula: Putziger Vogel.

Renz: Du hättest ihm einen Schluck von deiner Milch anbieten sollen.

Matula: Warum?

Renz: Weil er so kindlich in die Welt blickt.

Matula: Im Ernst, was hältst du von ihm? Abgesehen davon, dass er sicher ein begnadeter Schachspieler ist.

Renz: Ein idealer Zeuge – für die Anklage.

Anmerkung 17: Die Szene leistet dreierlei: 1. Ein Zeuge wird gezeigt, der in seinem Übereifer, Markus zu entlasten, in Wahrheit eher belastend wirkt. Dadurch wird das hauptsächliche entlastende Moment, das Alibi, wertlos. 2. Die Szene teilt mit, dass die Arbeit der Polizei weitergeht, ohne dass die Arbeit selbst gezeigt würde. 3. Die Szene leistet Vorarbeit für die Auflösung. Im Nachhinein wird dem Zuschauer klar werden, dass Danzer seinen Schwager Markus nicht aus weltfremdem Übereifer ungewollt belastet hat, sondern aus kalter Berechnung.

16. Treppenhaus vor Wohnung Knopp   Innen/Tag

Das Treppenhaus eines normalen Mietshauses, nicht elegant, nicht verwahrlost. Vor einer Tür mit dem Schild »KNOPP« steht Matula, hat ein Päckchen in der Hand, klingelt. Die Tür wird geöffnet, und Frau Knopp, eine nette Frau von Ende 30, steht in der Tür.

Knopp: Ja?

Matula lässt seinen Charme spielen, lächelt sie an.

Matula: Ich hab ein Päckchen abzugeben für Ihre Nachbarin, Frau Birk.

Er weist mit dem Daumen nach oben.

Knopp: Ja, warum tun Sie das dann nicht?
Matula: Weil Frau Birk nicht da ist.
Knopp: Komisch. Ich dachte, ich hätte oben Schritte gehört.
Matula: Ich hab zweimal geklingelt, ziemlich lange, aber niemand hat aufgemacht.

Die Knopp sieht auf das Päckchen, sagt zögernd:

176

Knopp: Na ja, dann geben Sie das Päckchen mal her.

Matula: Nein, nein, wenn Ihnen das unangenehm ist, dann komm ich eben noch mal wieder.

Knopp: Warum soll mir das unangenehm sein?

Matula: Na ja, manchmal gibt's das ja, dass Nachbarn sich nicht allzu gut verstehen.

Knopp: Ach, wissen Sie, zu der Birk, da hab ich überhaupt kein Verhältnis. Sie ist ja Portugiesin, das wissen Sie sicher, und vielleicht kann sie die deutsche Sprache nicht so gut, oder vielleicht ist sie auch stolz, das sagt man den Portugiesen ja nach – also jedenfalls zu der hat niemand im Haus eine Beziehung.

Matula: Außer ihrem Mann natürlich.

Knopp (grinst zurück): Nee, der nun am allerwenigsten. Dem ist sie ja davongelaufen. Der Birk, mit dem sie hier lebt, der ist ja gar nicht ihr richtiger Mann. Aber das wissen Sie sicher alles.

Matula: Wieso? Ich bin ja nur 'n Bote.

Knopp: So sehen Sie nicht aus.

Matula: Stimmt schon, ich hab geschäftlich mit Herrn Birk zu tun. Aber den erwischt man ja auch nie. Gestern bin ich den ganzen Abend hinter ihm her gelaufen. Hier war er nicht, in seinem Geschäft war er nicht ...

Knopp: Der ist erst gegen eins nach Hause gekommen.

Matula: Woher wissen Sie das?

Knopp: Der stellt seinen verdammten Wagen immer auf den Hof, direkt unter mein Schlafzimmerfenster. Und 'ne Autotür leise zumachen, das lernt der nie, obgleich ich's ihm schon zwei Mal gesagt habe.

Matula (grinst erfreut über diese gute Nachricht): Ich sag's ihm noch mal, vielleicht hört er auf mich. Also dann, vielen Dank.

Knopp (erstaunt): Und was ist mit dem Päckchen?

Matula: Ich klingel oben noch mal. Wenn Sie da Schritte gehört haben, dann muss auch jemand da sein, so gute Ohren, wie Sie haben ...

Damit geht er die Treppe hinauf. Die Knopp sieht ihm einen Moment nach, macht dann die Tür zu.

Anmerkung 18: Ein Detektiv sollte anders recherchieren als die Polizei. Die Polizei weist sich aus und stellt dann ihre Fragen. Der Detektiv versucht, sich mit kleinen Tricks ins Vertrauen der Menschen einzuschleichen. Nun sind die Tricks, mit denen Detektive arbeiten, recht gleichförmig. Irgendwann muss auch der Detektiv zum Kern der Sache kommen und die lapidare Frage »Wo waren Sie gestern Abend?« stellen. Die Tricks des Detektivs dürfen nicht überstrapaziert werden, sie wirken sonst ermüdend. Auf die Trick-Recherche dieser Szene folgt deshalb eine sachliche Recherche, wobei Matula sich in diesem speziellen Falle – nämlich gegenüber einer Ausländerin – ausrechnen mag, dass in manchen Sprachen die Ermittlungsbeamten auch das Wort »Detektiv« in ihrer Dienstbezeichnung führen.

17. Treppenhaus vor Wohnung Birk   Innen/Tag

Dasselbe Treppenhaus, ein Stock höher. An der Tür das Namensschild »BIRK«. Matula, sein Päckchen in der Hand, klingelt. Nach einigen Sekunden öffnet Joana, eine schöne Frau mediterranen Typs, und sieht Matula fragend an. Der zieht seine Visitenkarte aus der Tasche, hält sie ihr hin, tritt ganz so auf, als sei er ein Polizist.

Matula: Ich bin Detektiv. Ich muss Sie sprechen.

Joana sieht ihn mit großen Augen an, reagiert überhaupt nicht. Es ist nicht klar, ob sie erschrocken ist oder ob sie ihn einfach nicht versteht.

Matula (wiederholt): Detektiv! Ich muss mich mit Ihnen unterhalten.

178

Er macht eine Bewegung auf das Innere der Wohnung zu. Joana tritt zur Seite, bedeutet ihm, dass er hereinkommen soll.

Joana: Bitte.

Matula geht in die Wohnung, Joana schließt die Tür hinter ihm.

18. Wohnung Birk/Wohnzimmer   Innen/Tag

Ein etwas improvisiert eingerichtetes Zimmer. Eine gewisse Unordnung, fast als wäre man in einem Hotelzimmer.
Matula legt sein Päckchen auf einen Tisch, sieht Joana an.

Matula: Ich muss Sie fragen, wo Sie gestern Abend waren.

Joana deutet auf sich.

Joana: Eu?
Matula: Ja.
Joana: Hier. Aqui em casa.
Matula: Gibt es dafür Zeugen? War jemand bei Ihnen?
Joana (langsam): Não.
Matula: Wo war dann Herr Birk?
Joana (schnell): Aqui, também. Nós estávamos aqui juntos. Wir waren zusammen hier.
Matula: Aber eben haben Sie doch gesagt, Sie waren alleine hier!

Joana macht dicht.

Joana: Não estou entendendo o que o sr. Quer dizer.
Matula (sanft): Frau Markus (Joana zuckt leicht zusammen) – es ist sehr wichtig, dass Sie mir die Wahrheit

179

sagen. Waren Sie alleine hier, in dieser Wohnung, oder war Herr Birk bei Ihnen?

Ein portugiesischer Wortschwall bricht über Matula herein, von dem er kein Wort versteht. Er wird sehr temperamentvoll vorgetragen.

Joana (spricht schnell portugiesisch): O sr. me desculpe, mas não sei porque tenho que responder assim depressa a todas estas preguntas. Isso não tem razão de ser.

Matula hebt abwehrend die Hände.

Matula: Ja, so geht das wohl auch nicht. Hören Sie mir zu: Ich weiß zufällig, dass Birk erst gegen ein Uhr nach Hause gekommen ist. Gegen ein Uhr hat er seinen Lieferwagen hier auf den Hof gestellt.

Matula spricht sehr langsam und verdeutlicht seinen Satz mit Handbewegungen.

Joana (entschieden): Isso não é verdade. Isso é mentira. Das ist Lüge!

Matula zuckt mit den Schultern, gibt es auf.

Matula: Na gut, dann kann man nichts machen.

Er will nach seinem Päckchen greifen, aber jetzt hat Joana es gesehen und entdeckt darauf ihren Namen – Joana Markus, den Matula zur Sicherheit und zur Täuschung der Nachbarin daraufgeschrieben hat.

Joana: Para mim?
Matula: Ja, natürlich, das ist für Sie.

Damit geht er zur Tür und verlässt die Wohnung. Wir

bleiben bei Joana, die das Päckchen neugierig aufmacht und darin eine Tüte Milch findet.

Joana (verwundert): Leite???

19. Polizeipräsidium/Büro Hase   Innen/Tag

Renz und Hase sitzen sich gegenüber. Auf dem Schreibtisch vor Hase einige Papiere.

Hase: Ja, da ist nicht viel zu sagen. Die Laboruntersuchung hat eindeutig ergeben, dass die Stoffreste an der Stoßstange und auch an der Scheinwerferverkleidung des Jaguar aus der Jacke des toten Wollgräber stammen. Aber ich nehme nicht an, dass Sie etwas anderes erwartet haben.

Renz schweigt. Hase nimmt das nächste Papier, liest daraus vor:

Hase: Als sicher kann angenommen werden, dass der Blutalkohol zur Tatzeit auf jeden Fall mehr als 0,8 Promille war.
Renz: Hmm –

Hase sieht ihn fast mitleidig an.

Renz (ruhig): Bleiben wir bei den Fakten, Herr Hase. Wie sie zu interpretieren sind, darüber wird vor Gericht zu reden sein.
Hase (freundlich): Ich beneide Sie nicht. Ich meine um diesen Fall.
Renz: Ja, diesmal sieht es düster aus.

Hase sieht ihn fast bedauernd an.

Hase: Es ist doch fast ein Schuldgeständnis, wenn jemand, nachdem er zur Blutprobe aufgefordert worden

181

ist, noch schnell Alkohol in sich hineinschüttet, um den Sachverhalt zu verdunkeln.

Renz: Besonders wenn er doch schon zugegeben hat, getrunken zu haben.

Hase weiß mit dieser Bemerkung wenig anzufangen. Aber Renz hat sich schon zur Tür gewandt.

Anmerkung 19: Manche Autoren meinen, man könnte Anwalt und Detektiv besonders gut herausstellen, indem man die Polizei als bürokratisch, lahm, inkompetent und dumm zeigt. Tatsächlich ist ein dummer Polizist (in der Fiktion, wohlgemerkt!) ein ungefährlicher Polizist, während von kompetenten Polizisten (in der Fiktion!) Gefahr ausgeht.

20. Büro Renz/Vorzimmer   Innen/Tag

Renz kommt von draußen in sein Vorzimmer. Die Sekretärin sagt sofort:

Sekretärin: Sie möchten Herrn Markus zurückrufen. Es sei sehr dringend.
Renz: Hätte ich sowieso getan.

Er will in sein Büro.

Sekretärin: Nicht, dass wir uns falsch verstehen: Herr Markus senior war am Apparat, nicht Herr Dr. Alexander Markus.
Renz: Gut, dann geben Sie mir zuerst das Familienoberhaupt.

Damit geht er in sein Zimmer. Die Sekretärin wählt.

21. Büro Renz   Innen/Tag

Das Telefon läutet, Renz nimmt ab.

Renz: Renz. – Ja, das ist richtig, ich vertrete Ihren Sohn in einer Privatsache. – (ausweichend) Strafrechtlich wird eine Sache erst, wenn die Staatsanwaltschaft Anklage erhebt. – Es tut mir Leid, Herr Markus, ich kann Ihnen keine Auskunft geben. – Nein, auch nicht, wenn der Mandant Ihr Sohn ist. Und die Tatsache, dass ich seit mehr als zehn Jahren anwaltlich für Ihre Firma tätig bin, ändert ebenfalls nichts an meiner Verschwiegenheit. – Ich bedaure. Auf Wiedersehen.

22. Villa Markus sen./Wohnzimmer   Innen/Tag

Familienrat. Markus sen., ein imposanter alter Herr, legt verärgert den Hörer auf. Dr. Markus, Dr. Danzer und Frau Danzer, geb. Markus, eine auf unauffällige Art gut aussehende, kühle Frau. Alle blicken auf Markus sen., der mit gefährlicher Sachlichkeit sagt:

Markus sen.: Da Herr Renz mir keine Auskunft gibt, frage ich dich: Ist es richtig, dass du nun zum zweiten Mal wegen Trunkenheit am Steuer belangt wirst?

Markus will heftig antworten, beherrscht sich aber, sagt ruhig:

Markus: Bis jetzt gibt es nicht mal eine Anklage, von einer Verurteilung ganz zu schweigen.
Markus sen.: Diesmal gibt es einen Toten.
Markus: Diesmal (er legt Abscheu in das Wort) hat man mir mein Auto gestohlen. Und das andere Mal – Herrgott, das ist jetzt fünf Jahre her – bin ich nur ein bisschen in Schlangenlinien gefahren. Und es ist nichts und niemandem was passiert.
Markus sen. (hart): Doch, dir. Du bist wegen Trunkenheit am Steuer verurteilt worden.

Markus senkt die Augen, schweigt.

Markus sen.: Warst du am Donnerstagabend betrunken oder nicht?

Markus: Frag Klaus.

Er weist auf Danzer.

Markus sen.: Ich frage dich!

Markus: Ich war nicht betrunken. Ich habe bei Klaus ein paar Whisky getrunken, wie ich das nach einem harten Arbeitstag manchmal tue. Und ich habe mein Auto nicht angerührt.

Jetzt mischt sich Frau Danzer ein.

Frau Danzer: Ich war zwar letzten Donnerstag verreist, aber ich habe Alexander in all den Jahren nicht einmal betrunken in meinem Haus gesehen.

Markus sen.: Du hast ihn immer verteidigt.

Frau Danzer: Vielleicht hängt das damit zusammen, dass du ihn immer angegriffen hast.

Markus sen. sieht sie drohend an, aber sie hält seinem Blick stand. Schließlich wendet er sich wieder Markus zu.

Markus sen.: Du weißt, dass mir deine Heirat mit der Portugiesin nicht gepasst hat. Deine Trennung und das Gerede in der Firma darüber noch weniger. Deine Verurteilung wegen eines Trunkenheitsdeliktes am allerwenigsten. Jetzt gibt es erneut Gerede und Anschuldigungen. Ich erwarte, anders als die Polizei, von dir den Beweis, dass du schuldlos bist.

Damit erhebt er sich. Die Sitzung ist aufgehoben.

Anmerkung 20: Die Szene zeigt den Druck, der auf Markus lastet, seine Unschuld beweisen zu müssen. Die Verschiebung von der offiziellen Ebene, repräsentiert durch die Polizei, die dem Verdächtigen die Schuld nachweisen muss, auf die Ebene der privaten Schuldzuweisung ist, wie schon betont, für die qualitative Integration der Privatfiguren Anwalt und Detektiv wichtig.

Die Szene ist, abgesehen von den einleitenden Szenen, die einzige Abweichung von der Erzählperspektive Renz/Matula. Sie ist tolerierbar, weil nichts gesagt wird, was nicht Renz und Matula wissen bzw. wissen könnten.

23. Gelände   **Außen/Nacht**

Ein großes Gelände, in dem 30 oder mehr Firmen ihre Lagerhallen haben.

Zwischen diesen Hallen drückt sich Matula herum und beobachtet, wie ein Lastwagen im Dunkeln von drei Männern beladen wird. Ab und zu blitzen Taschenlampen auf, ab und zu ein paar Worte, die man nicht versteht.

Matula arbeitet sich weiter vor. Jetzt scheint es ein Problem beim Beladen zu geben, die drei Männer – möglicherweise erkennt man in einem von ihnen Birk, den wir ja schon auf dem Foto gesehen haben – stehen zusammen und beraten. Dann gehen alle drei in das Lagerhaus hinein. Mit ein paar Sätzen ist Matula an der Tür, horcht, späht hinein, kann niemanden entdecken und schlüpft schnell in das Lagerhaus.

24. Lagerhaus Birk   **Innen/Nacht**

Matula sieht, dass aus der benachbarten Lagerhalle ein Lichtschein herausfällt. Er schleicht näher, kommt zu einer Tür, die die beiden Hallen verbindet. Im gleichen Moment kommt einer der drei Männer mit einem Stapelkarren aus dem erleuchteten Lagerhaus und schiebt den Karren auf die Tür zu, vor der der LKW steht. Matula kann gerade noch hinter einem Warenstapel in Deckung gehen. Gleich darauf geht der zweite Mann mit einem zweiten Karren denselben Weg.

Matula ist eingeengt in seinem Versteck, will sich ein

bisschen mehr Platz machen, stößt irgendwo an, und jetzt fällt mit großem Lärm eine Kiste oder ein ganzer Stapel Kisten herunter, genau in dem Moment, als auch der dritte Mann – es ist Birk – aus der schwach beleuchteten Halle in die dunkle kommt. Birk lässt seinen Karren los, läuft zu einem Lichtschalter, und sofort überflutet grelles Neonlicht die Halle.

Matula versucht sich zu verstecken, aber jetzt machen alle drei Männer Jagd auf ihn. Die Jagd endet damit, dass die drei Männer Matula stellen und er, als er sich wehrt, eins oder zwei in die Fresse kriegt. Dann:

Birk: Lasst ihn los.

Die beiden Männer, es sind Joanas Brüder, wie wir später erfahren, lassen den lädierten Matula los.

Birk: Wer sind Sie? Was wollen Sie?

Matula schweigt. Einer der Portugiesen will schon wieder auf ihn losgehen. Birk winkt ab.

Birk: Ich kann die Fragen selbst beantworten. Sie sind ein Schnüffler im Auftrag von Markus. Sie haben sich sogar erdreistet, in meine Wohnung zu gehen und zu fragen, wann ich nach Hause komme.

Plötzlich spannen sich seine Gesichtsmuskeln, seine Fäuste ballen sich.

Birk: Wenn Sie das noch einmal tun, wenn Sie Joana noch einmal belästigen, breche ich Ihnen alle Knochen!

Er entspannt sich wieder.

Birk: So, und jetzt schieben Sie ab! Gehen Sie zu Ihrem Auftraggeber und sagen Sie ihm, dass ich in mein eigenes Lager eingebrochen habe, dass ich, obgleich mir

186

das gerichtlich untersagt ist und obgleich unsere Halle versiegelt worden ist, ein paar Wagenladungen Medikamente durch die Nebenhalle herausgeschmuggelt habe und nach Spanien verkaufe.

Seine Haltung wird wieder gespannter.

Birk: Los, schieben Sie ab, sonst passiert doch noch etwas.
Matula: Wo waren Sie gestern nacht, etwa um diese Zeit?
Birk: Ja, okay, wir haben dasselbe auch gestern gemacht. Falls das bei der Gerichtsverhandlung eine Rolle spielt, wir haben am Donnerstag und am Freitag Pharmazeutika verladen, die beschlagnahmt sind. Noch was?
Matula: Nein.

Matula will gehen. Aber Birk hält ihn am Arm fest, dreht ihn herum, sieht ihm ins Gesicht.

Birk: Doch, noch was: Haben Sie Spaß an Ihrem Beruf?
Matula: Heute nicht.

Matula trollt sich zum Ausgang der Halle.

Anmerkung 21: Dass Markus, in der Absicht, sich zu entlasten, Herrn Birk und seine Frau beschuldigt, war von Anfang an nicht sehr überzeugend. Renz war skeptisch. Durch die überzeugende Erklärung von Birk erweist sich Markus' Beschuldigung sogar als Bumerang.
Renz macht darauf im nachfolgenden Gespräch aufmerksam.

25. Büro Renz   Innen/Tag

Im Raum Renz, Markus und Matula, dessen Gesicht ein wenig verhauen oder verpflastert ist. Markus ist guter Dinge.

Markus: Das ist doch ganz ausgezeichnet: Sie, Herr Renz, setzen eine Beschlagnahme durch, und Herr Matula erbringt den Beweis, dass sie auf kriminelle Art umgangen wurde. Mir gefällt das sehr gut. Wenn Birk vorher noch mit einer Geldstrafe davongekommen wäre, jetzt wird es doch wohl Gefängnis geben, oder, Herr Dr. Renz?

Man sieht Renz an, dass ihm diese Euphorie von Markus überhaupt nicht gefällt.

Renz: Was Birk bekommt, interessiert mich im Moment sehr wenig. Ich bin nämlich nicht sein Anwalt. Was hingegen meinen Mandanten betrifft, nämlich Sie Herr Markus, so gefällt mir das alles gar nicht so gut wie Ihnen. Falls Herr Birk nämlich vorgestern Abend Waren verladen hat – ob rechtmäßig oder unrechtmäßig, spielt dabei überhaupt keine Rolle –, kann er nicht Ihr Auto gestohlen und den Mann überfahren haben.

Markus: Ach was, diese Burschen, mit denen er zusammengewesen sein will, sind Joanas Brüder, die schwören doch jeden Meineid.

Renz: Herr Markus, wenn diese Burschen unter Eid aussagen, dass Birk den ganzen Abend mit Ihnen zusammen war, sieht es sehr schlecht für Sie aus, wollen Sie das endlich verstehen?

Markus ist von der Eindringlichkeit in Renz' Ton betroffen. Es dämmert ihm jetzt doch, dass es nicht um Birk, sondern um ihn geht. Renz fügt hinzu:

Renz: Vielleicht geht Birk ins Gefängnis – aber ich fürchte, dass Sie ihn dorthin begleiten werden.

Endlich versteht Markus. Er wirkt plötzlich bedrückt, depressiv, sagt leise:

Markus: Es geht für mich um sehr viel mehr als um Gefängnis.

Renz und Matula sehen ihn fragend an. Er fährt fort:

Markus: Wie Sie wissen, gehört die Markus-Chemie meinem Stiefvater. Er ist ein alter Herr mit sehr strengen Prinzipien, und er mochte mich nie besonders. Wenn ich betrunken einen Menschen getötet hätte, wäre ihm das ein willkommener Anlass, mich zu enterben und aus der Geschäftsleitung auszuschließen.

Matula hat ihn die ganze Zeit beobachtet.

Matula (sachlich): Das wäre auch ein Grund, die Tat mit aller Vehemenz zu leugnen.

Markus gewinnt etwas von seiner Aggressivität zurück.

Markus: Herr Matula, denken Sie daran, dass ich Sie bezahle.
Matula: Mich schon, die Polizei nicht.

Renz ist diese Auseinandersetzung Matula/Markus unangenehm, er hebt beschwichtigend die Hand.

Renz: Bitte ...

Dann wendet er sich Markus zu.

Renz: Herr Markus, sagten Sie nicht, Ihre Frau hätte noch die Schlüssel zur Garage und vom Auto?
Markus: Ja.
Renz (zu Matula): Hast du diese Karte gespielt?
Matula: Nein.
Markus (wieder aggressiv): Warum nicht?
Matula (cool): Herr Dr. Markus, wenn Ihnen meine Arbeit nicht gefällt, kann ich sie beenden.

Anmerkung 22: ein gutes Detail: Der Fortgang der Ermittlungen geht nach dem Sachstand, wobei der einzelne Schritt zuweilen nach zufälligen Kriterien erfolgen kann, z.b. nach Checklisten oder Namensverzeichnissen. Die Zufälligkeit des Einzelschrittes ist hier gut dargestellt und zugleich in interessante Handlung überführt: Die Tatsache wird ins Spiel gebracht, dass Matula einen privaten Auftrag hat und für sein Geld Erfolge vorweisen soll.

Diesmal lenkt Markus ein.

Markus: Entschuldigen Sie. Aber Sie haben mich eben gereizt.
Matula: Das wollte ich nicht.

Ein schneller Blickwechsel Renz/Matula, mit dem Renz Matula bedeutet, jetzt zu gehen.

Matula: Wiedersehen.

Damit verlässt er den Raum. Renz und Markus bleiben zurück. Markus zündet sich eine Zigarette an, wirkt nachdenklich.

Renz: Sie glauben wirklich, dass Ihr Stiefvater Sie enterben könnte?
Markus: Er liebt meine Schwester, genauer: meine Halbschwester, seine Tochter. Wenn sie ein Mann wäre, würde sie die Firma leiten.
Renz: Wie steht er zu Ihrem Schwager Danzer?
Markus: Soso. Er schätzt ihn als Chemiker, aber als Führungspersönlichkeit ... trotzdem, wenn ich ausfalle, wird er wohl nach vorn rücken.

Er scheint einige Sekunden zu überlegen, fügt dann hinzu:

Markus: Wer sonst?

Renz druckst ein wenig herum, ehe er sagt:

Renz: Darf ich Ihnen eine persönliche Frage stellen?
Markus: Ja?
Renz: Lieben Sie Ihre Frau noch?

Markus blickt zunächst ärgerlich, doch dann grinst er schief.

Markus: Schwer. Schwer zu sagen. Einerseits kann ich verzeihen – aus, Schwamm drüber, nie gewesen – andererseits bin ich beleidigt, weil das Aschenputtel den Prinzen verlassen hat.

Er sagt das mit einer gewissen Selbstironie.

26. Wohnung Birk   Innen/Tag

Matula und Joana stehen sich gegenüber. Joana ist anders als am Vortag, freundlicher, sie scheint doch noch Mitgefühl mit ihrem Mann zu haben. Selbst ihr Deutsch ist ein wenig besser.

Joana: Hat er großes Problem wegen dem …
Matula (hilft ihr): Unfall. Ja. Immerhin ist ein Mensch getötet worden. Woher wissen Sie übrigens davon?

Joana zeigt auf eine Zeitung, die auf dem Tisch liegt.

Joana: Li no jornal.
Matula: Sie lesen deutsch?

Joana lächelt zum ersten Mal, gibt zu, dass sie Matula aufzieht, wenn sie schlecht Deutsch bzw. Portugiesisch spricht.

Joana: Ist das so schwer?
Matula (warm): Sie wünschen Ihrem Mann nichts Böses, nicht wahr?

191

Joana: Ich ihm nicht. Er uns ja. Pelo menos tenho essa impressão.

Matula: Ihr Mann sagt, Sie haben noch Schlüssel von der Garage und vom Auto. Stimmt das?

Joana: Nein.

Matula: Aber Sie hatten welche?

Joana: Ja.

Matula: Wo sind sie?

Joana: In meinem früheren Zimmer.

Matula: Wo? In Dr. Markus Haus?

Joana: Ja, sicher.

Matula: Wo dort?

Joana: Em uma mesa de costura.

Matula versteht nichts. Sie sucht das Wort in Deutsch, es fällt ihr ein:

Joana: Nähtischchen.

Matula: In einer Schublade.

Joana: Ja, untere Schublade.

Sie zeigt nach links.

Matula: Es wäre nicht sehr gut für Ihren Mann, wenn Sie die Wahrheit sagen. Aber das lässt sich sehr schnell herausfinden. Auf Wiedersehen.

Damit wendet er sich zur Tür.

Joana: Auf Wiedersehen. Und vielen Dank für Ihr Geschenk.

Matula blickt verblüfft. Joana ist schon bei einem Schrank, nimmt die Milchtüte heraus, drückt sie Matula in die Hand.

Joana: Nehmen Sie's wieder mit. Es ist bei mir sauer geworden.

192

Beide lachen.

27. Haus Markus/Joanas Zimmer   Innen/Tag

Ein feminin eingerichtetes Zimmer mit einem hübschen
Sekretär, der an jeder Seite vier Schubladen hat. Matula
steht in der Tür, hinter ihm Markus.

Matula: Das ist ... oder war das Zimmer Ihrer Frau?
Markus: Ja.
Matula: Hübsch. Sie haben nichts verändert?
Markus: Ich hab es nicht ein einziges Mal betreten, seit
sie –

Er bricht ab.
Matula geht langsam zu dem Nähtischchen, zieht die
untere Schublade auf der linken Seite auf. Darin liegen
neben Fotos und ein bisschen anderem Kram ein Schlüsselbund mit vier Schlüsseln. Matula nimmt ihn heraus,
hält ihn auf der geöffneten Hand, geht damit zu Markus.

Matula: Sind das die Schlüssel?

Markus sieht sie an, dann:

Markus: Ja. Das ist der Autoschlüssel, das der Garagen-
schlüssel, der Schlüssel zur vorderen, und das ist der
zur hinteren Eingangstür.

Er deutet jeweils auf einen Schlüssel.

Matula: Nun, sie hat gesagt, sie wären in dieser Schublade – sie waren in dieser Schublade.

Markus schluckt, ist betroffen, rafft sich aber gleich wieder auf.

Markus: Das bedeutet doch überhaupt nichts. Da an dem

Schlüsselbund auch die Hausschlüssel sind, kann sie sie gestern wieder hierher gelegt haben. Ich war den ganzen Tag im Büro.

Matula sieht ihn skeptisch an. Markus fügt hinzu:

Markus: Ja, dafür spricht auch, dass sie genau wusste, wo die Schlüssel waren. Sie hat sonst nie gewusst, wo sie etwas hingelegt hat.

Matula: Haben Sie nicht eine Zugehfrau?

Markus: Die kommt erst um zehn. Und das weiß Joana, sie kann die Schlüssel früher hierher gelegt haben, oder später, als die Zugehfrau wieder weg war. Nein, die Schlüssel beweisen überhaupt nichts. Im Gegenteil.

Markus wirkt sehr verbohrt, sehr forciert, sehr unglaubwürdig, und er merkt das auch. Deshalb sagt er:

Markus: Außerdem hab ich ein Bund mit allen vier Schlüsseln mal verloren. Vor einem halben Jahr ungefähr, das heißt zu einer Zeit, als Birk noch mein Assistent war. Er könnte sie mir gestohlen haben.

Wieder ein skeptischer Blick von Matula, wieder verbeißt sich Markus in seine Idee.

Markus: Ja, die Schlüssel sind mir nämlich im Büro abhanden gekommen. Ich bin morgens mit dem Wagen in die Firma gefahren, und abends waren die Schlüssel weg. Ich musste mit dem Taxi nach Hause fahren und mir den zweiten Schlüsselbund holen.

Matula: Und dann haben Sie einen Satz Schlüssel nachmachen lassen?

Markus: Ja.

Matula: Aber warum Birk Ihnen damals schon Ihre Schlüssel klauen sollte … ich meine, er kann ja zu dem Zeitpunkt noch nicht vorgehabt haben …

Markus: Verdammt, ich versteh's ja auch nicht.

Die beiden stehen sich gegenüber, starren sich für Sekunden an. Dann weicht Markus Matulas Blick aus, blickt übers Zimmer, dreht sich dann abrupt um, geht zur Tür. Dabei:

Markus; Lassen Sie uns aus diesem Zimmer gehen.

Anmerkung 23: Die Szene leistet zweierlei. 1. Markus' Versuche, sich zu entlasten und die Schuld auf Birk und seine Frau zu schieben, wirken zunehmend unglaubwürdiger. 2. Im Augenblick der größten Verbohrtheit, also vor der Neugier des Zuschauers gut versteckt, gibt er seinen Hinweis auf die Lösung (Schlüsselbund verloren).

Damit der Zuschauer nicht zu schnell auf die richtige Lösung kommt, wird sofort die Unbrauchbarkeit des Schlüsselverlustes behauptet.

Am Anfang bezog dieser Krimi seine Spannung vor allem aus der Frage, wie der Verdächtige sich vom offensichtlich falschen Verdacht befreien wird. Die Frage nach dem wahren Täter spielte auch eine Rolle, stand aber nicht im Vordergrund. Wenn das Alibi unerschütterlich gewesen wäre, hätte Markus ja kaum etwas zu befürchten gehabt – das Geifern des Alten hin oder her. Der Täter wäre dann wohl ein Autodieb gewesen, der sich zufällig den Wagen des Herrn Markus ausgeliehen hat. Im Laufe der Handlung haben sich die Gewichte verschoben. In dem Maße, wie Markus sich nicht entlasten kann, wird die Frage nach dem wirklichen Täter immer dringender.

Die – fast unmerkliche – Verlagerung von der Frage »Wie kann Markus sich vom Verdacht befreien?« zur Frage »Wer ist der Täter?« gibt der nachfolgenden Recherchen-Sequenz Hintergrund.

28. Straße mit Haus Danzer/Hauseingang
Außen/Tag

Eine vornehme Gegend, einzeln stehende Häuser in gepflegten Gärten.

Matula steht vor einem Hauseingang, hat geklingelt, wartet. Jetzt öffnet sich die Tür und eine Dame, vielleicht 50, steht Matula gegenüber.

Matula: Guten Tag, gnädige Frau. Entschuldigen Sie die Störung, aber ich –
Dame (unterbricht): Ich kaufe nichts an der Tür, grundsätzlich nicht.
Matula (fährt einfach fort): Ich habe eine Frage. Sie kennen vielleicht Herrn Danzer dort drüben.

Er macht eine Handbewegung auf das Haus auf der anderen Straßenseite.

Dame: Ja, sicher.
Matula: Können Sie sich vielleicht erinnern, ob am Donnerstagabend ein großer Wagen mit Frankfurter Nummer vor dem Haus von Herrn Danzer stand?
Dame: Meinen Sie den Jaguar von Dr. Markus?
Matula (etwas verblüfft): Ja.
Dame: Ich kenne beide Herren nämlich, Herrn Dr. Danzer und Herrn Dr. Markus, aber der Jaguar stand am Donnerstag nicht da, da bin ich ganz sicher.
Matula: Danke schön, das war's schon.
Dame (neugierig): Was ist denn passiert? Wer sind Sie? Sind Sie von der Polizei?
Matula: Keine Spur. Da wär ich doch viel höflicher gewesen. Ciao.

Damit hebt er grüßend die Hand und geht zur Straße zurück. Die Dame blickt ihm nach.

29. Straße vor Haus Danzer/Vorgarten   Außen/Tag

Matula spricht mit einem älteren Herrn, der sich an den Blumen oder Sträuchern im Garten zu schaffen macht. Matula macht eine Bewegung zum Haus Danzer hin, der Mann schüttelt den Kopf.

Wir sind so total, dass wir den Dialog, den wir ja im Prinzip kennen, nicht noch mal hören müssen.

Dann geht Matula weiter. Nach ein paar Schritten kommt ihm ein älterer Herr mit zwei Hunden entgegen. Matula spricht den Mann an, weist wieder auf das Haus Danzer, der Mann antwortet ihm, dreht sich dann um und geht, begleitet von Matula, ein Stück zurück, biegt in eine Seitenstraße ein.

Auch hier hören wir den Dialog nicht.

30. Seitenstraße/Nähe Haus Danzer   Außen/Tag

Der Herr mit den Hunden und Matula stehen vielleicht 15 Meter von der Ecke entfernt in der Seitenstraße. Jetzt ist die Kamera nah.

Herr (mit Hunden): Hier stand das Auto, ein großer (Farbe Spielauto) Jaguar mit Frankfurter Nummer. Ich geh nämlich jeden Abend vor dem Schlafengehen noch mal mit den Hunden raus. Und weil ich das seit Jahren mache, kenne ich auch die Autos hier in der Gegend. Den Jaguar, den hab ich früher schon ein paar Mal gesehen, nicht oft, aber ein paar Mal, aber nicht hier, sondern drüben, vor dem Haus Danzer.

Jetzt mustert der Herr Matula, streng, aber nicht unfreundlich.

Herr: Sind Sie ein Polizist oder ein Privatdetektiv?
Matula: Privatdetektiv.
Herr: Wahrscheinlich können Sie mir nicht sagen, worum es hier geht, oder?
Matula: Nein, kann ich leider nicht.
Herr: Privatdetektiv – das muss aufregend sein.
Matula: Es geht so.
Herr: Privatdetektiv, das stelle ich mir interessant vor. Ich hab eine sehr gute Beobachtungsgabe, müssen Sie wissen. Brauchen Sie nicht mal einen Helfer?

Matula: Manchmal.

Herr: Denken Sie an mich, wenn Sie wieder mal jemanden brauchen. Natürlich nichts körperlich allzu Anstrengendes, das schaff ich nicht mehr, aber beobachten, jemanden beschatten, das könnte ich sehr gut.

Matula: Okay, wenn Sie mir Ihren Namen geben ...

Der Herr greift in die Tasche, zieht seine Brieftasche heraus und entnimmt ihr eine Visitenkarte, reicht sie Matula. Dabei:

Herr: Es geht mir nicht ums Geld, damit das klar ist, ich habe ein Auskommen.

Matula: Klar.

Herr (verschmitzt): Und damit Sie sehen, dass ich brauchbar bin, verrat ich Ihnen noch etwas: Ich bin hier nämlich zweimal vorbeigekommen, einmal um kurz nach elf, da stand der Jaguar hier. Dann hab ich eine große Runde gemacht, und als ich hier wieder vorbeikam, war es ziemlich genau 20 vor 12, und der Jaguar war nicht mehr da.

Er genießt die Präzision seiner Auskunft und den Eindruck, den sie auf Matula macht.

Matula: Das ist ganz, ganz toll. Damit haben Sie mir mehr geholfen, als Sie sich vorstellen können. Ich werde auch ganz bestimmt an Sie denken, wenn ich wieder mal Hilfe brauche, Herr ...

Er sieht auf die Visitenkarte –

Matula: ... Herr Kleinschmidt. Mein Name ist übrigens Matula.

Er gibt Kleinschmidt die Hand, die dieser betont forsch schüttelt.

Anmerkung 24: Die Ermittlungen eines Detektivs sollten unbürokratisch, einfallsreich und möglichst witzig sein. Im Laufe einer Serie erschöpfen sich die Varianten freilich bald. Eine Spielart des ewig gleichen Rituals der Abfrage hat Willschrei hier gefunden: Matula trifft nicht auf einen unwilligen oder auch nur normal-sachlichen Zeitgenossen, sondern auf einen Möchtegern-Detektiv. Da selbst ernannte Detektive Zeit haben müssen, bieten sich ältere Leute oder Kinder an. Die Wirkung ist komisch oder rührend. Und fast immer schön.

31. Büro Renz   **Innen/Tag**

Im Raum Renz und Matula. Matula ist ziemlich aufgeregt.

Matula: Ich muss dir ehrlich sagen, bis zu diesem Zeitpunkt hab ich Markus nicht geglaubt. Die Beschuldigung von Birk, das schien mir zur Hälfte Selbstschutz und zur anderen Hälfte Rache. Weißt du, dieser Birk, du kennst ihn ja nicht, der ist nicht der Typ, der sich eine so abgefeimte Sache ausdenkt.
Renz (skeptisch): Und jetzt ist er's auf einmal doch?
Matula: Jedenfalls gibt es keinen Grund, weshalb Markus sein Auto in der Nebenstraße, ungefähr 100 Meter vom Haus Danzer weg, geparkt haben soll.
Renz: Vielleicht war vor dem Haus kein Parkplatz frei?
Matula: Unsinn. Das ist 'ne Villengegend, da haben alle Leute Garagen, da siehst du überhaupt kein Auto auf der Straße. Ich kann heut Abend noch mal hinfahren und gucken, ob das abends anders ist, aber ich bin ganz sicher, da war jede Menge Platz vor dem Haus Danzer, und das Parken in der Nebenstraße muss einen Grund gehabt haben, und Markus hatte dafür eben keinen Grund. Er hatte, wenn er das Auto gefahren hätte, ja nicht vor, auf dem Rückweg einen Menschen über den Haufen zu fahren. Verstehst du, was ich meine?
Renz: Ja, das ist sehr klar.
Matula: Es geht noch weiter. Birk nämlich hätte allen

Grund gehabt, in der Nebenstraße zu parken. Er musste, nachdem er das Auto aus Markus' Garage entwendet hatte, nämlich in der Nähe des Hauses Danzer sein, um zu wissen, wann Markus das Haus verließ. Erst danach, nämlich in der Zeitspanne zwischen Markus' Aufbruch von Danzer und seiner Ankunft zu Hause konnte er den Unfall fabrizieren.

Renz: Klingt logisch. Hat dein Herr Kleinschmidt vielleicht einen Mann in dem Jaguar sitzen sehen?

Matula: Hab ich nicht gefragt, hätte er aber bestimmt gesagt. Außerdem konnte man aus dem Auto heraus Danzers Haus nicht sehen. Er muss ausgestiegen sein und aus einer anderen Position das Haus beobachtet haben.

Renz: Aber der so überaus aufmerksame Herr Kleinschmidt hat keinen Fremden in der Gegend herumlungern sehen?

Matula: Hab ich auch nicht gefragt. Weißt du, ich hab mir das Ganze erst auf der Rückfahrt zusammengereimt. Aber ich kann Kleinschmidt ja noch mal anrufen.

Damit zieht Matula die Visitenkarte aus der Tasche, geht zum Telefon und wählt.
Nach einigen Sekunden:

Matula (ins Telefon): Tag, Herr Kleinschmidt, hier noch mal Matula. – Nein, ich habe noch nichts für Sie, ich habe nur noch eine Frage wegen Donnerstag. Haben Sie vielleicht bei Ihrem Spaziergang ... ich meine im Umfeld des Hauses Danzer irgendeine Figur gesehen, ich meine einen Fußgänger, irgendeinen Fremden, der sich da herumgetrieben hätte?

Matula hört wieder einige Sekunden zu, dann:

Matula: Ja, das war's schon, Herr Kleinschmidt. Ich danke Ihnen, und ich hoffe: Bis bald!

Damit legt er auf, wendet sich wieder Renz zu.

Matula: Fehlanzeige. Aber in der Gegend gibt es so viele Vorgärten, da ist es nicht allzu schwer, sich irgendwo zu verstecken.

Renz (nachdenklich): Hm. Nicht ganz einfach, deine Gedankengänge einem Gericht zu verklickern.

Matula: Warum nicht?

Renz: Wirkt so spitzfindig.

Matula: Ist schlicht intelligent und logisch.

Renz: Und wenn Birk ein Alibi hat?

Matula: Joana hat keins. Sie sagt, sie war allein zu Hause.

Renz: Kannst du dir 'ne Frau vorstellen, die jemanden kaltblütig über'n Haufen fährt?

Matula: Fällt mir bei 'ner Frau genauso schwer wie bei 'nem Mann.

Renz: Hast du auch wieder Recht.

Matula: Komische Sache mit der Logik. Sie führt uns ganz zwangsläufig irgendwohin, wo wir wissen, dass wir falsch sind.

Anmerkung 25: In der Krimi-Literatur wird oft herausgestellt, dass der Ermittler den Fall durch logische Kombinationen löst. Das ist in der älteren Literatur tatsächlich der Fall, am klarsten beim ehrwürdigen Sherlock Holmes. In den letzten Jahrzehnten hat der Krimi sich freilich – in der Literatur wie im Film – weiterentwickelt. Die Möglichkeiten der Verrätselungen und spitzfindigen Auflösungen sind längst durchgespielt. Ein heutiger Krimi in der Art von Sherlock Holmes würde mit Sicherheit langweilen. Bezeichnenderweise ist diese Szene die einzige in der ganzen Geschichte, die an Sherlock Holmes und Dr. Watson erinnert. Und der Autor gibt ihr eine leise Ironie.

Sachlich sind Renz und Matula der Lösung nun sehr nahe. Ihre Überlegungen sind in sich schlüssig. Sie beruhen nur auf einer falschen Voraussetzung, nämlich auf einem Irrtum bezüglich der Person des Täters.

32. Straße vor Haus Danzer   Außen/Abend

Renz' Auto ist vor dem Haus Danzer am Straßenrand geparkt. Renz schlendert die Straße entlang, sieht sich um, wirkt sehr nachdenklich. Schließlich geht er auf das Haus Danzer zu, klingelt.

33. Haus Danzer/Wohnzimmer   Innen/Abend

Renz, Danzer und Frau Danzer stehen sich gegenüber. Danzer ist überrascht über diesen Besuch.

Frau Danzer: Darf ich Ihnen etwas zu trinken anbieten, Herr Dr. Renz?

Renz: Nein danke.

Danzer (steif): Ja, was kann ich für Sie tun?

Renz: Mir eine Frage beantworten: Wenn Herr Markus mit dem Auto hier war, hat er dann auch getrunken?

Danzer (ausweichend): Aber er ist fast immer mit der S-Bahn gekommen.

Renz: Das weiß ich. Aber manchmal, haben Sie gesagt, wenn es viel Arbeit im Büro gab, ist er eben doch mit dem Auto gekommen. Hat er dann getrunken?

Danzer: ... weniger als sonst.

Renz: Aber genügend, um über der zulässigen Promillegrenze zu sein?

Frau Danzer: Wir zählen die Drinks unserer Gäste nicht.

Renz geht nicht auf sie ein.

Renz: Herr Danzer, wollen Sie mir helfen oder nicht?

Danzer: Ich verstehe nicht, worauf Sie hinauswollen.

Renz: Wenn Herr Markus mit dem Auto hier war und getrunken hat, haben Sie ihm dann ein Taxi gerufen oder ihn mit dem Wagen fahren lassen?

Danzer: Wollen Sie mir etwa eine Mitschuld anhängen?

Renz: Sie glauben also an die Schuld Ihres Schwagers?

Danzer zuckt hilflos die Schultern, was ungefähr ausdrücken soll: Was soll ich machen?

Renz: Haben Sie ihn mal daran gehindert, mit seinem Auto nach Hause zu fahren?

Wieder mischt sich Frau Danzer ein.

Frau Danzer: Ja. Ich hab ihm seine Autoschlüssel abgenommen, er fuhr mit der S-Bahn, und ich hab ihm am nächsten Morgen sein Auto rübergefahren.

Renz (zu Danzer): Hätten Sie das am letzten Donnerstag auch gemacht – wenn Sie gewusst hätten, dass er mit dem Auto da war?

Danzer: Selbstverständlich.

Renz: Das war's schon. Das war genau das, was ich wissen wollte. Ich danke Ihnen, Herr Danzer.

Anmerkung 26: Die Szene bereitet die Auflösung vor. Sie aktualisiert die Person Danzer und verschiebt das Image der Personen vom trottelig-weltfremden zum klar denkenden Menschen, eine Verschiebung, die für die Erklärung der Geschichte nötig ist.

34. Wohnung Matula   Innen/Nacht

Matula am Telefon.

Matula: Das klingt gut. Das klingt sehr, sehr gut. Du musst mir nur noch sagen, warum? – Ja, ich erinnere mich sehr gut. – mhm ... mhm ... ja ...

Anmerkung 27: Von hier an wird das Spiel (bis Bild 37) verdeckt geführt. Das heißt: Während der Zuschauer bisher alle Informationen hatte, die auch Renz und Matula haben, werden hier Informationen, Kombinationen, Vermutungen von Renz und Matula dem Zuschauer vorenthalten. Ein solches Spiel ist nicht erlaubt, wenn dem Zuschauer der Eindruck vermittelt wird, er hätte alle Informationen. Wenn ihm dann bei der Auflösung mitgeteilt wird, was die Ermittler wissen oder kombiniert und nicht verraten haben, fühlt der Zuschauer sich betrogen. Wenn dem Zuschauer aber – wie hier – deutlich zu erkennen gegeben wird, dass zum Zwecke der Spannung jetzt wichtige Informationen ausgespart bleiben, ist das legitim. Der Filmerzähler verhält sich wie ein Witzeerzähler. Der gibt seine Pointe auch nicht vorzeitig preis.

35. Villa Renz/Wohnzimmer   Innen/Nacht

Es ist Renz, der mit Matula telefoniert.

Renz (ins Telefon): Gleich heute Abend, wenn Du die Dame finden kannst. – Und sag mir, ob sie mitspielt. Ich bin sicher bis eins auf. – Ich drück Dir die Daumen. Ciao.

Damit legt Renz auf, nimmt ein Glas, das neben dem Telefon steht, trinkt. Er wirkt sehr zufrieden mit sich selbst.

36. Straße   Außen/Nacht

Dieselbe Straße wie im 1. Bild. Prostituierte und Freier und diesmal Matula. Er tritt an eine der Damen heran.

Matula: Sag mal, wo ist denn die Ilona?
Prostituierte: Da drüben.

Sie weist auf eine andere Prostituierte. Matula geht zu der.

Matula: Hallo.
Faber: Hallo, Süßer.
Matula: Sind Sie Ilona Faber?

Sofort verliert Ilona ihr werbendes Gebaren und wird abweisend.

Faber: Polizei?
Matula: Nein.
Faber: Was willst du?
Matula: Es geht um den Unfall. Um den Jaguar. Um den Fahrer.

Die Faber wird aufmerksam, wittert ein mögliches Geschäft.

Faber: Bist du gefahren? Willst du, dass ich jetzt sag, ich hätte mich in der Nummer vielleicht doch geirrt?
Matula: Hast du mich in dem Wagen erkannt?

Die Faber betrachtet Matula genau, schüttelt dann den Kopf.

Faber: Nein. Es ging zu schnell. Ich hab nur noch das Nummernschild gesehen.
Matula: Aber du *könntest* den Fahrer doch erkannt haben.
Faber: Ich hab aber nicht. Und das hab ich der Polizei auch gesagt.
Matula: Es geht nicht um die Polizei. Es geht um den Fahrer.
Faber: Kennst du ihn?
Matula: Ja.
Faber (ablehnend): Ich kann ihm nicht helfen. Ich will auch nicht. Ich find, er ist 'ne Sau.
Matula: Ich hab ihn auch nicht so gern. Können wir hier irgendwo was trinken und in Ruhe reden?
Faber: Zahlst du mir den Verdienstausfall?
Matula: Ich will dir was vorschlagen, wo du vielleicht viel mehr verdienen kannst.

Die beiden gehen zusammen weg.

37. Werksparkplatz Markus-Chemie Außen/Tag

Morgens, Arbeitsbeginn. Ein Auto nach dem anderen fährt auf den Parkplatz.
Jetzt erkennen wir zwischen zwei Lastwagen versteckt Matula und Ilona Faber.

Faber: Wieso kann er denn überhaupt mit dem Auto kommen? Die müssen ihm doch seinen Führerschein weggenommen haben.

Ein Taxi fährt vor, Markus steigt aus, geht zum Eingang.

Matula: Wieso denn? Die können ihm doch nur beweisen, dass er an dem Abend besoffen war, nicht aber, dass er Auto gefahren ist.

Jetzt fährt Danzer auf den Parkplatz, parkt ein, steigt aus. Er nickt Markus zu.
Matula deutet (Ich hoffe, zu unserer Überraschung!) auf Danzer und sagt:

Matula: Das ist er.

Anmerkung 28: Hier beginnt die Auflösung. Sie erfolgt in diesem Falle in drei Schritten. Im ersten Schritt erfährt der Zuschauer, dass Danzer der Täter ist. Der Film ist aber noch nicht zu Ende. Denn der Zuschauer braucht noch ein wenig Zeit, die überraschende Wendung zu verarbeiten, das heißt, das, was er nicht gesehen hat und was ihm jetzt als Erklärung gesagt wird, mit dem in Einklang zu bringen, was er gesehen hat. Zunächst muss er die Figur Danzer Revue passieren lassen. Er deutet jetzt das Verhalten von Danzer in Bild 15 (die übereifrige Entlastung von Markus) als besonders schlaue Art der Verdächtigung. Er vollzieht die Schlussfolgerungen von Renz und Matula aus der Szene 31 nach, die bis auf die Person des Täters richtig waren.

Er gibt Faber einen Schubs, und sie geht auf Danzer zu, stellt sich ihm in den Weg.

Faber: Tag, Herr Dr. Markus.

Danzer (irritiert): Ich bin nicht Dr. Markus.

Faber: Erzählen Sie mir nichts, ich erkenn Sie doch wieder. Ich hab Sie doch erkannt am Donnerstagabend. Wo haben Sie denn Ihren schönen Jaguar?

Danzer ist so verblüfft, dass er nichts sagen kann. Faber hakt nach:

Faber: ... mit dem Sie meinen Freier über den Haufen gefahren haben! Lassen Sie gerade den Kotflügel ausbeulen, den Sie ihm in die Eingeweide gerammt haben, ja?

Danzer: Sie sind verrückt.

Faber: Ich stand an der Stelle, wo Sie gebremst haben. Und da steht 'ne Laterne, wenn Sie sich vielleicht erinnern. Und in dem Licht hab ich Sie genau erkannt. Warum haben Sie denn erst gebremst und sind dann weitergefahren?

Danzer (kann kaum sprechen vor Schreck): Was wollen Sie von mir?

Faber: Sehen Sie, so ist es richtig. Das ist 'ne gute Frage. Was würden Sie denn sagen, was 'n Menschenleben wert ist?

Danzer: Wollen Sie Geld?

Faber: Was haben Sie denn gedacht? Murmeln vielleicht?

Während dieses Dialogs ist Matula – von Danzer unbemerkt – hinter dem Lastwagen hervorgetreten und schießt schnell eine Reihe Fotos von Danzer und Faber.

Danzer versucht ein letztes Mal, sich zu wehren.

Danzer: Aber ich bin gar nicht –

Er bricht ab.

Faber: Ja, wenn ich mich verguckt haben sollte, dann müssen wir die Sache bei der Polizei klären.

Danzer schweigt, überlegt.

Faber: 10.000. Heute Abend. An genau der Stelle, wo Sie den Mann überfahren haben. Die werden Sie ja wohl wieder finden. Und zu genau derselben Zeit.

Damit dreht sie sich um und geht davon. Danzer blickt ihr nach, geht dann mit schnellen Schritten auf das Verwaltungsgebäude der Markus-Chemie zu.

38. Straße/Im Auto   Außen/Nacht

Ilona Fabers Standplatz. Jetzt rollt ein Auto heran, hält vor ihr. Die Tür an der Beifahrerseite wird geöffnet, die Faber steigt ein. Im Auto Danzer. Er sieht sie mit einer Mischung aus Wut und Angst an, hat ein dick gefülltes Briefkuvert in der Hand.

Danzer: Ich zahle. Aber nur einmal. Ist das klar?

Er gibt ihr das Kuvert,
In diesem Moment flammt vor der Scheibe ein Blitzlicht auf. Matula ist der Fotograf. Jetzt öffnet er die hintere Tür, steigt ein.

Matula: Tja, Herr Danzer, ich denke, das reicht. (zur Faber): Geben Sie mir das Geld. Wir brauchen es als Beweis.

Die Faber gibt Matula das Kuvert. Danzer ist in sich zusammengesunken, murmelt:

Danzer: Ich wollte ihn nicht totfahren.

Matula: Sondern?

Danzer: Ein Unfall, ein Unfall unter Alkohol ...

Matula: Ja, das hätte für Ihre Zwecke genügt. Aber man darf mit solchen Dingen nicht spielen. Jetzt ist es Mord.

Die Faber steigt aus dem Auto, dann auch Matula.

Anmerkung 29: Der zweite Schritt der Auflösung zeigt, wie Danzer überführt wird. Streng genommen ist die Szene nicht mehr nötig, weil Danzer seine Erpressbarkeit ja schon in der vorhergehenden Szene bewiesen hat. Die Szene ist gut, weil der Zuschauer zum Verarbeiten dessen, was ihm in der vorhergehenden Szene aufgegangen ist, einige Zeit braucht.

Der letzte Schritt der Aufklärung schließlich ist die Erklärung des Ablaufs der Tat: Szene 39.

39. Büro Renz   Innen/Tag

Im Raum Renz, Matula, Markus und Faber. Auf dem Tisch vor Ihnen die Fotos, die Matula von Faber und Danzer geschossen hat, sowohl auf dem Parkplatz als auch in der Nacht bei der Übergabe des Geldes.

Renz: Danzer muss schon vor einem halben Jahr mit dem Gedanken gespielt haben, als er Ihnen (Renz spricht zu Markus) die Schlüssel entwendet hat.

Markus: Ja, aber er konnte es damals nicht machen, weil seine Frau, weil meine Schwester im Haus war.

Renz: Jetzt war es ganz einfach. Er hat gewartet, bis Sie zur S-Bahn gegangen sind, dann hat er den Wagen aus der Garage geholt, ist zu sich gefahren, hat ihn in der Nebenstraße abgestellt und war wieder im Haus, als Sie ankamen.

Markus: Und als ich ging, hat er mich bis zum Gartentor gebracht, hat gewartet, bis ich um die Ecke verschwunden war, hat sich in den Wagen gesetzt und den Mann überfahren. Dann brauchte er den Jaguar nur noch in meiner Gegend abzustellen und sich ein Taxi nach Hause zu nehmen.

Renz: Ja, so war es.

Markus (leise): Ich habe lange mit ihm Schach gespielt – aber diesen Zug hatte ich nicht erwartet.

Renz: Warum hat er es getan?

Markus: Ehrgeiz. Ehrgeiz und Eifersucht.

Renz: Berufliche Eifersucht.

Markus: Ja. Wir sind vielleicht gleich gute Chemiker, aber – ich war eben immer besser, unser Leben lang. Er ... er hat einfach keine Fortüne, ihm fehlt das Quäntchen Glück, das nun mal zu jedem Erfolg gehört. Und da ist er mit den Jahren bitter geworden.

Alle schweigen. Schließlich fügt Markus hinzu:

Markus: Meine Schwester, meine Stiefschwester, hat vielleicht das Ihre dazugetan, unbewusst. Er verehrt sie, und sie ... für sie ist alles, was ich tue, immer richtig und wunderbar und das Beste.

Auf dem Tisch liegen, neben den Fotos, die 10.000 Mark, die Danzer an Faber bezahlt hat, nebst dem Kuvert. Die Faber hat die ganze Zeit auf das Geld gestarrt. Jetzt fragt sie:

Faber: Was passiert mit den 10.000 Mäusen?

Renz: Die werden wir Danzer umgehend zurückgeben. Oder möchten Sie wegen Erpressung belangt werden?

Faber (kleinlaut): Ich mein ja nur ...

Markus (zu Faber): Ich werde Ihnen das Geld –

Renz (unterbricht schroff): Das werden Sie nicht. Ich möchte mir vor Gericht nicht sagen lassen, wir hätten unsere wichtigste Zeugin bestochen.

Faber macht ein langes Gesicht. Renz fügt hinzu:

Renz (zu Markus); Was Sie allerdings nach der Verhandlung machen …

Fabers Gesicht hellt sich wieder auf. Sie blickt Markus an, der nickt ihr vielversprechend zu. Renz will die Sitzung aufheben.

Renz: Tja, dann sehen wir uns bei der Verhandlung wieder.

Faber wendet sich zur Tür. Markus tritt zu Matula hin, gibt ihm die Hand.

Markus: Ich danke Ihnen.

Matula deutet mit dem Daumen auf Renz.

Matula: Es war seine Idee.
Renz (mit gespielter Empörung): Das ist eine unerhörte Behauptung. Niemals würde es einem Rechtsanwalt in den Sinn kommen, einen Menschen erpressen zu lassen. Auch nicht, wenn dieser Mensch ein heimtückischer Mörder ist und die Erpressung zu seiner Überführung dient.
Markus: Finden Sie nicht, dass der Zweck die Mittel heiligt?
Renz (halb rhetorisch, aber doch ein wenig ernst): Nein. Ich glaube, dass die Mittel den Zweck richten.

Die Kamera schwenkt langsam von Renz weg aufs Fenster und die schöne Totale von Frankfurt.

SCHLUSSTITEL

Die Entwicklung einer Serie

Warum keine Serie schreiben?

Sie wollen, nachdem Sie sich nun im Metier auskennen und auf gleicher Augenhöhe mit dem Redakteur oder dem Producer reden können, nachdem Sie Ihre Stoffe auf deren Krimi-Tauglichkeit hin überprüfen und in ein Serienkonzept einfügen können, nachdem Sie die Spannungsdramaturgie beherrschen gelernt haben, nun endlich auch eine Serien-Idee konzipieren. Tun Sie das nicht!

Serien entstehen anders, nicht am Schreibtisch – zumindest nicht an Ihrem. Denn ein so teures Unterfangen wie der *launch* einer Serie wird – nicht mehr – dem Genie eines Einzelnen überlassen; selbst dann nicht, wenn er als solches anerkannt wäre. Ein Sender, der eine Serienkonzeption falsch platziert oder das Ziel der Serie – den Zuschauer – verfehlt, kommt beim zweiten (spätestens beim dritten) Fehler dieser Art in bedrohliche Schieflage; das Mindeste wird sein, dass die Gesellschafter das Management, das für diese Fehlinvestitionen verantwortlich ist, austauscht. Und das möchte dieses verständlicherweise verhindern.

Sie haben auch die Möglichkeiten dazu. Mit der Entwicklung des dualen Systems und der ausschließlich auf Gewinn hin konstruierten privatwirtschaftlichen Sender wurden auch die Methoden der Marktforschung, der Wirkungsforschung, der Werbeabsatzforschung und der entsprechenden theoriebildenden Wissenschaften ganz erheblich verfeinert. Was früher einmal plumpe »Fliegenbeinzählerei« war, nämlich die nackte Quote der eingeschalteten Geräte pro Haushalt, das ist heute ein feines Instrumentarium mit ganz erstaunlicher

Forschungstiefe: Man weiß, was sich hinter diesen Zahlen verbirgt, man kennt seinen Zuschauer bis in kleine Differenzierungen. Und man weiß, wann er abwandert, warum er bleibt – und was er am liebsten auf diesem Sendeplatz sehen möchte.

Denn über die Kenntnis vom Klienten hinaus haben die Sender – aus kluger Beobachtung der Entscheidungsabläufe vor den Fernsehschirmen – eine höchst detaillierte Sendeplatzplanung entwickelt. Was am Montagabend im ZDF gut ist, muss noch lange nicht am Donnerstag in der ARD funktionieren; und was auf Pro7 in der *prime time* nicht richtig gelaufen ist, bringt bei SAT.1 traumhafte Quoten. Wollen Sie sich damit beschäftigen? Wollen Sie so tief in die Rezeptionsforschung und die Sendeplatzanalyse und -planung einsteigen? Dann sollten Sie gar nicht erst Autor werden, denn Sie würden Ihren ganzen Esprit – und Ihre Ausbildung – auf diesen Job konzentrieren müssen.

Ich kann Ihnen auch wenig Hoffnung machen, dass Sie an diese Daten herankommen. Die sind zunächst einmal so etwas wie »Herrschaftswissen« der Senderdirektionen; die gibt man nicht einfach raus, denn sonst könnten die anderen Sender entsprechende Schlüsse ziehen. Eine einmalige Veröffentlichung würde auch nichts nutzen, denn die Daten sind im ständigen Fluss – nach zwei, drei Monaten kann die Sache nämlich plötzlich ganz anders aussehen, kann sich der Publikumsgeschmack verändert haben. Vielleicht werden auf einmal Teenie-Stoffe – die Sieben-Minuten-Häppchen-Dramaturgie mit »Kriegt-der-Hans-die-Liese-Stoffen« – bevorzugt (wie im Vorabendprogramm der ARD geschehen) und die anstrengendere Krimi-Ware gemieden, bei der man der einzelnen Folge in voller Länge folgen muss, wenn man die Story überhaupt genießen will. Zu dem Zeitpunkt, an dem die Rezeptionsforschung diese Veränderung im Zuschauerverhalten erkennt, sitzen Sie noch an der dritten Fassung Ihres ersten Exposés.

Aber, werden Sie sagen, die Sender brauchen uns doch! Ohne Autoren haben die doch gar keine Geschichten! Da haben Sie Recht – und wiederum Unrecht. Denn so sehr Sie uns brauchen, so schnell ist die Entwicklung im Fluss – und was gestern gut war, muss heute – auf diesem Platz – lange nicht mehr das A & O sein. Es kann, dann haben Sie eine Glückssträhne erwischt, aber Sie können sich nicht darauf verlassen. Und denken Sie daran: Es sind nicht die Sender, die dieses harte Schicksal verantworten müssen, es ist der launische Zuschauer. Der, für den Sie sich die ganze Mühe machen. Die Sender versuchen nur, sich nach ihm zu richten. Wäre es nicht nahe liegend, dass die Sender ihr Wissen an diejenigen weitergeben, die den *content* liefern sollen? Denn nach wie vor gilt doch:»Content is King«.

Durch langjährige und enge Zusammenarbeit entsteht Vertrauen; Vertrauen darin, dass jemand mit den Daten auch umgehen kann; dass er sich von ihnen nicht zu sehr beeindrucken lässt (nach einem längeren Gespräch über die zu erwartenden demografischen Daten auf einem vorher definierten Sendeplatz gestand der Autor, dem wir damit einen Gefallen tun wollten, dass er sich nun vollkommen unbegabt fühle – und verließ die Sitzung!), sondern dass sie ihn stimulieren, einen kreativen Prozess auslösen. Und das sind in aller Regel die Produzenten – sofern sie von der Spezies der Kreativen sind, was Gott sei Dank immer häufiger der Fall ist.

Mit diesen redet ein Sender auch gerne, denn bei ihnen weiß er seine Daten und Kenntnisse vom Sendeplatz, von der senderspezifischen Klientel, vom konkurrierenden Umfeld etc. gut aufgehoben – denn für den Produzenten sind sie ebenfalls»Herrschaftswissen«, das er nicht gleich hinausposaunen wird. Hinzu kommt, dass eine lange Zusammenarbeit auch Kommunikationsflüsse ermöglicht, die man bei einem Neustart mit einem Sender nur schwer herstellen kann.

Klar, werden Sie sagen, muss der so reden: Der ist ja Produzent. Richtig. Aber ist es nicht besser, Sie haben einen guten Produzenten, der ein enges Verhältnis zu einem Sender, zu einer Redaktion, zu Entscheidungsträgern hat (und das, weil er mit Ihnen denkt und erfindet – nicht, weil er Sie zum Essen einlädt oder Ihnen ein Leasing-Auto vor die Tür stellt), als dass Sie Ihre Serienkonzeptionen in der Welt herumschicken und nichtssagende Antworten aus den Lektoraten sammeln?

Wie entsteht eine Serie?

Ein Sender hatte bei uns einen TV-Movie produzieren lassen, der seinen Vorstellungen nicht nur entsprach, sondern die Erwartungen übertraf. Sowohl innerhalb der Redaktion als auch bei der Sendeplanung – es gab denkbar gute Quoten; »gut« bedeutet aber nicht nur die reine Menge der Zuschauer, sondern auch deren Struktur, beispielsweise der Anteil der Frauen, die Altersstruktur ... In manchen Sendern wird nur noch über »14 bis 29« geredet, gemeint sind damit die entsprechenden Altersgruppen, hohe Quoten in »14 bis 49« sind da fast schon ein vernichtendes Ergebnis. Wichtig ist vor allem, dass die Zuschauerschaft dem Profil entspricht, das der Sender von sich haben will, resp. seiner »Zielgröße und -gruppe. Es wäre Unsinn, wenn jeder Sender das gleiche Publikum haben wollte – bei <u>der</u> Konkurrenz kann man nur erfolgreich sein, wenn man zielgenau »sein« Publikum anspricht.

Wir hatten also Erfolg. Und der Sender hoffte, von uns mehr von dieser Ware erhalten zu können. Also haben wir einen weiteren TV-Movie gemacht, und der Produzent hat die verantwortlichen Redakteure zugleich anschauen lassen, was wir sonst noch so in der Entwicklung haben. Jede vernünftige Firma entwickelt auf eigene Kosten bis zu einem bestimmten Reifegrad, d.h., bis zum Exposé oder ersten Treatment, möglichst viele Stoffe unterschiedlichster Ausrichtung. Im Gegenzug ließ man uns wissen, wo Bedarf beim Sender wäre, welches Segment nicht ausreichend qualifizierte Ware hatte, wo sich Einbrüche in der Akzeptanz beim Zuschauer abzeichneten.

Diese Gespräche müssen Sie sich wie die ersten zaghaften Werbungen zwischen zwei Personen vorstellen: Man geht zwar zusammen zum Essen oder gar ins Kino, aber man spricht noch nicht über allzu Privates – oder gar von seinen geheimen Wünschen. Erst sehr viel später beginnt der Flirt; man ist fasziniert voneinander, entdeckt seine Vorlieben – und wird kühner. Und wann man dann zusammen ins Bett geht, ist eine höchst individuelle Entscheidung: Wählt man den falschen Zeitpunkt (zu früh ist immer falsch, zu spät ist auch nicht immer richtig), zerstieben die schönsten Hoffnungen. Es gibt unter den Produzenten absolute Virtuosen dieser Akquise-Lyrik; man glaubt es – angesichts ihrer Produktionen – oft nicht, wie sie das Ding nun wieder hingekriegt haben.

Bleiben wir bei unserem Beispiel: Wir wussten nach mehr als einem Jahr guter Zusammenarbeit, wo den Sender der Schuh drückte. Man hatte es uns auch anhand der jüngsten Daten erklärt. Also konnte unser Produzent aus seinem Entwicklungspool Vorschläge machen – gewissermaßen als Spielmasse. Denn dass einer dieser Vorschläge eins zu eins genommen und dann produziert werden würde, war natürlich nicht zu erwarten. Nein, es brauchte einfach konkretes Material, um sich in der Diskussion dem nähern zu können, was auf dem Sendeplatz richtig war – oder von den Verantwortlichen dafür gehalten wurde. In dieser Phase kommen die Autoren ins Spiel, die Erfinder dieser Geschichten. Man liest, redet, verabschiedet sich höflich – und der Produzent und der Senderverantwortliche verständigen sich separat, ob es das denn jetzt war. Meistens war es das noch nicht, aber man hat ja so eine Nase … Auf zehn Stoffe kommt einer, den man dann weiterentwickeln will. Ob er später gemacht wird, ist dann noch eine ganz andere Frage.

Das finden Sie als Autor ausbeuterisch? Wieso denn? Bis dahin ist Ihnen Ihre Arbeit ja vom Produzenten bezahlt worden – ohne diese Finanzierung hätten Sie es sich gar nicht leisten können, monatelang an dem Stoff zu sitzen! Und wenn der Stoff nicht gemacht werden sollte, fällt er ja wieder an Sie zurück. Das obliegt allerdings Ihrer Sorgfaltspflicht bei der Abfassung der Verträge; geben Sie in dieser Phase nie die Rechte für alle Zeiten ab, sondern bestenfalls eine Option auf Zeit, die man ja gegebenenfalls verlängern kann. Und einmal bei einem Sender gesessen zu haben und sein Genie vorführen zu können, dafür würden andere schon Geld mitbringen! Irgendwann kommt dann der zündende Funke. Man hat gemeinsam das Projekt gefunden. Das will man – ebenfalls gemeinsam – weiterentwickeln und sehen, ob es wirklich funktioniert. Einen ersten Hinweis ergeben die folgenden Wochen der Zusammenarbeit: Bewegt man sich immer noch in der gleichen Richtung, läuft »das Ding« auf der richtigen Schiene? Oder driftet man auseinander? Das zweite und dritte Konzeptpapier wird erarbeitet, man begutachtet die ersten Stoffe, d.h. Exposés und Treatments. Hier sind aller Augen auf den Autor gerichtet. Jetzt sind Sie da, wo Sie hin wollten. Man braucht Sie, ist auf Sie und Ihr Können angewiesen – und man hört Ihnen (endlich, werden Sie sagen) zu. Aber jetzt sind Sie auch gefordert, mit allem, was Sie können. Jetzt zeigt sich, wie fit Sie sind. Haben Sie die Monate und Jahre vorher genug »trainiert«? Denn nun haben Sie, wie in den Leichtathletikmeisterschaften, drei Versuche – maximal.

Hic Rhodos, hic salta! In dieser Phase geht es um alles oder nichts.

Der nächste Hinweis, ob das Projekt, das ja jetzt schon einiges Geld gekostet hat, funktionieren kann, kommt aus der Marktforschung. Ja, Sie haben richtig gelesen: Das Projekt wird, ehe man überhaupt nur einen Meter gedreht hat, auf seine Wirkung hin erforscht. Wie das geht, ist ein eigenes Kapitel, aber die Methoden der darauf spezialisierten Forschungsinstitute sind – das können Sie mir abnehmen – ausgefeilt und die Ergebnisse oft erstaunlich aussagekräftig. Eine ausführlichere Darstellung, wie denn die Zuschauerforschung funktioniert und ob denn die mechanische Quotenerhebung in einem Panel von nicht einmal 3000 Test-Haushalten reichen kann, ersparen wir uns hier; darüber gibt es genügend gute Literatur.

Nun werden Sie einen Widerspruch zwischen dem, was ich über Bellisario und die anderen *writer-producer* im ersten

Teil geschrieben habe, vermuten. Zu Unrecht, denn diese Könner ihres Fachs haben auf einer langen Reise durch die Branche das Vertrauen erworben, das ihnen zu immer neuen Serien-Akquisen verhilft – sogar bei Misserfolgen, denn »Hill Street Blues« war beispielsweise ein Flop. Trotzdem konnte Bellisario »NYPD blue« entwickeln. Und sie haben Erfolg als Produzenten gehabt und damit nahezu unbegrenztes Vertrauen erworben.

Deswegen würde ich Ihnen aber nicht raten, zunächst Produzent zu werden, damit man Ihnen als Autor vertraut. Meist verläuft die Sache nämlich anders: Man schreibt und schreibt, bis man eine Tages die Sache selber in die Hand nehmen will und Produzent wird; so ist es Werner Kließ ergangen, so Georg Althammer – und auch mir; was leider bei allen Betroffenen dazu geführt hat, keine Zeit mehr zum Schreiben zu haben. Ich rate Ihnen zu einem anderen Weg.

Karriereplanung erster Teil

Greifen Sie ruhig nach den Sternen und stellen sich vor, der deutsche Kelly, Larson oder McCoy zu werden. Aber gehen Sie planvoll vor und machen einen Schritt nach dem anderen. Der erste ist: ganz einfach Fingerübungen machen, schreiben, schreiben, schreiben. Sich ausprobieren, bis Ihnen keiner mehr erzählen kann, Sie wüssten nicht, was Sie da machen. Begründen Sie – zunächst sich selbst, dann können Sie es bald auch anderen gegenüber –, warum Sie eine Geschichte so und nicht anders angehen. Wo Ihre Schwerpunkte liegen. Was Sie eigentlich erzählen wollen.

Dann reden Sie mit Fachleuten darüber, aber nicht mit Autorenkollegen, denn die haben die gleichen Probleme wie Sie und finden Ihr Buch entweder »super«, dann sind es gute Freunde, oder sie finden es komplett daneben und flunkern sich höflich raus. Auf deren Urteil können Sie nicht rechnen. Suchen Sie Fachleute, Dramaturgen, Redakteure, Journalisten, Kritiker, Drehbuchlehrer – auf jeden Fall aber nur Personen, denen Sie kraft ihrer Kompetenz und Persönlichkeit vertrauen können. Studenten von Filmhochschulen haben es da leichter, für den Freelancer ist dieser erste wichtige Kontakt meist am schwierigsten herzustellen; aber es gibt Hunderte von Filmfesten, Medientagen, Premieren etc., auf denen Sie Bekanntschaften anknüpfen können – probieren Sie es.

Entwicklung der SAT.1-Serie
»Das R.K.I.-PROJEKT« (AT)

Wir stellen im Folgenden die Entwicklung einer Serie in ihren einzelnen Schritten dar, hier am Beispiel der Serie »Das Labor«. »AT« bedeutet, dass es sich um einen Arbeitstitel handelt. Der endgültige Sendetitel wird erst sehr viel später gesucht – und war zum Zeitpunkt der Drucklegung dieses Buches noch nicht gefunden. Sie haben hier also ein besonders aktuelles Beispiel einer Spannungsserie. Warum nicht eine reine Krimi-Serie, werden Sie fragen. Weil die erfolgreichsten Krimiserien der jüngeren Vergangenheit meistens Mix-Genres waren. Diese Entwicklung, die wir für den US-Markt schon beschrieben haben, scheint der neue Weg zu sein, wie sich das Kriminalgenre insgesamt erneuert und stabilisiert.

Unabhängig davon können Sie am Beispiel der Serienentwicklung »Das Labor« grundsätzliche Merkmale der konzeptionellen Arbeit kennen lernen, so wie Sie ja auch bei der Beschäftigung mit dem Genre Krimi allgemein gültige Gesetzmäßigkeiten, Handwerk und Tricks mitbekommen können. Hier gilt also wie für den ganzen Band: Pars pro toto. Doch nun zum Beispiel:

»Fünf Serien-Backdoor-Piloten stehen bei Sat.1 kurz vor der Ausstrahlung. Fiktion-Chef Jan Kromschröder ist mit den Ergebnissen zufrieden: Durch die lange Vorbereitung und das ständige Hinterfragen seien qualitativ sehr hochwertige Filme entstanden. [...] Das Grundkonzept der Serien wurde von Sat.1 in der Marktforschung getestet, nach der Ausstrahlung sollen die Outlines der neuen Folgen auf Serientauglichkeit geprüft werden. Es zähle das Gesamtkonzept, eine Idee könnte auch als Reihe umgesetzt werden, eine andere hingegen gar nicht. Kromschröder ist sich bewusst, dass das Konzept umstritten ist: ›Ich sage nicht, das ist der einzig richtige Weg. Ich glaube aber, dass man so ein Grundinteresse ausprobieren kann. Die Alternative wäre gewesen, statt fünfmal 90, zehnmal 45 Minuten in Auftrag zu geben. Dann hätte ich in diesem Herbst eine einzige Serie ausprobiert.‹ Bis Ende 2002 wird entschieden, welche zwei bis drei Serien im Februar/März grünes Licht zum Dreh bekommen. Die Colonia-Media-Produktion »R.K.I. – Das Robert-Koch-Institut« (AT) nach einem Drehbuch von Johannes Betz zeigt jedoch, dass man auch bei Sat.1 noch einen Serien-Piloten außerhalb des Backdoor-Tests unterbringen kann. Ab Oktober wird gedreht.« (*Blickpunkt Film* vom 2.9.2002). Wie war es dazu gekommen?

Produzent Christian Granerath hatte vor Jahren einen Artikel über das Robert-Koch-Institut in Berlin gelesen und die Sache spannend gefunden; nachdem er den Fernsehfilm »Der Tunnel« gesehen hatte, nahm er Kontakt zum Autor Johannes W. Betz auf und erzählte ihm vom Robert-Koch-Institut – und Betz fing Feuer. Die Idee hatte also bei Granerath – wie viele andere Ideen und Stoffskizzen – gewissermaßen in seinem »Zettelkasten« gelegen. Betz und Granerath fuhren nach Berlin ins Robert-Koch-Institut und recherchierten, was ihnen durch das Entgegenkommen des Leiters Professor Dr. Reinhard Kurth und seiner Kollegen besonders leicht gemacht wurde; ihr Glück bestand darin, dass Professor Kurth nicht nur ein äußerst mitteilungsfähiger Mensch war, sondern auch ein konkretes Interesse an der Publizierung seiner schwierigen Arbeit in der Öffentlichkeit an den Tag legte. Darüber hinaus war er ganz einfach ein guter Erzähler.

Aus diesen Recherchen entwickelte Betz mit seinem Koautor Martin Pristl den Stoff für ein Einzelstück. In aller Regel ist das der berühmte *one-pager*, doch die Materialfülle und erste Ansätze für die Verbindung der beiden Seriengenres ließen die Autoren ausführlicher ausholen, das Exposé umfasste drei Seiten. Nach Gesprächen mit dem Produzenten wurde korrigiert und ergänzt, dann der Vorschlag dem Sender unter dem Titel »Das R.K.I.-PROJEKT« vorgelegt; der war angesichts der Idee und des Materials sofort der Meinung, dass man daraus eine Serie machen müsse – und bat um die Konzipierung dieses Einzelstücks als Pilotfilm. Die Autoren schrieben ein weiteres Exposé, davon eine zweite Fassung, dann ein Treatment – auch in zwei Fassungen – und danach die folgende Konzeption.

4.1 Die erste Konzeption

1. Das Konzept

Das R.K.I.-PROJEKT (Arbeitstitel) handelt von einer eingeschworenen Truppe von Ärzten und Wissenschaftlern des Deutschen Instituts für Infektionskrankheiten, die intern *Schnelle Eingreiftruppe* (SET) genannt wird. Diese SET ist dafür da, die Ausbreitung von Seuchen (Epidemien) in Deutschland zu verhindern. Wenn irgendwo in der Bundesrepublik ein Gesundheitsamt Alarm schlägt, klingeln bei der SET die Piepser. Die – in unserem Fall – fünf Spezialisten müssen dann alles liegen und stehen lassen, schnellstmöglich zum »Tatort« reisen und den Kampf gegen die Ausbreitung der »Seuche« aufnehmen. Das Wort *Seuche* steht hier bewusst in Anführungszeichen, da uns Katastrophenszenarien à la »Die Pest« weniger interessieren. Von Ausnahmen abgesehen, wird eher die »alltägliche Salmonellenvergiftung von nebenan« Thema sein. Auch der Erreger selbst, und mag er auch noch so exotisch und gefährlich sein, wird lediglich der vordergründige Gegner unserer Truppe sein. Die fünf Wissenschaftler, Biologen und Ärzte kämpfen vielmehr gegen die Zeit; sie kämpfen für die Gesundheit und die Rettung jedes einzelnen Menschenlebens und natürlich gegen Büro-

225

kratie, Überforderung, Unwissen sowie die Tücke des Objekts – kurz: gegen den Zufall.

Eine solche SET gibt es in Deutschland tatsächlich. Sie hat ihren Sitz in Berlin und ist Teil des Robert-Koch-Instituts. In der Realität wird sie acht bis zehn Mal pro Jahr für Aufklärungseinsätze angefordert – Tendenz steigend. Zu ihren Blitzmanövern rückt sie bei Erkrankungswellen in ganzen Landstrichen ebenso aus wie bei isolierten Seuchenausbrüchen z.b. in Altersheimen, Schulen, Krankenhäusern. Ihr wichtigstes Ziel ist es, die Ausbreitung der Erkrankung zu verhindern. Wer sich an die unkontrollierte Verbreitung der Maul- und Klauenseuche im vergangenen Jahr u.a. in Großbritannien erinnert, kann sich ausmalen, was passieren könnte, sollte diese Truppe einmal versagen.

Vor Ort recherchieren unsere Spezialisten nach gemeinsamen Verhaltensmustern der Erkrankten: Wer hat wann wo was gegessen? Wie wird das Virus übertragen, wo kommt es her, wer könnte sich bei wem auf welchem Weg angesteckt haben? Man stelle sich den verheirateten Familienvater vor: Wird er zugeben, dass er die Nacht zuvor bei seiner heimlichen Geliebten verbracht und sich mit Tuberkulose infiziert hat?

Gesucht werden also Hinweise auf Übertragungswege sowie Quelle und Art des Erregers. Daneben werden wichtige Laborarbeiten geleistet und mit den Behörden vor Ort Eindämmungsmaßnahmen erörtert: Müssen nicht nur die Betroffenen, sondern womöglich auch deren Angehörige in Quarantäne? Sollten Schulen und öffentliche Einrichtungen geschlossen werden? Gibt es Medikamente gegen den Erreger?

Oft genug nicht.»Es war ein großer Irrtum der Medizin zu glauben, die Infektionskrankheiten seien besiegt«, sagt Prof. Dr. Reinhard Kurth, Leiter des »echten« Robert-Koch-Instituts (R.K.I.). Die augenfälligsten Beispiele: Aids und die dramatischen Hämorrhagischen Fieber (Ebola, Lassa, Marburg, Krim-Kongo etc.).

So hoch wollen wir nur in Ausnahmefällen greifen. Denn viele weniger spektakuläre Erreger haben sich längst in unserem Alltag »eingenistet«: Meningitis (Hirnhautentzündung), Borreliose, Hepatitis, Masern und sogar Malaria. Oder man denke an die Renaissance der Tuberkulose, an Scharlach, Keuchhusten und die unüberschaubare Vielzahl verschiedener Grippe-Viren.

Der Kampf gegen Viren ist schier aussichtslos. Ein Schnupfen, sagt der Volksmund, dauert eine Woche ohne und sieben Tage mit Doktor. Antibiotika halten die meisten *Bakterien* in Schach, gegen *Viren* können sie nichts ausrichten. Die einzig möglichen Abwehrmaßnahmen sind also in der Regel die *Quarantäne* und eine *Schutzimpfung*. Letztere zu entwickeln dauert Monate, wenn nicht gar Jahre und kostet zig Millionen Euro.

Die beste Strategie bleibt nach wie vor, eine Ansteckung zu vermeiden. Beim HIV-Virus ist das vergleichsweise einfach, beim Grippevirus fast unmöglich. Jedes Jahr aufs Neue schwirrt er durch die Lüfte und rafft nicht wenige ältere Menschen dahin – 20.000 bis 30.000 sind es allein in Deutschland. Pro Jahr. Von überall auf der Welt könnten Reisende zudem unwissentlich neue, mitunter auch unbekannte Viren einschleppen – und tun das auch. Mit manchmal erstaunlichen Folgen: Man denke etwa an die komplette Sperrung des Central Parks in New York im Jahr 1999, weil dort der Seuchenherd der West-Nil-Virus-Epidemie vermutet wurde.

Meistens finden Epidemien auf lokaler Ebene statt – nicht zuletzt deshalb, weil die Strategien und Taktiken der Seuchenbekämpfung inzwischen sehr ausgefeilt sind. Noch einmal: Uns interessieren nicht die Schreckensszenarien, sondern eher die »kleinen« Geschichten, Seuchen- und Krankheitsausbrüche in lokal und personal begrenzten Milieus, und natürlich die Schicksale der Betroffenen (Stichwort: Familienvater/Geliebte). Nicht nur Medikamente haben Nebenwirkungen, sondern auch Entscheidungen und Handlungen.

Der direkte Kontakt mit den Opfern macht aus dem R.K.I.-PROJEKT eine Art Ärzteserie mit allen Zutaten, die wir am Krimi so lieben: Gefahr, Suspense, Extremsituationen, Rätsel und deren intelligente Lösung. Doch vor allem sollen die persönlichen Dramen der Beteiligten im Vordergrund stehen, die Konflikte der Betroffenen, die unsere Helden mit den Menschen vor Ort – und nicht zuletzt untereinander – auszutragen haben. Oft genug müssten sie eigentlich Einzelschicksale ignorieren, um der Gemeinschaft zu helfen; oft genug müssen sie Verzicht üben, um zu gewinnen. Als Schnittstelle zwischen Mensch und Obrigkeit sowie verschiedenst motivierten Interessensgruppen gilt es immer wieder abzuwägen und jedes Mal aufs Neue moralische, ethische und menschliche Fragen zu beantworten. Unsere Helden streben ständig danach, *das Richtige zu tun*, und müssen oft genug erkennen, dass dies unmöglich ist: Wo gehobelt wird, fallen Späne.

Die einzelnen Fälle sind direkt aus dem Leben gegriffen und minutiös recherchiert. Uns schwebt eine grundsätzliche Ernsthaftigkeit vor, allerdings inklusive Humor, Skurrilität, Überraschungsmomenten und »Unerhörtheit«. Wir wollen Situationen und Konflikte auf die Spitze treiben und damit die Routinearbeit unserer Helden ständig torpedieren.

Tempo und Vielfalt machen Neuartigkeit und Reiz dieser Serie aus, die Elemente aus *emergency room* und einer Polizeiserie gleichermaßen bedient. Unser Team, das sind die »Notärzte«, die als Erste am Unfallort eintreffen: Lage checken, agieren, Durchgriff, Koordination von Ärzten, Polizei, Feuerwehr und Katastrophenschutz – und das Ganze schnell und professionell. Ihr *emergency room* ist die Straße.

In dieser Phase wurden die Gespräche mit dem Leiter der Fiktionabteilung des Senders, Jan Kromschröder, und seinen Kollegen Tim Gehrke und Matthias Martens intensiver, sodass die Autoren im nächsten Schritt die Figuren weiterentwickeln konnten; sie waren jetzt ausschließlich auf ihre Fantasie und Kreativität angewiesen. Hier konnten sie eigene Akzente setzen und vor allem die Erzählung auf ihre Figuren konzentrieren. Insbesondere die Hauptfigur, Dr. Sara Bergmann, bekam eine umfassende »innere Biografie.« Das war wichtig, um alle anderen Figuren auf sie hin konzipieren zu können. Denn im Film selbst wird ihre »äußere« Biografie allein nicht der ausschließliche Bezugspunkt für die Verhaltensweisen der anderen um sie gescharten »Helden« sein können. Diese müssen nämlich von der »inneren« Biografie gesteuert werden können. (Syd Field differenziert zwischen »innerer« und »äußerer« Biografie. Mit der »inneren« meint er den Teil des Lebens einer Figur, der vor dem Beginn des Films oder der Serie liegt. Also die Lebensphasen, die den Charakter der Figur bilden, ihr Inneres. Die »äußere« Biografie ist das, was der Zuschauer ab Beginn des Films/der Serie miterlebt, d.h. also konkret im Bild geschieht. Field, Syd/Meyer, Andreas/Witte, Gunther/Henke, Gebhard u.a., *Drehbuchschreiben für Fernsehen und Film*, München, 7. Aufl. 2000.)

Die Figurenentwicklung ist der eigentliche schöpferische Akt des Autors, auch wenn die Konstruktion der Geschichte, der *plot*, sowie Genre und Milieu der Handlung nicht zu vernachlässigen sind – aber bei den Figuren ist der Autor ganz und gar bei sich. Sie zu finden und zum Leben zu erwecken, verlangt die ureigenste Autorenkreativität. Das kann man nicht lehren. Man kann sich nur an Beispielen orientieren – sofern Autoren über diesen Prozess überhaupt Auskunft geben können.

Asta Scheib, vor allem als Romanautorin bekannt, aber auch Autorin zahlreicher Drehbücher, hat sich anlässlich ihrer Arbeit am Tatort (»Armer Nanosch« für den NDR) über diesen Teil der Arbeit geäußert:

»Zu Beginn meiner Arbeit am Drehbuch, das ursprünglich ein Roman werden sollte, bis Martin Walser die Idee hatte, einen ›Tatort‹ daraus zu machen, fragte ich mich: Gibt es den typischen Mörder? Und weiter: Die geschichtliche Erfahrung zeigt, dass Töten durchaus im Bereich menschlicher Handlungsmöglichkeiten liegt. Heißt das, dass jeder von uns zum Mörder werden kann?

Wer sich mit der Psychologie von Tötungsdelikten beschäftigt, bewegt sich in einem Raum, der ziemlich verschwommen ist und viele Perspektiven bereithält. Selbst der Tathergang, Täter und Opfer, von denen man ausgeht, bleiben oft unklare und unsichere Objekte. Gleichgültig, ob sie aus Gerichtsakten stammen oder ›erfunden‹ sind, zeigen sie überraschend viel Eigenleben ... (und) erweisen sich bald als unkonturiert, sperrig, schwer greifbar. Zusammenhänge, mühsam erarbeitet, stimmen plötzlich nicht mehr, werden zu eng, schief. Daher ist man sich auch in der höchstrichterlichen Rechtsprechung inzwischen einig darüber, dass es keine generellen Aussagen über die Täterpersönlichkeit in ihrer speziellen charakterlichen Verfassung geben kann.

Kurz – den besonderen Tätertyp des Mörders gibt es nicht. [...] Der Autor muss erst einmal für sich feststellen, warum sein Held die Tat beging: ... Mord aus Habgier, wegen Ehebruchs des Partners, aus unglücklicher Liebe, sexueller Gier, Hass oder Rache und so weiter. Dann ist da auch noch der Lustmord ein Motiv oder vielleicht der Raubmord. [...] Wer (aber) nur von einer bestimmten charakterlichen Verfassung auf den Hergang der Tat schließen will, arbeitet eindimensional, weil er die Dynamik nicht einfängt, die zur Tat geführt haben muss. Es heißt also für den Autor, die Arbeit der Ermittler zu machen. Er muss sich, von der Tat herkommend, auf die Ausgangsposition des Täters vorarbeiten, dann muss er wieder diesen Weg zurückgehen, um zu verstehen, wie und warum ein so konstituierter Mensch zu dieser Tat kam.

Es geht also bei einem Krimistoff darum, genau herauszufiltern, wie eine Tat- oder Tötungssituation entstehen kann. Es geht um den Ablauf und Hintergrund einer Tat, ohne zunächst die Frage nach dem Motiv zu stellen. Nur so kann man sich aus der Enge des Tatmotiv-Begriffs lösen und zu einer komplizierteren, weiterreichenden Sicht gelangen.«

(Wir danken Asta Scheib, dass sie uns diese Überlegungen zur Verfügung gestellt hat.) Zurück zu unserem Beispiel und zur Entwicklung der Charaktere für die Serie »Das Labor« von Betz/Pristl.

4.2 Die Charaktere

Dr. Sara Bergmann, 35, Mikrobiologin

Sie ist seit drei Jahren beim Institut. Ihr Werdegang: Studium der Biologie und Biochemie an verschiedenen deutschen und französischen Unis. Diverse Praktika in internationalen Institutionen, u.a. als Laborantin beim R.K.I. in Berlin. Promovierte über die Mutationsformen des Lassavirus und wurde so Expertin für Epidemiologie. Kurz: Sie ist eine der wenigen Biologen, die es geschafft haben. Trotzdem findet sie keine Ruhe. Sie steht ständig unter Strom, ist eine Wissenschaftlerin am Rande der Besessenheit und fürchtet nichts mehr, als zu scheitern.

Diese Furcht ist nicht unbegründet, denn Sara halst sich mehr Arbeit auf, als sie eigentlich bewältigen kann. Ihr großes Problem: sie nimmt Anteil. Eigentlich keine gute Voraussetzung für ihren Job, in dem das Allgemeinwohl mehr gilt als das Einzelschicksal. Sie ist eine dieser Frauen, die einfach nicht Nein sagen können: weder zu sich noch zu anderen. Zum Beispiel: den Abschlussbericht des jüngsten Einsatzes schreibt sie selbst, weil es alle anderen in den Feierabend zieht: zur Familie, ins Kino, zu einem Rendezvous. Ihre wenigen freien Minuten widmet sie ihrem 8-jährigen Patenkind. Die einzige Leidenschaft, die sie sich privat gönnt, ist das obsessive Sammeln von Schuhen …

Was sie selbst ein aktives Leben nennen würde, ist in Wirklichkeit eine Flucht vor sich selbst. Sie ist die Älteste von drei Geschwistern, stammt aus einfachen Verhältnissen. Ihre Eltern leben in Bochum, und natürlich sind sie stolz auf ihre Tochter. Doch Sara lässt sich in dem engen Reihenhaus kaum blicken. Sie hat Angst vor den Fragen, die allen Eltern im Kopf herumgehen, deren Tochter schon 35 Jahre alt ist und immer noch ohne Mann, Kinder und Familie dasteht.

Es gab Männer in Saras Leben. Allen voran ihr SET-Kollege Dr. Matthias Hönig. Die beiden lebten längere Zeit zusammen, doch es hat nicht geklappt. Sie hatten Angst, sich aufeinander einzulassen, waren nicht dazu bereit, Kompromisse zu schließen. Für Sara blieb ihre Karriere wichtiger, für Matthias der Reiz der Abwechslung.

Aber Gegensätze ziehen sich an. Und ihrer beider Sehnsucht nach Liebe und Geborgenheit wird immer wieder aufflammen ...

Dr. Matthias Hönig, Anfang 30 und Internist

Matthias hat eine Bilderbuchkarriere hingelegt, ist hochintelligent, kommt aus bestem Hause, hat vorbildliche Manieren, ist charmant, ein leidenschaftlicher und guter Koch und sieht zu allem Überfluss auch noch gut aus – kurz: Er wäre der ideale Schwiegersohn.

Matthias ist alles in den Schoß gefallen. Er meistert die Dinge mit leichter Hand und dem nötigen Selbstvertrauen. Die Arbeit bei der SET ist ihm weniger Berufung als Abenteuer: der Kampf an vorderster Front, nicht immer ungefährlich, verantwortungsvoll. Ein Spiel nach seinem Geschmack. Matthias Hönig ist ein Spieler – mit Improvisationstalent, Risikobereitschaft und einem Faible für abseitige Lösungen. Hübsche Frauen laufen ihm zuhauf hinterher, und zu gerne spielt er mit. Die Ahnung, dass Sara Bergmann die Frau fürs Leben sein könnte, verdrängt er, weil ihm Abenteuer nach wie vor wichtiger sind als Geborgenheit.

Hinterfragt man diese Eigenschaften, stößt man schnell auf ein tiefes Bedürfnis nach Selbstbestätigung. Matthias hat einen extrem dominanten Vater. Alles, was der Junge anpackt, misst er an seinem alten Herrn. Sein sehnlichster Wunsch ist es, für sich stehen und entscheiden zu können – und diese Unabhängigkeit auch innerlich zu spüren.

Im Pilotfilm wird Matthias schwer verwundet. Sara wird um sein Leben kämpfen. Und es retten. Diese Erfahrung verändert Matthias. Unbewusst begibt er sich auf die Suche nach einem Ankerplatz – und findet ihn. Doch die Frau, für die er sich im Laufe der ersten Staffel entscheiden wird, sorgt in der SET für manche Irritationen. Vor allem freilich bei Sara.

Dr. Arnold »Arnie« Trompetter, 37, Facharzt für Mikrobiologie

Er war nie im Ausland tätig, weil er sich sehr früh zur Familiengründung entschieden hat. Trompetter hat für Frau und zwei Kinder zu sorgen, ein Haus abzubezahlen, ist dementsprechend von Sicherheitsdenken geprägt – ganz im Gegensatz zu Matthias Hönig. Die Arbeit bei der SET macht ihm Spaß, aber sie ist zeitaufwändig und geht an die Nerven. Klar, dass die Familie zu kurz kommt, klar, dass sich seine Frau ständig darüber beschwert – leicht hat es »Arnie« nicht. Am liebsten hätte er einen Schreibtischjob ohne viele Überstunden, allerdings auf einer Führungsebene. Offen strebt er deswegen die Leitung der SET an und nimmt dabei – angesichts seiner familiären Situation – wenig Rücksicht auf Freundschaft und Kollegialität, ein Wesenszug, der für die kollegiale Sara ein rotes Tuch darstellt.

Arnie Trompetter ist groß im Delegieren, aber kann sich auch in einen Sachverhalt festbeißen. Er denkt oft laut und pflegt eigentümliche Weltsichten, trifft oft einsame Entscheidungen, ohne deren Tragweite – auch für sich selbst – wirklich zu erfassen: Nicht selten wird er von den Auswirkungen seiner eigenen Entscheidungen überrannt. Sein Herz liegt auf seiner Zunge. Er ist unberechenbar, in seiner Normalität skurril und mindestens ebenso liebens- wie hassenswert. Ein gewisser Hang zur Hypochondrie umgibt ihn mit einem Hauch von Tragik: Er muss sich ständig selbst überwinden, um in seinem Job so gut zu sein, wie man es von ihm erwartet.

Dr. Erwin Huhn, um die 40

Er ist in verschiedener Hinsicht das genaue Gegenteil von Matthias. Der Facharzt für Mikrobiologie und Infektionsepidemiologie, zudem ein ausgebildeter Pathologe, ist übergewichtig und stammt aus einem niederrheinischen Dorf. Er ist Jungfrau im besten Wortsinn. Ein besessener Sammler von Fachwissen, ein wandelndes Lexikon, einer, der immer einen witzigen Spruch auf Lager hat und sich anscheinend ausschließlich von Pizza und Kuchen ernährt.

Huhn ist auf berührende Weise weltfremd. Er hat kein Privatleben und er braucht auch keines. Denkt er zumindest. Sein Job ist sein Hobby, seine Kollegen sind die Familie, die er braucht und über alles liebt. Huhn ist der Typ von Mensch, der anderen auf die Schulter klopfen kann, selbst aber vor jeder Nähe zurückschreckt. Innerhalb der Truppe ist er oft der Spaßvogel – abends geht er trotzdem allein nach Hause und träumt dort von Sara. Er liebt sie auf eine realitätsfremde, idealisierende Art – etwa so wie ein Teenager Robbie Williams oder Britney Spears liebt.

Eigentlich hasst er die Unregelmäßigkeit der Arbeit in der SET. Er hasst es, dauernd an fremden Orten sein zu müssen. Doch andererseits zieht er daraus seine Bestätigung. Er ist für die Truppe unverzichtbar und genießt es. Wo er auch immer auftaucht, baut er sich als allererstes sein standardisiertes Labor auf und verlässt es nur im äußersten Notfall.

Dieses Labor ist gleichzeitig der »Pausenraum« der anderen Kollegen. Wenn sie Probleme und Ängste äußern, ist Erwin Huhn ein idealer Zuhörer, der es wie kein anderer versteht, Optimismus zu verbreiten. Alle wissen, dass er Geheimnisse bewahren kann, alle schätzen ihn als Mülleimer ihrer Probleme. So ist Erwin Huhn derjenige, der am meisten über jeden anderen weiß.

Dr. Olga Kassander, 45, promovierte Mathematikerin

Sie ist auf den ersten Blick ein hagerer, trockener Besen.

Olga ist Statistikerin und Chaostheoretikerin. Sie liebt den Umgang mit Wahrscheinlichkeiten, das Spiel mit der Logik und den Zahlen. Sie spricht nicht viel, aber die wenigen Sätze, die sie von sich gibt, treffen den Nagel auf den Kopf: »150 Personen haben sich infiziert, also werden zwischen 15 und 30 sterben«, sagt sie im Pilotfilm. Ohne mit der Wimper zu zucken. Schließlich sind das die Zahlen, die ihr Computer ausgespuckt hat.

Als Statistikerin kann sie auf Einzelschicksale keine Rücksicht nehmen. Nicht selten gerät sie deswegen in Konflikt mit den Ärzten und Biologen im Team, die sich mit ebendiesen 15 bis 30 Betroffenen und deren Angehörigen von Angesicht zu Angesicht auseinander setzen müssen.

Die geschiedene und kinderlose Olga hat auch eine menschliche Seite: Sie leidet unter einer beinahe krankhaften Neugierde. In ihrem Job lässt sie das zum weiblichen Sherlock Holmes werden, im Privaten und vor ihren Kollegen zu einer Nervensäge, die in jeder offenen Wunde herumstochert, die sich ihr bietet. Erwin Huhn ist für die netten Witze zuständig, sie für die bösen – was nicht heißt, dass ihre die schlechteren sind. Die beiden können sich natürlich nicht leiden. Besser gesagt: Sie würden das einander nie gestehen.

Trotz ihrer vordergründigen Gefühlskälte und ihrem oft schmerzhaften Zynismus werden wir Olga mögen – mit all ihren Fehlern hat auch sie die Anlage zur Heldin im richtigen Moment.

Inge Lorant, 40

Sie ist die einzige Nicht-Wissenschaftlerin im festen Serienpersonal. Sie ist eine ganz normale Frau und war jahrelang damit beschäftigt, im Keller des Instituts verstaubte Fallakten in den Computer einzuscannen. Irgendwann fiel Prof. Fröbe ihr Geschick im Umgang mit komplizierter Technik auf – und versetzte sie kurzerhand als Einsatzkoordinatorin in die Kommunikationszentrale. Inge Lorant ist schwer gehbehindert und sitzt im Rollstuhl – Nachwirkungen einer Polio-Infektion, die sie als Kind durchlitten hat.

Anfangs ist Inge ziemlich überfordert, denn bei ihr laufen alle Fäden zusammen. Jeder will etwas von ihr, dauernd läutet das Telefon, und keiner hat Zeit, sie in ihren neuen Job einzuarbeiten. Aber Inge ist praktisch veranlagt, besitzt eine gehörige Portion Selbstbewusstsein. Sie sagt, was sie denkt, und sagt es so, dass es jeder versteht – und bringt auf diese

Weise z.B. hochkomplizierte medizinische Sachverhalte verständlich auf den Punkt.

Ein ganz spezielles Verhältnis entwickelt sie zu Erwin Huhn, weil er ihre Kuchenbackkunst am besten zu schätzen weiß, und zu Sara – zwischen diesen unterschiedlichen Frauen entwickelt sich eine echte Freundschaft. Vielleicht die einzige echte Freundschaft, auf die Sara zurückgreifen kann.

Prof. Walter Fröbe, 56, Leiter des Instituts

Er ist ein international anerkannter Fachmann für Epidemiologie und hat Kontakte zu den höchsten Regierungsstellen. Er kann unseren Helden den Weg ebnen, politische Vorgaben machen, entlassen und einstellen. Er ist Chef, Schutzengel, Deus ex Machina, Hemmschuh, Zünglein an der Waage, Schiedsrichter. Sein erklärtes Ziel ist es, sein Institut und die SET zu einer Einrichtung von Weltruf zu machen. Er fördert Sara nach Kräften, weil sie ihm in seinem Ehrgeiz nützlich erscheint.

Wir stellen ihn uns als bedächtigen, väterlichen Ratgeber vor, der im Normalfall lediglich Richtlinienkompetenz besitzt, aber im Extremfall unbedingte Loyalität einfordert.

So weit die Figurenbeschreibung. Da eine Frau im Zentrum stand, war es nahe liegend, ihr einen Mann als nächststehenden Partner mitzugeben. Und da sie allein ist, was für den Helden in aller Regel von großem Vorzug und für die Schilderung seiner »unerhörten« Taten bedeutsam wird, muss diese Beziehung »defekt« sein. Erst in einer Spannung zwischen den beiden Figuren kann sich der *emotional impact* entwickeln und aufseiten des Zuschauers eine Nachfrage – Interesse oder gar Neugier – auslösen: Dr. Matthias Hönig entstand.

Die weiteren Figuren – insbesondere Dr. Erwin Huhn – erfüllen die dramaturgischen Funktionen des Assistenten, des Sancho Pansa, Clowns, Illustrators. Bei Huhn sind, Nomen est Omen, bereits in den ersten Figurenzeichnungen komische, für die Konterkarierung der Ernsthaftigkeit der Haupt-Helden aber außerordentlich wichtige Wesens- und Handlungszüge festgeschrieben. Wir nennen diese Figuren intern einen »Otto« nach der unvergleichlichen Rolle Dieter Pfaffs im »Fahnder« als Streifenpolizist »Otto«: Diese zunächst stumme Figur »beschrieb« allein durch ihre Reaktionen auf den Helden in der Tradition des klassischen Clowns oder Hofnarren die Figur des Fahnders. Eine »Otto«-Figur kann also in clownesker Karikierung der Hauptfigur helfen, diese in noch strahlenderem Licht erscheinen zu lassen.

In dieser Phase konnten die Plot-Ideen, die schon in den ersten Überlegungen enthalten waren, ausgebaut und weiterentwickelt werden. Hier zeigte sich, dass das Projekt tatsächlich serielle Qualität hat.

4.3 Fallsammlung

TBC bei Aussiedlern

In letzter Zeit vermehrten sich die Berichte über das Fortschreiten neuer, antibiotikaresistenter Tuberkulosestämme von Russland aus. Es gilt als erwiesen, dass die TB vor allem von russlanddeutschen Einwanderern eingeschleppt werden. Was wäre, wenn es in einer Aussiedlergemeinde zu einem signifikanten Ausbruch käme – und dabei die Fremdenfeindlichkeit der Anwohner geweckt würde? Unsere Helden stünden zwischen den Fronten – und sicherlich wäre Saras Meinung eine fundamental andere als etwa Olgas: Während Olga mit ihren trockenen Daten die Fremdenfeindlichkeit nährt, sieht sich Sara mit den menschlichen Schicksalen hinter der Seuche konfrontiert. Eine Geschichte über Vorurteile und die Grenzen der Vernunft.

Malaria am Badesee

1946 gab es in Berlin eine Malaria-Epidemie. Es war ein heißer Sommer, und es wurde festgestellt, dass die Seuche von bestimmten Mücken rund um den Tegeler See übertragen wurde. Seuchenherd war ein Soldat, der in Asien und Afrika kämpfte, bei dem sich die Stechmücken infizierten, als Zwischenwirte den Erreger vermehrten und weitergaben. Wir fragen uns: Was wäre, wenn dies heute stattfindet und unsere SET-Epidemiologen ein Seefest verhindern wollen, bei dem 10.000 Gäste erwartet werden, aber in bester »Weißer-Hai«-Manier von Lokalpolitikern torpediert werden? Sara im Duell, doch nicht mit Erregern, sondern mit Funktionären.

Der Star

Eine eher komödiantische Folge: Ein Fünfsternehotel in Berlin wird wegen eines Rift-Valley-Fieber-Falls komplett unter Quarantäne gestellt. Das ganze Hotel ist belegt vom Tross eines amerikanischen Superstars (vom Schlage eines Michael Jackson), der auf Deutschland-Tournee ist. Unser Team versucht, detektivisch den Seuchenherd zu finden, und bekommt den Widerstand des Tourmanagers, des Hotelmanagers, der Fans vor dem Hotel und des menschenscheuen Stars zu spüren – den wir nie zu Gesicht bekommen. Arnie ist ein Fan dieses Stars, und wir erzählen die Folge aus seiner Perspektive: Er wünscht sich nichts sehnlicher, als den Star zu treffen. Ihm wird dies als Einzigem der Truppe verwehrt bleiben, und er muss sich mit der Erkenntnis abfinden, dass der Mythos mehr zählt als die Realität.

Der gute Hirte

In einem kleinen Dorf häufen sich die Fälle von Q-Fieber. Als Seuchenherd wird von Sara und ihrem Team eine Schafherde ausgemacht, die in der Nähe des Dorfes zu weiden pflegt –

die Viren wurden vom vorherrschenden Westwind monatelang in das Dorf getragen. Unsere Helden müssen dem Schäfer beistehen, gegen den eine Hexenjagd in Gang gesetzt wird. Seine Existenz als Schäfer und als Bewohner des Dorfes steht auf dem Spiel. Dabei spielt der Unwillen der Behörden, dem Mann die Existenz zu retten, eine zentrale Rolle.

Auf den Hund gekommen

Nachdem in einem Kölner Stadtviertel mehrere Fälle von Tollwut ausbrechen, muss unsere SET alle Haustiere, vor allem die Hunde, überprüfen lassen. Es wird sich herausstellen, dass der Seuchenherd das lokale Tierheim ist. Sollen alle Tiere eingeschläfert werden? Schon bald bildet sich eine erstaunliche Allianz zwischen Tierschützern, einsamen Schoßhundbesitzern und Kampfhundehaltern. Und Sara Bergmann und ihre Leute geraten wieder einmal zwischen alle Fronten, und Hundebesitzer Arnie Trompetter ist ihr dabei nicht immer eine Hilfe ...

Keuchhusten im Kindergarten

Der kleine Sohn von Arnie Trompetter steckt sich in seiner Kita mit Keuchhusten an. Für Kinder ist diese Krankheit lebensgefährlich. Als Trompetter erfährt, daß die Seuche schon seit Wochen in der Kita umgeht, aber niemand das Gesundheitsamt verständigt hat, zeigt er die Kita-Erzieherinnen an und begibt sich auf einen verzweifelten Rachefeldzug, bis er von Sara und den anderen wieder »zurechtgerückt« wird.

Stigmata

Ein in Kirchenkreisen bekannter Missionar kehrt aus Zentralafrika nach Hause in eine rheinische Kleinstadt zurück. Er ist krank. Nach Tagen bricht ein hämorrhagisches Fieber aus (z.B. Ebola), hoch ansteckend und absolut lebensbedrohend.

Er blutet aus mehreren Körperöffnungen – unter anderem aus den Augen sowie aus Wunden an den Händen und Füßen. Die Sache verbreitet sich wie ein Lauffeuer, und schon bald werden Pilger busseweise zu dem Mann gebracht: Er wird als Stigmatisierter betrachtet, mithin als Heiliger. Unsere Helden haben alle Hände voll zu tun, um eine Ausbreitung der hoch gefährlichen Seuche zu verhindern ...

Der hippokratische Eid

In einem Krankenhaus gibt es signifikant viele Todesfälle, die auf Streptokokken-Infektionen zurückzuführen sind. Bei ihren Recherchen hegen Sara und ihre Leute den fürchterlichen Verdacht, dass noch weitere Todesfälle seit Wochen durch falsche Diagnosen vertuscht wurden und die Infektion sogar unter dem Personal grassiert. Es wird sich herausstellen, dass der Chefarzt der Nachbarstation wegen der Belegbettensicherung, also aus wirtschaftlichen Gründen, die Verseuchung seiner Station nicht gemeldet hat. Doch ihm das zu beweisen, stellt sich als knifflig heraus ...

Nach Abnahme dieser Plots und gründlicher Diskussion, welche davon weiterentwickelt werden sollten, wurde – jetzt bereits unter Produktionsvorbereitungsvertrag – das Drehbuch für die erste Folge unter dem Titel »Neubeginn« in Auftrag gegeben.

4.4 Plot der Pilotfolge

Pilotfilm

Aldi-Sekt im Waschbecken, belegte Brötchen auf dem Edelstahltisch: Prof. Fröbe, Chef des Berliner Instituts für Infektionskrankheiten, hat eine kleine Feier organisiert. Er ist ein sparsamer Mensch, und deshalb gibt es gleich zwei Anlässe: Die junge Biologin Dr. Sara Bergmann wird zur neuen Teamchefin der Schnellen Eingreiftruppe ernannt, und gleichzeitig wird die neue Einsatzkoordinatorin aus der Telefonzentrale willkommen geheißen: Inge Lorant, 40, schwer gehbehindert seit einer Polio-Erkrankung im Kindesalter.

Der jungen Biologin Sara ist die Situation peinlich, denn sie ist zu schüchtern, um mit solchen Belobigungen umgehen zu können – und mit den Glückwünschen ihrer Kollegen, allen voran des jungen Arztes Dr. Matthias Hönig. Erst letzte Woche hat sie sich von ihm getrennt. Beide haben das noch nicht überwunden – doch hier sind sie die lächelnden Kollegen …

Dazu kommt, dass einer ihrer Kollegen, der etwas selbstherrliche Facharzt Arnie Trompetter, Sara offen ankündigt, gegen diese Entscheidung zu klagen, weil er sich als Mann und Familienvater allen Ernstes diskriminiert fühlt.

Doch es bleibt keine Zeit, irgendwelche Streitigkeiten auszutragen: Die Eingreiftruppe wird in der niederbayerischen Provinz benötigt, wo innerhalb eines Tages mehrere Fälle von bakterieller Hirnhautentzündung aufgetreten sind.

Eine vielfach eingeübte Routine beginnt: Sara Bergmann und Arnie Trompetter greifen sich das bereitstehende Notfall-Gepäck und eilen zum Hubschrauber. Mit ihnen kommen Dr. Hönig, der dickliche Laborspezialist Erwin Huhn, der eben noch fünf Pizzen organisiert hat, und die staubtrockene Mathematikerin Olga Kassander. Ein Team ausgesuchter Spezialisten, jeder für sich ein Meister seines Fachgebiets: die Schnelle Eingreiftruppe. Sara Bergmann hat die erste Bewährungsprobe als Chefin zu bestehen, und sie spürt, dass nicht nur Arnie Trompetter, sondern auch die schnippische Olga sie genau beobachten.

Inge Lorant bleibt zurück mit ihrem selbst gebackenen Apfelkuchen. Dass sie eine Meisterin der Backkunst ist, hat bislang lediglich Erwin registriert. Es ist ihre erste Schicht ohne Supervisor. Auch für Inge Lorant beginnt ein neuer Lebensabschnitt: der Aufstieg aus dem Kellerarchiv in die Kommunikationszentrale. Eine einsame Entscheidung Prof. Fröbes.

Es gibt nicht wenige, die hinter vorgehaltener Hand bezweifeln, dass sie diesem Job gewachsen sein wird. Inge will mitreden können. Also sucht sie sich als Erstes das Stichwort »Hirnhautentzündung« im Computerarchiv und macht sich schlau.

Der Einsatz sollte eigentlich Routine sein: Meningitis vulgo, Hirnhautentzündung, ist zwar hoch ansteckend und kann tödlich enden, ist aber mit Antibiotika relativ problemlos in den Griff zu bekommen. Doch zwischen zehn und 30 Prozent der Erkrankten werden unweigerlich sterben. Dagegen können weder Medikamente noch Heilkunst etwas ausrichten. Das Team um Sara Bergmann weiß das. Sie können, ja *dürfen* sich nicht um Einzelschicksale kümmern, sondern müssen mit kühlem Kopf eine Ausbreitung verhindern. Die Rechnung ist einfach: Je weniger Menschen sich anstecken, desto weniger Tote wird es geben.

Doch es kommt anders – für jeden der Beteiligten. In der Klinik in Freyung sind bereits zwei Patienten verstorben. Ein kleiner Junge, der 6-jährige Paul Heusinger, ist gegen die gängigen Antibiotika-Cocktails allergisch. Die SET sollte sich eigentlich nicht um Einzelschicksale kümmern. Es ist schlichtweg nicht ihre Aufgabe. Arnie Trompetter mag seine Charakterschwächen haben. Aber er ist selbst Vater zweier kleiner Kinder. Er bedrängt Sara, die eisernen Grundsätze der SET zu ignorieren. Er nutzt damit eine ihrer Schwächen und weiß, dass sie gar nicht anders kann, als Erwin Huhn zu beauftragen, nach dem rettenden Medikament zu suchen.

Als hätte Huhn nicht schon genug zu tun: Wie ein Grottenolm sitzt er in seinem Labor auf der Suche nach dem Erreger, den er schnellstmöglich analysieren muss. Und jetzt soll er zusätzlich Hunderte von marktgängigen Antibiotika durchtesten, weil es dem kleinen Paul von Stunde zu Stunde schlechter geht.

Der Vater des Kindes, Ralph Heusinger, ist verzweifelt. Als Polizist ist er gewohnt durchzugreifen. Jetzt kann er nichts tun. Sara bindet ihn kurzerhand in die detektivische Arbeit der SET ein: Hunderte von Fragebögen müssen ausgefüllt, die Kontaktpersonen der Erkrankten gefunden, der Seuchenherd eingegrenzt und die Zusammenarbeit mit den Behörden vor Ort organisiert werden. Heusinger ist froh, auf diese Art Ablenkung zu finden.

Alle Daten laufen bei Olga Kassander zusammen, die sie in einem Konferenzraum des Krankenhauses zu einem epidemischen Gesamtbild zusammenfügt. Sie erarbeitet zwei Ergebnisse: Obgleich Erwin Huhn herausgefunden hat, dass es sich um eine neue Variante von Meningokokken-Erregern handelt, ist das Ausmaß der Epidemie kontrollierbar. Bislang sind etwa 50 Personen erkrankt, und die Zahl wird sich schlimmstenfalls verdreifachen. Das heißt aber auch: Es wird 15 bis 30 Tote geben. Doch Olga kann durch die akribische Auswertung der Befragungen auch den Seuchenherd identifizieren: Alles deutet darauf hin, dass die Krankheit ihren Ursprung im Nahverkehrszug hat, der zwischen Freyung und der Nachbarstadt Zwiesel hin- und herpendelt!

Mina Heusinger weiß von alledem nichts. Sie ist das zweite Kind des Polizisten, Pauls große Schwester. Die 13-Jährige hat bei einer Freundin auf dem Land übernachtet und ist jetzt auf dem Weg in die Schule – und zwar in ebendiesem Zug. Auch der kleine Paul fährt normalerweise mit diesem Zug zur Schule. Auch Mina hat sich wahrscheinlich infiziert. Und: Die Gefahr besteht, dass Mina an derselben Antibiotika-Allergie leidet wie Paul. Das Ehepaar Heusinger könnte beide Kinder verlieren.

Sara veranlasst, dass der Schienenbus von der Polizei an einem Milchkannenbahnhof gestoppt wird. Alle Fahrgäste sollen in Quarantäne. Zusammen mit Matthias Hönig betritt sie den Zug, will mit den wenigen Insassen reden und die Situation erklären, als sich die Ereignisse überschlagen: *Der Schaffner zückt eine Waffe und erklärt den Zug kurzerhand für gekidnappt!* In dem Getümmel löst sich ein Schuss. Matthias Hönig fällt getroffen zu Boden. Bevor die Polizisten auf dem Bahnsteig begriffen haben, was Sache ist, schließen sich die Türen und der Zug fährt weg.

Sara ist in dem Zug gefangen. Matthias Hönig ist schwer verletzt. Sie kümmert sich um ihn, doch sie ist Biologin, keine Ärztin. Gleichzeitig muss sie die Geiseln über die gesundheitliche Gefahr aufklären, in der sie alle gleichermaßen schweben: die Schüler, das bäuerliche Ehepaar, der Vertreter, die beiden Bundeswehrrekruten. Und nicht zuletzt muss sie herausfinden, was zum Teufel in diesen Schaffner gefahren ist.

Stück für Stück bekommt sie heraus, was den Mann, der Franz Stübig heißt, umtreibt: Er hat am Morgen eine Bankfiliale überfallen, und zwar dilettantisch und relativ erfolglos. Ein neues Leben wollte er beginnen und ist stattdessen mit lausigen 9000 € geflüchtet – was nicht annähernd zur Deckung seiner Schulden reicht. In seiner Naivität flüchtete er einfach in sein bisheriges Leben zurück: hat sich die Zugbegleiteruniform angezogen, ist zur Arbeit und dachte tatsächlich, alles würde so weiterlaufen wie bisher. Bis Polizisten den Zug anhielten und er dachte, der Aufwand gelte ihm, dem Bankräuber ...

Das denkt er noch immer. Der 30-Jährige leidet unter zunehmendem Realitätsverlust und Verfolgungswahn, hält diese Geschichten über eine Seuche und Epidemien und dergleichen für eine Finte der Polizei.

Als auf Saras Handy Inge Lorant anruft, um den Stand der Dinge zu erfragen, hält Sara den Kontakt heimlich aufrecht. Plötzlich ist Inge Lorant die Verbindungsfrau zwischen dem Geschehen im Zug und der Außenwelt – und das aus 500 Kilometer Entfernung.

Schon bald registriert Sara, dass Mina, die Tochter des Polizisten, in dem Zug sitzt. Bei Mina ist die Krankheit, deren Inkubationszeit von Fall zu Fall variiert, erst am Ausbrechen. Sara kann ihr das rettende Antibiotikum nicht verabreichen – es könnte sie töten. Der Zug wird schließlich in einen Rangierbahnhof geleitet und dort festgesetzt, doch zwischen der Polizei und Franz Stübig entsteht eine Pattsituation. Er will keine der Geiseln freilassen. Dass zwei von ihnen, nämlich der angeschossene Dr. Hönig und die erkrankte Mina Heusinger, in Lebensgefahr schweben, blendet er vollkommen aus. Er genießt zum ersten Mal im Leben ein Gefühl der Macht.

Sara Bergmann hat nicht nur Angst um Mina, sondern auch um ihren Kollegen Hönig. Die Liebe zwischen ihnen ist noch nicht erloschen. Trotz seiner schweren Verletzung versucht Matthias, den Humor nicht zu verlieren und Sara mit ärztlichem Rat zur Seite zu stehen – auch was die Behandlung seiner eigenen Wunden angeht. Wir werden auch den einen oder anderen Blick auf seine und Saras innere Wunden erhaschen – beide sind Gefangene ihres Berufes, ja ihrer Berufung, beide sehnen sich eigentlich nach familiärem Halt. Beide konnten nie über ihren Schatten springen. In dieser Extremsituation sehen sie ihr Verhältnis in einem anderen Licht und merken, wie gut sie sich ergänzen und verstehen.

Zudem wird Sara unfreiwillig in eine Mutterrolle gedrängt: Als Mina im Fieberwahn zu fantasieren beginnt, sieht sie in Sara ihre eigene Mutter – und Sara spielt diese Rolle mit großem Einfühlungsvermögen. Minas Zustand ist kritisch. Die Zeit drängt. Die Polizei startet einen verzweifelten Versuch, Franz Stübig zur Einsicht zu bewegen, indem sie ihn mit seiner Mutter konfrontiert. Ausgerechnet der Frau, die ihn sein Leben lang gegängelt, beherrscht und letzten Endes zerstört hat. Wie sollte es anders sein: Der Versuch geht schief, und Franz' Aggressivität bekommt durch die erzwungene Begegnung neuen Auftrieb.

Inge Lorant indes fühlt sich langsam in die Rolle der richtigen Frau am richtigen Ort ein. Sie hält Kontakt zur Polizei, zum Zug, zu Fröbe und den anderen SET-Mitgliedern. Sie hat in solchen Dingen keine Routine, muss oft mehrere Anfragen auf einmal bearbeiten, die richtigen Leute miteinander verbinden und auch noch die Presse abwehren …

Während Olga Kassander erleichtert feststellen kann, dass die Seuche – auch dank der ironischen Quarantänesituation im entführten Zug – unter Kontrolle ist, stirbt Minas Bruder, der kleine Paul, auf der Intensivstation. Erwin Huhn konnte kein geeignetes Arzneimittel finden. Er sitzt, von Schuldgefühlen zerfressen, in seinem Labor. Ausgerechnet Olga, die ihn dabei überrascht, tröstet ihn und redet ihm zu: Mina lebt noch, sie zu retten sei jetzt das einzig Wichtige. Sonst verliere Familie Heusinger beide Kinder.

Mit umso größerer Energie sucht Huhn weiter, um wenigstens Mina retten zu können. Als Polizist Heusinger, der mit

Arnie die letzten Infizierten einkreist, vom Tod seines Sohnes erfährt, verliert er die Nerven. Er schüttelt Arnie ab und fährt zum Rangierbahnhof, wo ein Spezialeinsatzkommando der Polizei auf den richtigen Moment wartet. Dieser Moment wird von Sara und Matthias geplant herbeigeführt. Sie versetzen Mina mit einem Anästhetikum aus Matthias' Arzttasche in ein künstliches Koma und täuschen Franz Stübig ihren Tod vor. Franz ist schockiert. Er hatte nie wirklich mit Toten gerechnet und will Minas »Leiche« unbedingt aus dem Zug haben – womit Sara gerechnet hat. Stübig lässt zu, dass ein Sarg zum Zug gebracht wird, um Mina abzuholen. Was er nicht weiß: In diesem Sarg liegt ein SEK-Spezialist, der sich nun Zugang zum Zug verschaffen kann. Doch der dafür vorgesehene SEK-Mann liegt bewusstlos im Keller des Stellwerkes. Ralph Heusinger hat sich seiner Ausrüstung bemächtigt und seinen Platz eingenommen. Er glaubt, seine Tochter sei tatsächlich tot, seine Familie, sein Leben seien komplett zerstört, und ist nun auf Rache aus.

Als Sara ihn psychologisch geschickt mit dem Vorwurf konfrontiert, den Tod eines Menschen verschuldet zu haben, begreift Franz Stübig, was er hier angerichtet hat. Seine Allmachtsfantasien zersplittern in tausend Scherben, und er gibt auf. Er verlangt nach einer letzten Begegnung mit seiner Mutter – und wird doch in dem Moment, in dem er sich stellt, von Heusinger niedergeschossen. Niemand kann es verhindern. Die Geiselnahme ist zu Ende … und in Berlin lässt eine zitternde, erleichterte Inge Lorant alle Intercoms und Telefonhörer fallen. Auch sie hat ihre Bewährungsprobe bestanden – und dabei ihren Apfelkuchen selbst aufgefuttert.

Am Ende liegen Franz Stübig und Mina Heusinger auf der Intensivstation. Erwin Huhn hat das entscheidende Antibiotikum finden können – und es schlug an. Wenigstens ein Leben hat er retten können. Mina ist außer Lebensgefahr und ist nun nicht länger Saras Schutzbefohlene. Minas Mutter kann ihre Tochter in die Arme schließen. Was Sara bleibt, ist der Respekt und Dank ihrer Truppe. Auch Arnie zieht seinen Hut vor ihr, und Prof. Fröbe sieht sich in seiner Entscheidung bestätigt.

Auch Matthias Hönig ist auf dem Weg der Besserung. Kurz bevor Sara und er sich ihre Liebe gestehen können, werden sie von ihren Kollegen gestört. Die Frage, ob sie wieder zusammenkommen, muss ein anderes Mal beantwortet werden ...

Das Exposé wurde besprochen, dann abgenommen. Die Autoren konnten sich also gleich an die Arbeit für das Treatment machen. Die erste Fassung entstand in wenigen Wochen und erfüllte wiederum die Erwartungen der Auftraggeber, die vom Autorenteam Betz/Pristl beeindruckt waren. Bei der Besprechung des Treatments hatte man keine grundlegenden Änderungswünsche für den Ablauf der Geschichte mehr; die wenigen Korrekturen, die man vereinbarte, verdeutliche ich an dieser Stelle nur stellvertretend anhand der ersten Bilder des Stücks, also des Introitus.

4.5 Treatment 1. Fassung, Bild 1 bis 11

Einliegerwohnung Stübig   **Innen/Nacht**

Wir beginnen mit einem bildschirmfüllenden Brief der BAYERISCHEN BANK. Wir hören einen kurzen, knappen Off-Text aus dem Munde von **Frau Cherbon** (die wir später kennen lernen werden): Sehr geehrter Herr Stübig, zurzeit weist Ihr Girokonto Nr. 245865433 einen Fehlbetrag von € 23.657,54 auf. Wir bitten Sie, zur Abstimmung des weiteren Vorgehens einen Termin mit einem unserer freundlichen Kundenberater auszumachen. Mit besten Grüßen: i. A. Cherbon.

Mike Stübig (28) muss niesen. Er sitzt auf seinem Bett, im Bademantel und in Pantoffeln, wischt den Brief sauber. Mike wirkt jungenhaft, ist hager, hibbelig, ständig in Bewegung. Er grinst, pfeift seine Besorgnis weg. Im Zimmer hängen Poster von Männern in Uniform: Soldaten,

Polizisten, Feuerwehrleute, SEK, KSK und so weiter. Auf dem Boden steht ein Pappkarton, hastig unter dem Bett hervorgezogen.

EINBLENDUNG: Freyung/Niederbayern, Haus Stübig, Sonntag 20.10 Uhr

Es klopft an die Tür.

Mutter Stübig ruft: Mike? Der Tatort fängt gleich an!

Mike versteckt den Brief unter dem Kopfkissen. Die Mutter (schlecht erhaltene 55) kommt einfach herein; eine blaue Uniform, die an einem Bügel an der Tür hing, fällt herunter. Mutter Stübig hebt sie auf, schimpft, sie müsse in die Reinigung. Mike will aber nicht Tatort gucken. Er will noch ein bisschen spazieren gehen. Die Mutter schließt beleidigt die Tür. Mike springt auf, pellt sich aus seinem Bademantel ...

Vor Haus Stübig   **Außen/Nacht**

... und sitzt in seinem alten Opel Vectra. Der Anlasser leiert. Endlich springt der Wagen an, und er fährt weg. Unser Blick bleibt auf dem Haus dahinter haften: ein Gartenstadthäuschen. Durch die Gardinen des Wohnzimmerfensters fällt fahles, flackerndes TV-Licht.

Vor Filiale Bayerische Bank/Vectra   **I/A/Nacht**

EINBLENDUNG: Freyung, Bayerische Bank

Mike stellt den Motor ab. Er steht vor einer kleinen Filiale der Bayerischen Bank. Es ist dunkel, niemand ist auf der Straße. Aus vielen Fenstern schimmert es bläulich. Mike steckt sich eine Zigarette an, pfeift, hustet, niest, pfeift wieder. Öffnet den Pappkarton neben sich. Darin liegen zwei Pistolen und mehrere Handgranaten. Er nimmt nervös eine Sportpistole heraus, lädt sie fertig, sichert sie wieder, legt sie zurück, stülpt wieder den Deckel drüber. Die Uhr neben der Bank zeigt 20 Uhr 33. Er sieht plötzlich ein blaues Flackern, wendet sich nervös um. Ein Rettungswagen kommt die Straße herauf, ohne Martinshorn, fährt an Mike Stübigs Vectra vorbei ...

Rettungswagen Innen/Nacht

Ein kleiner Junge (**Paul**, 5) liegt festgeschnallt auf der Tragbahre. Er schwitzt, scheint deliriös. Ein **Sanitäter** (23) misst seine Temperatur im Ohr, schaut besorgt auf das Display: 41,2. **Anke Heusinger** (33), anscheinend die Mutter, sitzt daneben und spricht aufgeregt in ihr Handy: Er habe das Fieber seit 5 Uhr, sei nicht mehr ansprechbar gewesen, da habe sie den Notarzt gerufen, jetzt auf dem Weg ins Krankenhaus –

Polizeirevier Innen/Nacht

EINBLENDUNG: Freyung, Polizeidienststelle, 20.59 Uhr

Ein kleines, altmodisch ausgestattetes Büro, die üblichen Plakate an den Wänden. **Ralph Heusinger** (37) ist Polizist. Er schiebt gerade Nachtdienst, sitzt hinter seinem Schreibtisch, sagt besorgt, er sei allein, müsse erst eine Vertretung organisieren ... Anke versichert ihm, sie käme schon klar und werde ihn sofort auf dem Handy anrufen, wenn sich etwas Neues ergebe.

Heusinger legt auf und ruft seine Tochter Mina an, die gerade bei einer Schulfreundin übernachtet.

Bauernhof/Jugendzimmer Innen/Nacht

Am offenen Fenster sitzen zwei kichernde Mädchen in Schlafanzügen und rauchen: **Mina Heusinger** (13) und ihre Freundin **Yvonne** (13). Sie unterhalten sich über die Trennung von Minas Eltern. Wir hören Kühe muhen und

Schafe blöken: Wir sind auf einem Bauernhof. Mina aktiviert ihr Handy: Es ist ihr Vater. Sie fühlt sich schon durch den Anruf genervt, sie komme schon klar. Doch sie erfährt, was los ist: Ihre Mutter und ihr kleiner Bruder sind im Krankenhaus ... Heusinger sagt seiner Tochter, sie solle sich keine Sorgen machen und morgen einfach in die Schule gehen. Er werde sie auf dem Laufenden halten. Mina sagt ihm, wie sehr sie ihn vermisse ...

Klinik/Ambulanz   **Innen/Nacht**

EINBLENDUNG: Kreiskrankenhaus Freyung-Grafenau, 21.20 Uhr

Ein müder **Arzt** nimmt Paul Blut ab. Paul stöhnt, ist nicht ansprechbar. Eine Schwester bringt die Blutprobe in das Kliniklabor. Der Arzt stellt Anke Heusinger standardisierte Fragen und füllt ein Formular aus. Anke fragt immer wieder, was ihr Sohn habe. Der Arzt antwortet nebulös und lässt sie dann mit Paul allein. Anke fühlt sich allein gelassen. Plötzlich kommt der Arzt mit zwei Kollegen wieder. Sie fahren Paul aus dem Zimmer, bitten auch Anke, sich untersuchen zu lassen. Ihre Fragen werden ausweichend beantwortet, und sie wird wütend ...

Klinik/Intensiv   **Innen/Nacht**

Paul wird »verdrahtet«, kommt in ein Sauerstoffzelt, bekommt Spritzen. Wir hören dabei den Dialog zweier Ärzte: »Schon der Dritte heute.« – »Schon das Gesundheitsamt informiert?« – Da sei im Moment sowieso keiner, und der Chef wolle noch die Analyse abwarten ... – Was mit der Mutter sei? – »Haltet sie hin. Muss ja nicht gleich jeder Bescheid wissen.« usw.

Die Kamera fährt zurück, einen Gang entlang, durch eine Tür »hindurch«, auf der steht:

QUARANTÄNEBEREICH
Zustritt strengstens untersagt.

Bundeskanzleramt   **Außen/Nacht**

EINBLENDUNG: Berlin, Bundeskanzleramt, 23.28 Uhr

Wir hören ein Telefonat, das impliziert, eine gefährliche
Seuche habe Deutschland überrannt ...

Bundeskanzleramt/Privatbereich   **Innen/Nacht**

Der **Kanzler** sitzt im Unterhemd auf dem Bett, telefoniert
über Handy mit dem Innenminister, mutmaßt, er habe
sich während des Staatsbesuchs in Südostasien einen
gefährlichen Virus eingefangen. Ein junger, perfekt gekleideter Arzt hört derweil seine Lungen ab: Es ist
Dr. Matthias Hönig (32). Im Hintergrund steht ein distinguierter Herr im dreiteiligen Anzug: **Prof. Walter
Fröbe** (56). Endlich legt der Kanzler auf, äußert gegenüber Fröbe seinen Unmut, der Arzt sei zu jung. Fröbe
meint, Hönig sei von allen auf Viruserkrankungen spezialisierten Internisten der beste. – Hönig überhört das Gespräch stoisch. Die Untersuchung ist beendet, und Hönig
diagnostiziert – eine Sommergrippe. Der Kanzler habe
sich wahrscheinlich bereits vor dem Staatsbesuch infiziert. Der Kanzler scheint alles andere als überzeugt ...

DIK/Laborbereich   **Innen/Nacht**

EINBLENDUNG: Berlin-Tempelhof, Institut für Infektionskrankheiten, 23.37 Uhr

Dr. Sara Bergmanns Auge in groß. Sie starrt in ein
Mikroskop. Sie vergleicht zwei Präparate und wird im
Folgenden mehrmals gestört: die Tür geht auf und **Erwin
Huhn** schaut herein: 40, übergewichtig, lange Haare,
Bart, ein echter Slacker. Er ruft: »Gratuliere!«, singt die

ersten Zeilen von »Well, she's a jolly good fellow« und verschwindet wieder, bevor Sara fragen kann, was das soll.

Sie wendet sich wieder ihrer Arbeit zu, da geht wieder die Tür auf: **Olga Kassander** (45), eine dürre Frau in Rolli und Steghose, very Sixties, schaut herein, entbietet säuerlich ihre Glückwünsche und geht wieder. Sara Bergmann ist verwirrt. Und schaut wieder ins Mikroskop. Da steht jemand steht hinter ihr und sagt: »Gratuliere.« Sie fährt herum: hinter ihr steht **Dr. Arnold Trompetter** (37). Sie schimpft, sie habe sich furchtbar erschreckt, er solle das nächste Mal anklopfen. Trompetter stimmt zu: Sie sei ja jetzt die Chefin, klar klopfe er das nächste Mal an. Sara Bergmann versteht nicht. Trompetter kann nicht glauben, dass sie es noch nicht weiß: Fröbe habe sie zur Leiterin der Mobilen Einsatztruppe ernannt. Mit höheren Bezügen und allem Drum und Dran. Er wedelt mit einem internen Schreiben. Sara wirft einen Blick auf ihren Posteingang: Dort stapeln sich die Briefe von drei Tagen.

Sie ist völlig verblüfft: Fröbe hätte sie wenigstens fragen können. Trompetter wird leicht giftig: Sie solle doch nicht so tun, als habe sie das nicht angestrebt. Er halte das für einen eindeutigen Fall von Diskriminierung. – Sara glaubt, sich verhört zu haben: Diskriminierung?! – Trompetter: »Jawohl. Diskriminierung von Männern.« Seit Jahren beobachte er, wie Frauen bei Beförderungen bei gleicher Kompetenz systematisch bevorzugt würden. Er werde dagegen gerichtlich vorgehen, immerhin habe *er* eine Familie zu ernähren und nicht sie, nicht wahr, und er wolle sichergehen, dass sie das nicht persönlich nehme.

Sie ist sprachlos, will etwas entgegnen, da läutet das Telefon. Sie schreibt mit: Freyung, Bayerischer Wald. Drei Fälle von bakterieller Meningitis, signifikante Häufung …

Dies war ein gelungener Anfang. Aber die Konstruktion war noch nicht zufrieden stellend, der Film beginnt auf vier verschiedenen Erzähl-Ebenen – »Stübig«, »Mina«, »Ambulanz«

und »Klinik«. Wer sollte sich da auskennen? Der Einwand wog umso schwerer, als man eine Geschichte nicht auf verschiedenen Handlungsebenen beginnen und den Betrachter im Unklaren darüber lassen kann, wer die Hauptfiguren sind. Man war sich einig, dass man zwar mit einem »Genre-Aufmacher« beginnen kann, z.b. einer Polizeiaktion oder mit dem Transport des kranken Kindes ins Krankenhaus, nicht jedoch mit dem »Stübig-Überfall« – es wären zwei verschiedene Szenen mit der gleichen *opening*-Qualität gewesen. Denn wenn der Zuschauer ein »Vorspiel« auf dem Theater noch als solches erkennen kann, will er danach möglichst schnell die Helden sehen, um die es es gehen wird. Und er will den Hauptschauplatz wissen und entscheiden, ob er sich auf diese Helden und diesen Schauplatz einlässt. Deswegen wurde in der zweiten Fassung des Treatments die Anfangssequenz gestrafft und vor allem auf den Punkt hingeführt, das DIK und seine Helden vorzustellen.

4.6 Treatment 2. Fassung, Bild 1 bis 11

Einliegerwohnung Stübig → Blick auf Straße
I/A/Nacht

Bildschirmfüllend: ein Brief der BAYERISCHEN BANK. Jemand bumpert im Off an die Tür, eine Frau ruft: »Mike? Mike! Was riecht denn da so?« Währenddessen: Detail-Flashs aus dem Brief: Sehr geehrter Herr Stübig ... Girokonto Nr. 245865433 ... Fehlbetrag von € 23.657,54 ... Termin ...

Inzwischen ist die Frau (**Mutter Stübig**, schlecht erhaltene 55) hereingekommen.

EINBLENDUNG: Freyung/Niederbayern, Haus Stübig, Sonntag 20.10 Uhr

Neben dem ungemachten Bett: ein kippenüberfüllter

Aschenbecher, der vor sich hin kokelt. Sie löscht ihn mit einer halb leeren Bierflasche. Sieht den Brief.

Nimmt ihn, liest ihn bestürzt, sieht sich besorgt im Zimmer um: Poster von Männern in Uniform: Soldaten, Polizisten, Feuerwehrleute, SEK, KSK und so weiter. An der Tür hängt eine blaue, nicht näher definierbare Uniform an einem Bügel.

Sie hört, wie draußen leiernd ein Wagen gestartet wird, und stürzt zum Fenster.

Draußen fährt ein alter Opel Vectra weg. Martinshörner sind zu hören. Frau Stübig stutzt – und sieht einen Ambulanzwagen, aus der Gegenrichtung kommend, vorbeipreschen.

Rettungswagen   **Innen/Nacht**

Ein kleiner Junge (**Paul**, 5) liegt festgeschnallt auf der Tragbahre. Er schwitzt, scheint deliriös. Ein **Sanitäter** (23) misst seine Temperatur im Ohr, schaut besorgt auf das Display: 41,2. **Anke Heusinger** (33), anscheinend die Mutter, sitzt daneben und spricht aufgeregt in ihr Handy: Er habe das Fieber seit 5 Uhr, sei nicht mehr ansprechbar gewesen, da habe sie den Notarzt gerufen, jetzt auf dem Weg ins Krankenhaus –

Polizeirevier   **Innen/Nacht**

EINBLENDUNG: Freyung, Polizeidienststelle, 20.59 Uhr

Ein kleines, altmodisch ausgestattetes Büro, die üblichen Plakate an den Wänden. **Ralph Heusinger** (37) ist Polizist. Er schiebt gerade Nachtdienst, sitzt hinter seinem Schreibtisch, sagt besorgt, er sei allein, müsse erst eine Vertretung organisieren … Anke versichert ihm, sie käme schon klar und werde ihn sofort auf dem Handy anrufen, wenn sich etwas Neues ergebe.

Heusinger legt auf und ruft seine Tochter Mina an, die gerade bei einer Schulfreundin übernachtet.

Bauernhof/Jugendzimmer   **Innen/Nacht**

Am offenen Fenster sitzen zwei kichernde Mädchen in Schlafanzügen und rauchen: **Mina Heusinger** (13) und ihre Freundin **Yvonne** (13). Sie unterhalten sich über die Trennung von Minas Eltern. Wir hören Kühe muhen und Schafe blöken: Wir sind auf einem Bauernhof. Mina aktiviert ihr Handy: Es ist ihr Vater. Sie fühlt sich schon durch den Anruf genervt, sie komme schon klar. Doch sie erfährt, was los ist: Ihre Mutter und ihr kleiner Bruder sind im Krankenhaus ... Heusinger sagt seiner Tochter, sie solle sich keine Sorgen machen und morgen einfach in die Schule gehen. Er werde sie auf dem Laufenden halten. Mina sagt ihm, wie sehr sie ihn vermisse ...

Klinik/Ambulanz   **Innen/Nacht**

EINBLENDUNG: Kreiskrankenhaus Freyung-Grafenau, 21.20 Uhr

Ein müder **Arzt** nimmt Paul Blut ab. Paul stöhnt, ist nicht ansprechbar. Eine Schwester bringt die Blutprobe in das Kliniklabor. Der Arzt stellt Anke Heusinger standardisierte Fragen und füllt ein Formular aus. Anke fragt immer wieder, was ihr Sohn habe. Der Arzt antwortet nebulös und lässt sie dann mit Paul allein. Anke fühlt sich allein gelassen. Plötzlich kommt der Arzt mit zwei Kollegen wieder. Sie fahren Paul aus dem Zimmer, bitten auch Anke, sich untersuchen zu lassen. Ihre Fragen werden ausweichend beantwortet, und sie wird wütend ...

Klinik/Intensiv   **Innen/Nacht**

Paul wird »verdrahtet«, kommt in ein Sauerstoffzelt, bekommt Spritzen. Wir hören dabei den Dialog zweier Ärzte: »Schon der Dritte heute.« – »Schon das Gesundheitsamt informiert?« – Da sei im Moment sowieso keiner, und der Chef wolle noch die Analyse abwarten ... –

Was mit der Mutter sei? – »Haltet sie hin. Muss ja nicht gleich jeder Bescheid wissen.« usw.

Die Kamera fährt zurück, einen Gang entlang, durch eine Tür »hindurch«, auf der steht:

QUARANTÄNEBEREICH
Zustritt strengstens untersagt.

Bundeskanzleramt   **Außen/Nacht**

EINBLENDUNG: Berlin, Bundeskanzleramt, 23.28 Uhr

Wir hören ein Telefonat, das impliziert, eine gefährliche Seuche habe Deutschland überrannt ...

Bundeskanzleramt/Privatbereich   **Innen/Nacht**

Der **Kanzler** sitzt im Unterhemd auf dem Bett, telefoniert über Handy mit dem Innenminister, mutmaßt, er habe sich während des Staatsbesuchs in Südostasien einen gefährlichen Virus eingefangen. Ein junger, perfekt gekleideter Arzt hört derweil seine Lungen ab: Es ist **Dr. Matthias Hönig** (32). Im Hintergrund steht ein distinguierter Herr im dreiteiligen Anzug: **Prof. Walter Fröbe** (56). Endlich legt der Kanzler auf, äußert gegenüber Fröbe seinen Unmut, der Arzt sei zu jung. Fröbe meint, Hönig sei von allen auf Viruserkrankungen spezialisierten Internisten der beste. – Hönig überhört das Gespräch stoisch. Die Untersuchung ist beendet, und Hönig diagnostiziert – eine Sommergrippe. Der Kanzler habe sich wahrscheinlich bereits vor dem Staatsbesuch infiziert. Der Kanzler scheint alles andere als überzeugt ...

DIK/Laborbereich   **Innen/Nacht**

EINBLENDUNG: Berlin-Tempelhof, Deutsches Institut für Infektionskrankheiten, 23.37 Uhr

Mehrere Sektflaschen, in Eiswürfel gepackt, im Laborwaschbecken. Plopp! – **Inge Lorant** (38) hat eine Flasche geöffnet und füllt eine Reihe Senfgläser damit. Im Labor tummeln sich ein Dutzend Leute. **Erwin Huhn** (40), übergewichtig, lange Haare, Bart, ein echter Slacker, bremst sie:»Matti ist noch nicht da! Und der Chef auch nicht!« – Inge Lorant schaut zu ihm hinauf. Wo die denn wieder seien? – Erwin grinst: beim Kanzler. – Inge Lorant hält das für einen Witz und lacht. Sie packt zwei Gläser mit einer Hand und rollt in ihrem Rollstuhl zu **Dr. Sara Bergmann**, einer hübschen Frau, die in einer Ecke sitzt und Unterlagen durchgeht. Ein Glas gibt sie ihr. Sara Bergmann geht es nicht gut. Sie will nicht trinken. Vorher trinken bringe Unglück. Sie müsse aufs Klo. Sie springt auf und rennt aus dem Labor. Inge Lorant sieht ihr zerknautscht nach – und trinkt beide Gläser aus.

DIK/Gang   **Innen/Nacht**

Fröbe und Hönig eilen den Gang entlang. Fröbe erklärt Hönig: Wenn der Kanzler glaube, er habe eine exotische Erkrankung, dann habe er auch eine exotische Erkrankung. Und zwar deswegen, weil die Qualität des DIK von der Höhe des Budgets abhängt, und wenn man schon vom Kanzleramt angefordert werde, sollte man dem Kanzler auch sagen, was er hören wolle, so einfach sei das! Hönig beharrt auf der Sommergrippe. – Fröbe:»Natürlich ist es eine Sommergrippe. Wenn wir jetzt was anderes behaupten, glaubt der noch, wir wären inkompetent. Hönig, Sie haben es gründlich vermasselt!«

Damit öffnet er die Tür zum Labor. Hönig folgt melancholisch lächelnd.

DIK/Laborbereich   **Innen/Nacht**

Fröbe verliert keine Zeit. Auf die Uhr schauend, steuert er auf die Sektgläser zu, schnappt sich eins, redet in höchsten Tönen von der Kompetenz von Sara Bergmann, einer Mikrobiologin mit Intuition, Weitblick, Herz und ... – jetzt vermisst er Sara. – Inge Lorant, trocken: Sie ist auf dem Klo. – Fröbe ficht das nicht an. Er verkündet hiermit offiziell die Ernennung von Sara Bergmann zur koordinierenden Leiterin der Schnellen Eingreiftruppe des Deutschen Instituts für Infektionskrankheiten. »Meine Damen und Herren, Sie sind unsere Speerspitze. Unsere Marines. Unsere Ledernacken. Allzeit bereit. Der Feind ist da draußen. Bekämpfen Sie ihn ohne Gnade, mit allen Mitteln. Aber vergessen Sie nie den Spaß dabei. Und den Ruf, den wir zu verlieren haben.« Er erhebt das Glas. Jetzt kommt Sara vom Klo. Alle Blicke ruhen auf ihr, wie sie durch das Labor schleicht, von Fröbe ein Glas in die Hand gedrückt bekommt ... Erwin schmeißt mit Konfetti, alle johlen, alle stoßen an, und Sara ist das alles ein bisschen peinlich.

Gratulationsparade: Fröbe reicht ihr die Hand, trinkt, geht, er hat noch einen Termin. Jumpcut: Inge Lorant zieht Sara zu sich herunter, drückt ihr ein rotes Bussi auf die Backe. Jumpcut: Erwin Huhn macht Gimme Five mit ihr. Jumpcut: **Olga Kassander** (45), eine dürre Frau in Rolli und Steghose, very Sixties, entbietet säuerlich ihre Glückwünsche. Jumpcut: Matthias Hönig gibt Bussi, links und rechts, und flüstert ihr zu: Er werde sich keinen *neuen* Job besorgen. Sara sieht ihn leicht erbost an. Jumpcut: Vor ihr steht **Dr. Arnold Trompetter** (37). Auf den ersten Blick erkennbar: kein einfacher Typ. Immer etwas fahrig, sehr schalkig, aber jetzt sehr ernst. Sara will ihm die Hand geben, er ignoriert das. Sie solle doch nicht so tun, als habe sie das nicht angestrebt. Er halte das für einen eindeutigen Fall von Diskriminierung. – Sara glaubt, sich verhört zu haben: Diskriminierung?! – Trompetter: »Jawohl. Diskriminierung von Männern.« Seit Jahren beobachte er, wie Frauen bei Beförderungen bei gleicher Kompetenz systematisch bevorzugt würden. Er werde dagegen gerichtlich vorgehen, immerhin habe *er* eine Familie zu ernähren und nicht sie, nicht wahr, und er wolle sichergehen, dass sie das nicht persönlich nehme. Er prostet ihr zu und geht. Sie lässt sich auf den nächsten Stuhl plumpsen.

Inge Lorant gesellt sich zu ihr. Die beiden sind sehr vertraut miteinander. Lorant: Jetzt freu dich doch. Das wolltest du doch. – Sara: sicher habe sie das angestrebt, aber jetzt habe sie den Posten und fühle sich kein bisschen besser ... – Lorant: Du brauchst einen Mann. Kinder. Familie. – Sara: Damit ich so werde wie Arnie Trompetter? – Lorant: Nein. Damit du das alles hier nicht mehr so wichtig nimmst. Sie deutet auf Hönig, der sich gerade mit Olga unterhält: Der sei doch nach wie vor genau richtig. – Sara: Blödsinn. *Hier erfahren wir, dass Sara und Matthias bereits zusammen waren. Zusammen gelebt haben. Eine gemeinsame Zukunft sahen. Dass Sara jedoch keine Kinder will und sie sich über diese Frage entfremdeten. Dass Matthias allein im letzten Monat drei Laborantinnen vernascht hat.* Sara spielt die Knallharte. Doch Inge Lorant weiß, wie aufgewühlt sie innerlich ist.

Plötzlich hören wir einen Pieper. Und noch einen. Und noch einen. Ein Piepkonzert. Alle holen ihre Pieper und Handys heraus. Auch Sara. Arnie ruft ihr zu: »Also los! Du bist die Chefin!« – Sara schnappt sich ein Telefon. Horcht hinein, schreibt mit, nickt den Anwesenden zu. Alle stellen resigniert ihre Sektgläser ab, außer Inge Lorant. Sara legt auf und gibt Rapport: »Meningitis. Landkreis Freyung-Grafenau, Niederbayern. Inzwischen fünf Fälle. Und es scheint bereits einen Toten zu geben.«

Erwin ruft über Handy sofort einen Pizzadienst an.

Es gab noch weitere Änderungen, deren Darstellung sich hier aus Platzgründen jedoch verbietet. Sie hatten alle den Sinn, die Geschichte dramatisch straffer zu gestalten, sich mehr auf die Figuren zu konzentrieren und vor allem die Hierarchie der Heldenfiguren klar zu definieren. Das war zu diesem Zeitpunkt als Problem erkannt – und sollte auch im weiteren Verlauf der Arbeit eine wesentliche Richtschnur bleiben. Bis zum Drehbeginn wurde nämlich immer wieder an der emotionalen Verbindung der Figuren, ihrer dramatisch bedingten Interaktivität und ihrer Zusammenhänge gearbeitet. Allen war klar, nachdem man sich über die gelungene Kombination des Seriengenres und eine besondere Spielweise der Figuren einig war, dass die Emotionalität der hier handelnden Figuren von größter Bedeutung sein würde.

Einen ersten Begriff, wie die Autoren diese Aufgabe bewältigt haben, zeigt bereits die erste Fassung des ersten Drehbuches – aus der wir auch wiederum aus Platzgründen nur einen Teil als Beispiel abdrucken können. Wir nehmen die Szene 10 bis 13, die vorhergehenden Szenen sind genau nach Maßgabe des Treatments (s.o.) geschrieben. Hier interessiert uns vor allem die konkrete Ausführung, d.h. die Figurenzeichnung.

4.7 Drehbuch 1. Fassung, Bild 10 bis 11

DIK: Gang   **Innen/Nacht**

Fröbe und Hönig eilen den Gang entlang.

EINBLENDUNG: Berlin-Tempelhof, Deutsches Institut für Infektionskrankheiten, 23.37 Uhr

Fröbe: Meine Güte, das ist doch nicht so schwierig: Wenn der Kanzler glaubt, er habe eine exotische Erkrankung, dann hat er auch eine. Und zwar einen chinesischen Kamikazevirus! Das ist Politik, Hönig! Er hat Einfluss auf die Höhe unseres Budgets, und wenn er schon das Deutsche Institut für Infektionskrankheiten anfordert, können Sie ihm doch nicht vor den Latz knallen, dass er eine Sommergrippe hat und sich nicht so haben soll!
Hönig: Sommergrippe ist schon übertrieben. Es ist ein Schnupfen.

Fröbe formt Daumen und Zeigefinger zur Pistole und schießt Hönig ab. Das »Plopp«, das wir hören …

DIK: Laborbereich **Innen/Nacht**

… stammt von einer Sektflasche. **Erwin Huhn** (40), übergewichtig, lange Haare, Bart, ein echter Slacker, hat den Korken knallen lassen. Im Laborwaschbecken liegen weitere Flaschen in Eis gepackt, auf einem Edelstahltisch ein paar Schnittchen auf Servietten.
Die Türe fliegt auf: Fröbe stürmt herein, gefolgt von Matthias. Im Raum stehen ein Dutzend Menschen mit Sektgläsern: Laborstehparty. Fröbe verliert keine Zeit.

Fröbe: Meine Damen und Herren, die schwere Erkrankung des Bundeskanzlers der Bundesrepublik Deutschland – er leidet an einer ernsthaft laufenden Nase – soll uns nicht davon abhalten, unbeirrt weiterzukämpfen. Sie sind unsere Speerspitze. Unsere Marines. Unsere Ledernacken. Allzeit bereit. (cont.)

Huhn reckt den Hals. Da hinten sitzt eine Frau um die 40 im Rollstuhl (**Inge Lorant**, Dauerwelle, Typ »Mutter«). Sie scheint etwas verloren. Auf dem Schoß hat sie einen Kuchen liegen. Einen gedeckten Apfelkuchen.

Fröbe (cont.): Der Feind ist da draußen. Bekämpfen Sie ihn ohne Gnade, mit allen Mitteln. Aber vergessen Sie nie den Spaß dabei. Und den Ruf, den wir zu verlieren haben. Sie wissen, warum wir uns heute Abend hier getroffen haben: weil ich Ihnen ein Geschenk machen will. Sie bekommen von mir die Beste. (cont.)

Arnie Trompetter sieht ziemlich säuerlich auf die Uhr, als nerve ihn das alles.

Fröbe (cont.): Dr. Sara Bergmann, die ich hiermit ganz offiziell –

Er und die anderen blicken sich suchend um.

Fröbe: Wo ist sie? Sara!

Genau: Wo ist Sara! Damit ist die Heldin angekündigt. Und damit sie auch einen richtigen Auftritt hat, haben die Autoren das Bild 12 anders ausgeführt, als im Treatment geplant: Sara hat sich von der Festgesellschaft separiert und ist in den Waschraum gegangen, wo sie sich selbst im Spiegel studiert. Damit wird dem Zuschauer klar, wer hier die Heldin ist. Ihm wird auch ihre Situation klar (down-deep-down) und der Skrupel, der Sara quält. Damit ist sie als Heldin doppelt abgestützt und nicht mehr nur eine Glückliche, der das Schicksal die erste Rolle zugespielt hat. Man wird ihr vertrauen, denn man hat mit ihr, und das ist allein das Ergebnis dieses gelungenen Bildes, erlebt, wie viel Zweifel sie an sich selbst hat. Sie wird also nicht überheblich werden, wird uns nicht quälen mit Besserwisserei, wird uns »bekannt vorkommen«, weil sie an sich zweifeln kann.

4.8 Drehbuch 1. Fassung, Bild 11 (neu) bis 13

DIK: Laborbereich   **Innen/Nacht**

… stammt von einer Sektflasche. **Erwin Huhn** (40), übergewichtig, lange Haare, Bart, ein echter Slacker, hat den Korken knallen lassen. Im Laborwaschbecken liegen weitere Flaschen in Eis gepackt, auf einem Edelstahltisch ein paar Schnittchen auf Servietten, im Hintergrund **Dr. Sara Bergmann**, eine hübsche, ernste Frau, die nervös Unterlagen durchgeht. Huhn geht mit zwei gefüllten Sektgläsern auf sie zu.

Huhn: Wenn sonst keiner kommt …
Sara (ohne aufzublicken): Vorher trinken bringt Unglück.
Huhn: Mir nicht.

Huhn nimmt einen ordentlichen Schluck und sieht dann **Inge Lorant**, um die 40, Dauerwelle, Typ »Mutter« – eine Frau, der man zutraut, zupacken zu können. Etwas zögerlich fährt sie in ihrem Rollstuhl durch die Türe, sieht sich um. Auf dem Schoß irgendwas Rundes, mit Seidenpapier abgedeckt.

Inge: Da bin ich.
Huhn (irritiert): Da ist sie, Sara! (zu Inge) Ich weiß nicht, wer Sie sind, aber ich habe Ihnen schon mal ein Gläschen eingeschenkt.

Er drückt ihr Saras Glas in die Hand.

Inge (unsicher): Inge Lorant. Dr. Fröbe hat gesagt, ich soll schon heute Abend kommen. Zum ... *warm up?*

Anglizismen kommen Inge schwer über die Lippen.

Huhn: Das hat er gesagt? (zu Sara) Fröbe hat »warm up« gesagt. Der ist zu oft beim Bundeskanzler.

Sara klappt ihre Unterlagen zu, steht auf. Sie sieht aus, als ginge es ihr nicht besonders gut.

Sara: Frau Lorant ist unsere neue Bürokraft.

Erwin zieht vorsichtig das Seidenpapier weg. Ein Apfelkuchen liegt darunter.

Huhn: Sara, hau ihre Bremse rein, damit sie uns nicht wieder wegrollt.
Sara: Herzlich willkommen, Frau Lorant. (vorstellend) Das ist –
Huhn: Erwin. Huhn. Huhn wie Adler.
Inge: Freut mich.
Huhn (mit Blick auf den Kuchen): Mich auch. Ich bin hier der Zoodirektor. Der Herr der kleinen Tierchen. Das ist

Sara. Sie ist klug, schön und erfolgreich. Ich liebe sie. Leider hat sie sich gegen Selbstreproduktion und für ihre Karriere entschieden. (vertraulich) Aber ich habe letzte Woche ein paar Haare aus ihrer Bürste geklaut. Ich züchte mir einen Sara-Klon! Nur für mich alleine! Prost!

Inge (irritiert) und Erwin stoßen an.

Sara (murmelt): Entschuldigt, ich muss mal ...

Sie verschwindet Richtung Toilette, Inge blickt ihr hinterher.

Huhn: Fröbe hat vier Flaschen Aldi-Sekt spendiert und Saras Ritterschlag gleich mit Ihrer Warm-up-Party verquirlt. Ein wahrhaft großzügiger Mensch.

Die Türe fliegt auf: Fröbe stürmt herein, gefolgt von Matthias und einem Dutzend Menschen, unter ihnen **Arnie Trompetter** und **Olga Kassander**. Man stürzt sich gleich auf den Sekt. Fröbe verliert keine Zeit.

Fröbe: Meine Damen und Herren, die schwere Erkrankung des Bundeskanzlers der Bundesrepublik Deutschland – er leidet an einer ernsthaft laufenden Nase – soll uns nicht davon abhalten, unbeirrt weiterzukämpfen. Sie sind unsere Speerspitze. Unsere Marines. Unsere Ledernacken. Allzeit bereit. (cont.)

SCHNITT AUF Matthias, der neben einer blutjungen **Praktikantin** steht und ihr vielsagend zuzwinkert.

Fröbe (cont.): Der Feind ist da draußen. Bekämpfen Sie ihn ohne Gnade, mit allen Mitteln. Aber vergessen Sie nie den Spaß dabei. Und den Ruf, den wir zu verlieren haben. Sie wissen, warum wir uns heute Abend hier getroffen haben: weil ich Ihnen ein Geschenk machen will. Sie bekommen von mir die Beste. (cont.)

SCHNITT AUF Arnie, der ziemlich säuerlich an seinem Sektglas nippt.

Fröbe (cont.): Dr. Sara Bergmann, die ich hiermit ganz offiziell –

Er und die anderen blicken sich suchend um.

Fröbe: Wo ist sie? Sara!
Inge: Ich glaube ...

Alle drehen sich zu Inge um. Sie hat noch immer den Apfelkuchen auf ihrem Schoß.

Inge: ... ihr geht es nicht besonders gut. Hallo allerseits. (kichert unsicher)

DIK: Toilette   **Innen/Nacht**

Wir hören die Spülung einer Toilette. Dann kommt Sara aus der Kabine. Am Waschbecken steht eine andere **Frau. Olga Kassander**. So ein Mist. Eine dürre Frau in Rolli und Steghose, very Sixties, säuerlicher Blick. Sie zieht ihre Augenbrauen nach.

Olga: Na, Herzchen? Nervös?
Sara: Scheiße, ich hasse so was. Rutsch mal.

Sara spült sich den Mund aus, stützt sich auf dem Waschbecken ab und sieht in den Spiegel. Sie sieht schlecht aus.

Olga: Du liebst so was. Es ist das, was du immer wolltest. Besinne dich auf deine Stärken.
Sara: Stärken? Feigheit, Neigung zu Bauchweh und Durchfall, Hysterie ...

DIK: Laborbereich   Innen/Nacht

Sara öffnet die Tür zum Laborbereich. Olga folgt.

Fröbe: … Intuition, Weitblick, Herz, Sachverstand. Kurz:
Die besten Voraussetzungen für diesen Posten.

Fröbe sieht sie hereinschleichen.

Fröbe: Sara, hiermit ernenne ich Sie offiziell zur koordinierenden Leiterin der Schnellen Eingreiftruppe des
Deutschen Instituts für Infektionskrankheiten.

Applaus. Erwin schmeißt mit Konfetti. Sara ist das alles
ein bisschen peinlich.

SCHNITT AUF Küsschen von Fröbe.

Fröbe: Ich verlasse mich auf Sie, Sara.

SCHNITT AUF Küsschen von Huhn, der in der einen
Hand ein Sektglas, in der anderen ein Stück Apfelkuchen
hat.

Huhn (kauend): Yippie-a-yeah.

Sara wischt sich verstohlen die Backe.

SCHNITT AUF Zärtliches Küsschen von Matthias.

Matthias (sanft): Gratuliere.

Sara sieht ihn forschend an. Im Hintergrund tuschelt
Erwin mit Inge.

Erwin: Die beiden haben sich erst letzte Woche getrennt.
(flötet) Dabei haben sie so gut zusammengepasst …
Darf ich?

Er nimmt sich noch einen Apfelkuchen.

SCHNITT AUF Küsschen von Olga.

Olga: Immer lächeln, Mädchen.

Sara lächelt zerknautscht.

SCHNITT AUF Trompeter. Auf den ersten Blick erkennbar: kein einfacher Typ. Immer etwas fahrig. Sara hält ihm die Wange hin, aber er ignoriert sie, reicht ihr stattdessen die Hand.

Arnie: Gratulation.
Sara: Danke.
Arnie: Der Fairness halber sage ich dir gleich, dass ich dagegen gerichtlich vorgehen werde.
Sara: Äh, wogegen?
Arnie: Gegen deine Ernennung. Nimm's bitte nicht persönlich, ich kann dich gut leiden. Ich lasse mich nur nicht gerne diskriminieren.
Sara: Was?
Arnie: Entschuldige, aber du bist nur Biologin, eine sehr gute zwar, aber ich bin Facharzt.
Sara: Du fühlst dich als Arzt diskriminiert?! Arnie!
Arnie: Ich fühle mich als Mann diskriminiert. Und als Familienvater. Ich habe schon einen Anwalt beauftragt. Nimm's mir nicht übel, ich mag dich wirklich gern.

Er hebt lächelnd sein Glas, trinkt, und dreht sich um.

Olga: Unser Arnie. Ist er nicht niedlich?

Sara dreht sich um. Vor ihr steht Olga. Irgendwo im Hintergrund sitzt Inge ziemlich verloren in ihrem Rollstuhl herum.

Sara: Ach, der soll sich nicht so haben.

Saras Blick fällt auf Matthias, der sich mit der Praktikantin prächtig zu amüsieren scheint.
Plötzlich hören wir einen Pieper. Und noch einen. Und noch einen. Ein Piepkonzert. Alle holen ihre Pieper und Handys heraus. Auch Sara. Sie horcht in ihr Handy. Alle Augen ruhen auf ihr.

Sara (ins Handy): Verstehe.

Sie legt auf, sieht in die Runde – und senkt den Daumen. Alle stellen ihre Gläser weg.

Durcheinander: Ach Menno.
Dienst ist Dienst und Schnaps ist Schnaps.
Auf geht's!
Der neuen Speerspitze hinterher.
Gott sei Dank hab ich keinen Nachtdienst.

Alle verlassen den Raum. Sara sieht: Die Praktikantin gibt Matthias noch schnell ihre Telefonnummer.

Praktikantin: Ruf mich an, ja?

Matthias nickt grinsend. Und wirft Sara einen verstohlenen Blick zu ...

Und plötzlich leben die Figuren! Ein beglückendes Gefühl für Autor, Produzent und Redakteur! Obendrein weiß man, wer der Held ist – und wie die anderen zu ihm/ihr stehen, alle gratulieren ihr mit Küsschen. Wie in einer richtigen Inthronisationsfeier. Und man weiß auch, wer der Feind sein wird – Arnie, »das Schätzchen«, wie Olga ihn nennt. Und man kriegt – um die Szene perfekt zu machen – einen Hinweis auf das private Geheimnis zwischen Sara und Matthias.

Es ist Zeit für den ersten Test. Und damit schlägt die Stunde der Marktforschung. An dieser Stelle einer Projektentwicklung will – und muss – man konkrete Hinweise auf möglicherweise übersehene Defizite oder Risiken bei der Akzeptanz bekommen. Geschulte und wissenschaftlich hoch qualifizierte Fachleute führen Gruppendiskussionen durch, nachdem die Probanden das Exposé und die Figurenbeschreibung gelesen haben. In einem Verfahren, das wir hier nicht näher darstellen wollen (und dürfen), werden die Gesprächsergebnisse zusammengefasst und den Senderverantwortlichen vorgestellt. Neu in diesem Fall war, dass Wissenschaftler und Redakteur den Produzenten an der Beobachtung der Gruppendiskussionen und an der Auswertung beteiligt haben. Wir waren also so umfassend informiert, wie noch nie zuvor über eines unserer Projekte.

Die Ergebnisse waren zu aller Freude außerordentlich gut: Die Probanden (ausgewählt nach demografischen Kriterien und Sender- sowie Serien-Affinität) gaben »exzeptionellen Zuspruch«, fanden das Serienformat »unique« und gaben hohe Werte für die »Emotionalität, Fesselung und Aufklärung« dieser Serie, die gekonnt »zwischen Arzt- und Krankenhausserien abgegrenzt« sei. Was wollte man mehr!

Die Zuschauer bestätigten auch, dass dieses Format wöchentlich ausgestrahlt werden müsse, nachdem sie das »moodboard« der Forscher gesehen und die »tonality« der Sache positiv bewertet hatten. Ihr »Akzeptanzerleben« war überdurchschnittlich, der Serie wurde hohe »Formatbegehrlichkeit« attestiert, die Ausgewogenheit der verschiedenen »Grundreize« war gelungen, das gewählte Berufsumfeld »affin« und die Personen »Identifikations-intensiv« – so weit das Neudeutsche.

Es gab aber auch neben vielem Lob, weiter so fortzufahren, Hinweise, was man besser machen konnte: Der Genre-Mix gebiete, nicht zu einseitig an den Zuschauer heranzutreten, sondern die Balance zwischen menschlichem Schicksal und Action (Ersteres sehen die Frauen besonders gern, Letzteres die Männer) auszutarieren; die hohe Akzeptanz verteilte sich nämlich bei beiden Geschlechtergruppen auf jeweils unterschiedliche Argumente – da musste man also behutsam sein, um nicht durch Überbetonung des einen Elements möglicherweise die Hälfte der Zuschauer zu vergrätzen. Kritikpunkt war auch die assoziierte Nähe zu anderen im Programm erfolgreichen Serien (z.B. zu »Akte X«). Alles in allem waren die Hinweise besonders hilfreich für die Weiterentwicklung, zumal die Reaktionen der Probanden auf die vorgegebenen Typen der Protagonisten klar und vor allem einsichtig waren.

Für den Sender war dieser Test die erste entscheidende Ermutigung, das Projekt mit noch mehr Kraft voranzutreiben – und für den Produzenten, den Dramaturgen und die Autoren das Startsignal für die »richtige« Arbeit. Denn nun mussten die Figuren weiterentwickelt werden, vor allem – und zuerst – Sara Bergmann und Dr. Matthias Hönig.

4.9 Drehbuch 1. Fassung, Sara-Matthias-Bilder

Zur Verdeutlichung, was hier in Fortführung der Pläne, die das Treatment fixiert hatte, im Drehbuch geschehen ist, haben wir die Bilder hintereinander geschaltet, in denen sich die Beziehung Sara/Matthias entwickelt. Wir springen in die Handlung, nachdem Matthias angeschossen wurde und Sara alleine handeln muss. Obendrein wird ihr in dieser Situation deutlich, wie viel er ihr bedeutet. Inge kann den Dialog im Off weitgehend mithören, weil Saras Handy offen und so mit der DIK-Zentrale verbunden ist.

Zug   **Innen/Tag**

Matthias Gesicht glänzt verschwitzt. Er sieht schlecht aus. Er versucht sich aufzurichten. Sara bereitet die Kurzinfusionen vor, holt mehrere 20-ml-Durchstechampullen aus der Arzttasche, dazu Nadeln, ein Band zum Blutstauen, Schläuche.

Stübig steht neben Bruderwald und lässt sich nichts entgehen.

Sara: Ich schaff das schon.
Matthias: Das war einfach … nicht überlegt.

270

Sara: Konnte doch kein Mensch ahnen, dass wir einen verrückten Schaffner im Zug haben.

Sara bereitet weiter vor: Desinfektionsmittel, Tupfer, Pflaster ...

Matthias: Irgendwie mach ich mir Vorwürfe.

Sara hält inne.

Sara: Sag mal: Was redest du da eigentlich? Delirierst du?
Matthias: Ich hätte nicht einfach ... ich hab dich verletzt.

DIK: Büro Inge   **Innen/Tag**

Inge Lorant, die gerade ein Stückchen Apfelkuchen in ihren Mund schiebt, hält inne.

Sara (off, V.O.): Du bist nicht mein Kindermädchen, Matti.
Matthias (off, V.O.): Ich bin auch schon ein großer Junge, Sara.
Sara (off, V.O.) (unterbricht): Du hast die Wahl gehabt, und du bist gegangen. Na und?

Inge kaut langsam weiter.

Matthias (off, V.O.): Weil man mit dir keine Familie gründen kann!

Zug   **Innen/Tag**

Sara steht mit einer Nadel in der Hand da.

Sara: Familie. (fängt sich) Stimmt, die kann man mit mir nicht gründen. Also, dann passt doch alles. Du wolltest

271

mir sagen, wie man diese verdammten Cephalosporin-Kurzinfusionen legt.

(nach mehreren Bildern):

Matthias (cont.): Ich will bloß ein paar Dinge geregelt haben, bevor …

Zug   **Innen/Tag**

Sara: Du stirbst nicht!

Sara sticht Mina eine Nadel in den Handrücken.

Matthias (schwach): Sorry, aber ich bin der Arzt hier, nicht du.
Sara (knurrt): Jammerlappen. Richtig so?

Matthias seufzt und nickt. Sie hat mittlerweile allen Passagieren, mit Ausnahme von Stübig, der apathisch an der Wand lehnt, eine Infusion gelegt. Die Patienten halten die kleine Ampulle in die Höhe und sehen zu, wie die Flüssigkeit von der Flasche durch einen Schlauch in eine Vene auf ihrem Handrücken fließt.
Sara drückt Mina die Ampulle in die Hand.

Matthias: Niedrigste Stufe.

Sara dreht den Tropf nur ein kleines Stückchen auf. Die Tropfgeschwindigkeit ist ganz niedrig.

Sara: Dein Bruder Paul verträgt diese Medizin nicht, Mina. Jeder Mensch ist anders, aber ihr seid Geschwister. Es könnte sein, dass auch du Schwierigkeiten bekommst.

Mina nickt tapfer.

Sara: Wenn du irgendwas spürst, Jucken auf der Haut, Sehstörungen, Kopfschmerzen, Schluckbeschwerden, Atemnot … du musst uns sofort Bescheid sagen. Beim kleinsten Anzeichen.

Mina nickt. Jetzt meldet sich Yvonne etwas verschämt.

Yvonne: Frau Doktor?
Sara: Ja?
Yvonne: Ich muss mal.
Sara (provokativ): Schaffner!?
Stübig: Hau ab mit deinen Spritzen. Da fall ich nicht drauf rein!
Sara: Wo sind die Toiletten?
Stübig (lacht): In Zwiesel.

Sara springt auf und stürmt auf Stübig zu.

Sara: Jetzt hören Sie mir mal zu. Sie fahren mit einem Haufen … (cont.)
Matthias (dazwischen, schwach): Sara … Sara …
Sara (cont.): … kranker Menschen hier seit Stunden durch die Gegend, wir haben kein Wasser, keine Toiletten, nicht genügend Medikamente –

Yvonnes spitzer Schrei lässt Sara abbrechen. Sie dreht sich um, sieht Mina, die sich, blau angelaufen, am Boden krümmt und ganz offensichtlich keine Luft mehr bekommt.

Sara: Oh mein Gott …

Sie stürzt auf das Mädchen zu, dreht den Tropf zu, rennt dann zu Matthias.

Sara: Was soll ich tun?
Matthias (mit letzter Kraft): Dexametason. In meiner Tasche.

Yvonne (off) (hysterisch): Oh mein Gott, sie stirbt, so tun Sie doch was, sie stirbt!

Sara durchsucht die Tasche, findet eine Ampulle, reißt eine Spritze aus der Verpackung, zieht sie auf.

Matthias (unterdessen): Ruhig bleiben, Sara. 16 Milli intravenös.
Sara: Intravenös? Wohin denn?
Matthias: Mach die Nadel weg. Sie hat die Nadel schon in der Hand. Einfach den Schlauch raus und umstöpseln.

Sara zupft die Nadel von der Spritze, rennt zu Sara, zieht den Schlauch von der Nadel, die bereits in Minas Handrücken steckt, setzt die Spritze auf und drückt.

Sara (zu Matthias): Schnell? Langsam? Wie?
Matthias: Schnell!

Das Cortison-Präparat schlägt umgehend an. Mina schnappt nach Luft, Sara nimmt sie in den Arm. Yvonne heult in einer Ecke vor sich hin. Die Rekruten tuscheln miteinander, fast sieht es aus, als hätten sie einen Streit.

Sara: Es ist alles gut, alles ist gut, meine Kleine, alles in Ordnung ...

Sara wirft Stübig, der alles einigermaßen betroffen beobachtet hat, einen hasserfüllten Blick zu.

Stübig: Ich fall da nicht drauf rein, nee, nee, nee, ich fall da nicht drauf rein ...

Er dreht sich um, reißt eine Serviceklappe auf, holt einen Eimer heraus und wirft ihn Yvonne zu. Die hebt ihn auf und blickt unschlüssig in die Runde.

Stübig: Na los! Wirst dich doch nich genieren. Guckt dir keiner was weg.

Stübig lacht dreckig und schaut dann zum Fenster hinaus.

(nach mehreren Bildern):

Rangiergelände: Zug   **Innen/Außen/Tag**

Sara: Sie schläft.

EINBLENDUNG: 13.05 Uhr

Sara lässt sich müde neben Matthias auf den Sitz fallen, streicht ihm über den Kopf. Matthias' Augen sind halb geöffnet, er ist sehr blass, hat trockene, rissige Lippen, will etwas sagen. Aber Sara winkt ab und streicht ihm über den Kopf.

Sara: Tut mir Leid. Wollte vorhin nicht so grob sein.

Matthias ringt nach Worten, und wieder unterbricht ihn Sara.

Sara: Nicht jetzt, Matti. Bei einem Glas Wein, wenn das hier vorbei ist, okay?

Matthias schließt die Augen. Sein Oberkörper hängt halb von der Sitzfläche. Sara will ihn in eine bequemere Position schieben, als sie plötzlich merkt, dass alles voller Blut ist – sie eingeschlossen.

Sara: Ach du Scheiße. Matti? Matti!!

Sie rüttelt hektisch an ihrem Kollegen herum, doch der bleibt bewusstlos.

Sara: Scheiße, er verblutet. Matti! (zum Vertreter) Na los, helfen Sie mir!

Hastig wickelt sie den Verband auf.

Sara (zum Vertreter): Da müssen noch Kompressen drin sein. Na los, machen Sie, machen Sie, machen Sie!

Der Vertreter durchwühlt eilig die Arzttasche, findet Kompressen, reißt sie aus der Verpackung; Sara presst sie auf die Wunde, legt einen neuen Druckverband an ...

Sara (schreit Richtung Stübig): Begreifen Sie denn endlich, was hier los ist? Er wird sterben, wenn er nicht in ein Krankenhaus kommt, und die anderen hier auch! Schaun Sie sie an! Machen Sie die Augen auf! Schauen Sie!!!

Stübig wirkt einigermaßen erschrocken. Sara fühlt resigniert Matthias' Puls.

Sara (mehr zu sich bzw. ins Handy): Matthias hat noch mal Blut verloren. Puls schwach, 40 oder 45, nicht ansprechbar. Dem Mädchen ... (cont.)

Unser und Saras Blick fällt auf Mina, die auf einer Bank liegt und unruhig zuckend schläft.

Sara (cont.): ... geht's auch zunehmend schlechter. Fieber ist auf über 41 gestiegen. (lauter) Wir brauchen dringend ärztliche Hilfe! Bitte! Sonst gibt's hier die ersten Toten! (schreit Richtung Stübig) Wissen Sie denn überhaupt nicht, was das ist? Verantwortung? Menschenleben?
Stübig: E-e-es tut mir ...
Sara: Sie denken, das ist ein Spiel! Aber jeder Mensch ist für seine Spielchen verantwortlich, Herr Stübig. Und für dieses Spiel wird man Sie zur Rechenschaft ziehen!

Wenn hier einer stirbt, sind Sie dran Schuld. Das kriegen Sie ein ganzes Leben lang nicht mehr weg, verstehen Sie das? Das klebt wie Pech! Das wird immer da sein! Ihr ganzes beschissenes Leben lang!

Stübig (leise stockend): Sie hat mich immer so angesehen, die Frau Cherbon, von der Bank, immer hat sie den Kopf geschüttelt ... u-u-und Mama ... u-und die A-a-adele. Wenn du eine Freundin hast, hat sie gesagt, die Mama, d-dann bring sie doch mit.

Sara funkelt ihn wütend an, schweigt aber. Soll er reden.

Stübig: Kannst sie ruhig mitbringen auf'n Hof, hat sie gesagt, u-und dann war's nie die richtige. (steigert sich) Jede, jede, hat sie gesagt, kannst du mitbringen, aber *die* nicht, *die* nicht.

Sara: Mitleid? Ist es das, was Sie wollen? Sich mal ausheulen, Herr Stübig, dass Sie immer noch keine Freundin haben? Soll ich Ihnen das Händchen halten, während um uns herum Menschen sterben, Herr Stübig? Wollen Sie das? Wollen Sie das denn wirklich?

Stübig: Ich wollte doch einfach nur weg, i-i-rgendwo von vorne – weg von der Mama ...

Martha (off): Franz?

Franz erstarrt.

Martha: Franz!

Langsam steht er auf. Schaut aus dem Fenster. Da draußen steht, allein auf den Gleisen, die Heimsuchung seines Lebens. Seine Mutter.

Stübig: Mama ...

Rangiergelände: Zug   **Innen/Außen/Tag**

Erst sagt sie lange nichts, und dann:

Martha: Du Saubou!

Sara sitzt zwischen Matthias und Mina, beide nicht bei Besinnung. Sie hält Minas Kopf auf dem Schoß, streicht über ihr schweißnasses Gesicht. Mina schlägt plötzlich die Augen auf.

Mina: Mama!

Das Wort »Mama« lässt Stübig aufblicken. Sara streichelt weiter.

Mina (erschrocken): Ich hab's vergessen.

Mina phantasiert. Sie will sich aufrichten, Sara hält sie zurück.

Mina: Mathe! Ich muß noch Mathe machen.
Sara: Ist ja gut.

Mina entspannt sich, Stübig verliert das Interesse.

Mina (verträumt): Machen wir das wieder mal? Das war doch schön, oder?
Sara: Hm ... Was? Was machen wir wieder?
Mina: Vielleicht werde ich diesmal nicht mehr seekrank. Paul fährt doch so gerne Schiff.
Sara: Schlaf jetzt, Mina.
Mina: Und der Papa.
Sara: Hm.
Mina (energisch): Mama!

Wieder schaut Stübig zu den beiden.

Sara: Ja, Mina, es ist alles in Ordnung.
Mina (aufgebracht): Du willst ohne Papa fahren, stimmt's? Natürlich willst du ohne Papa fahren!
Sara: Nein, Mina, nein. Wir ... fahren alle zusammen. Wie immer: Du, Paul, Papa ... und ... ich.

Mina (etwas ruhiger): Nach Griechenland.
Sara: Nach Griechenland.
Mina: Ich freu mich so. Dauert's noch lange?
Sara: 'n paar Mal schlafen.

Stübig starrt abwesend zur Windschutzsscheibe heraus, die Passagiere liegen mehr oder weniger mitgenommen auf ihren Plätzen, Matthias röchelt mit geschlossenen Augen vor sich hin und Mina sieht aus wie tot. Nur ab und an läuft ein Schauer durch ihren Körper. Sara sitzt neben ihr, Tränen laufen über ihre Wangen.

Sara (flüstert, mehr zu sich): Oh Gott, sie wird sterben.

Sara gibt sich einen Ruck, steht auf und versucht, Matthias wachzurütteln.

Sara: Matti! Matthias!

Doch der regt sich nicht. Verzweifelt beginnt Sara, seine Arzttasche nach Medikamenten zu durchwühlen. Dabei spricht sie Richtung Handy:

Sara: Die Kleine muss raus. (cont.)

DIK: Büro Inge   **Innen/Tag**

Sara (V.O.): Sie muss dringend in die Klinik. Irgendwie müssen wir die Kleine rausschaffen. Sie wird uns sonst sterben.
Inge (murmelt): Mensch Mädel, was soll ich denn machen.

Auch ihr stehen die Tränen in den Augen.

Sara (V.O.): Matti. Matti!!

Sara versucht erneut, Matthias wachzurütteln. Doch von ihm kommt keine Regung. Sie lässt sich zurückfallen. Beobachtet Stübig. Der drückt sich vor dem Cockpit herum, murmelt mit glasigem Blick etwas in sich hinein, vermeidet jeden Blickkontakt.

Saras Augen funkeln. Ihr Blick wandert zwischen Stübig, der von Zitteranfällen geplagten Mina und dem apathischen Matthias hin und her. Als habe sie eine Idee. Sie richtet sich auf, krabbelt zu Matthias, flüstert ihm ins Ohr.

Sara: Hörst du mich? Matti! Hörst du mich!

Sie ohrfeigt ihn. Er nickt mühsam.

Sara (verzweifelt): Wir müssen sie ruhig stellen. Wenn sie sich nicht bewegt – sie sieht ja jetzt schon aus wie tot. Matti, bitte. Er wird keine Leiche im Zug aushalten. Das ist ihre letzte Chance, Matti! Sie stirbt.

Matthias verdreht die Augen. Seine Lippen formen ein Wort, das nicht verständlich ist.

Sara: Wie? Matti! Ich hab dich nicht verstanden.
Matthias: Do (Gebrabbel)
Sara: Do-do-do ...

Sie durchwühlt die Arzttasche, findet schließlich eine Ampulle, auf der »Dormicum« steht.

Sara: Dormicum? Ist es Dormicum, Matthias?

Matthias nickt erschöpft. Sara zieht hastig eine Spritze auf.

Sara: Wie viel? Na los, sag schon, wie viel?

280

Mina (off): Mama!

Matthias versucht es, kann aber nicht.

Sara: Eins? Zwei? Drei? Nick einfach! Vier? Fünf?

Matthias nickt.

Sara: Fünf? Ja? Ist das richtig?
Mina (schreit): Mama!
Stübig: Sie soll die Klappe halten! Sie soll verdammt noch mal ihre beschissene Klappe halten.

Matthias ist wieder bewusstlos geworden. Sara eilt mit der Spritze in der Hand zu Mina.

Sara: Sie wird bald für immer die Klappe halten, wenn Sie uns hier nicht herauslassen.
Stübig: Kannste streichen! Ja? Gestrichen!

Stübig spielt wieder gedankenverloren mit den Sicherungsringen seiner Granaten. Sara spritzt Mina in die Schulter.

Sara: Wird alles gut ...
Yvonne: Was ist denn das? Was geben Sie ihr denn da?

Sara legt den Finger an den Mund: Psst.

Sara: Was immer jetzt passiert, wird Mina retten. Verstehst du?

Yvonne schüttelt den Kopf.

Sara: Vertraust du mir?

Yvonne sieht Sara misstrauisch an ...

Stübig (brabbelt vor sich hin): Ihr kriegt mich nicht klein, nee, nee, nee, mich kriegt ihr nich klein … ich flieg einfach weg … im Hubschrauber … flieg ich einfach weg …

Funkverkehr (V.O.): Statusabfrage? – Scharfschützen eins bis acht in Stellung. – Aktivitäten im Inneren des Zuges? (cont.)

Rangiergelände: Stellwerk   **Innen/Tag**

Der SEK-Führer versucht, mit dem Fernglas den Überblick zu behalten.

SEK-Leiter: Irgendwas machen die da drin. Frau Bergmann hat was mit Dr. Hönig besprochen, aber hier kommt irgendwie nix mehr an. Hallo? Frau, äh, Dings, Frau Lorant?

DIK: Büro Inge   **Innen/Tag**

Inge Lorant horcht in ihren Kopfhörer.

SEK-Leiter (V.O.): Frau Lorant? Hören Sie mich? Was ist denn?
Inge: Äähh … weiß nicht, ich hör nichts. Hören Sie was?
SEK-Leiter (V.O.): Ich höre nichts! Deswegen frage ich Sie ja!!

(viele Szenen später):

Rangiergelände: Zug   **Innen/Tag**

Stübig wirft nur einen kurzen Blick zum Fenster hinaus, sieht die beiden Männer, die gemessenen Schrittes einen Zinksarg Richtung Zug tragen. Schnell schaut er wieder weg.
Gedrücktes Schweigen im Zug. Matthias schläft.

Yvonne (flüstert): Sie ist tot.
Sara (flüstert): Vertrau mir.

Yvonne schüttelt den Kopf. Hyperventiliert.

Yvonne: Sie ist doch tot! Mina ist doch tot! Sie haben sie getötet!
Sara (schüttelt sie): Vertrau mir! Yvonne, vertrau mir!!

Yvonne schreit, schüttelt Sara ab, da greift sie eine Männerhand fest am Arm. Yvonne hält inne. Es ist Matthias' Hand. Er ist wach, sieht Yvonne fest in die Augen – und zwinkert sie an. Yvonne beruhigt sich.

Matthias (zu Sara): Sie wissen es?

Sara schüttelt den Kopf, holt das Handy aus der Brusttasche, zeigt es Matthias. Er sieht, dass das Display leer ist.

Matthias (raunt): Die Kleine muss aus dem Sarg raus. Solche Särge sind luftdicht. Wir haben nicht viel Zeit.

Sara sieht ihn verzweifelt an. Er nickt zu Stübig hin. Sara versteht. Sie steht auf ...

SCHNITT AUF Stübig wippt gedankenverloren mit seinen Füßen. Er sitzt in der Nähe des zerschossenen Fensters. Plötzlich steht Sara hinter ihm.

Sara (beherrscht): Es ist aus.

Stübig erschrickt.

Stübig: Was?
Sara: Wir steigen jetzt alle aus. Du auch. Es ist vorbei.
Stübig: Meinst, ich bin blöd, oder was?

Als Erstes fällt auf, dass die Entwicklung zwischen den beiden Figuren nicht nur über ein paar Bilder, sondern über mehr als die Hälfte des Drehbuchs gestreckt ist. Zum anderen ist die persönliche »Auseinandersetzung« in verschiedene Segmente unterteilt, die sich in den einzelnen Bildern manifestieren. Last, but not least hängt die Lösung des Problems »Wie kommen wir aus dem Zug« direkt mit dem Verhältnis der beiden Protagonisten zusammen. Auch die Klimax, dass es scheinbar doch nicht klappt (»Mein Gott, die Kleine ist tot«) spielt zwischen Sara und Matti. Also dort, wo ohnedies unser persönliches Interesse angedockt ist: den Hauptfiguren. Zwischen Mann und Frau.

4.10 Auffinden des Medikaments

Eine weitere Änderung vom Treatment zum Drehbuch bezieht sich auf den »zweiten Helden«, Dr. Huhn. Während im Treatment das Auffinden des richtigen Medikaments, das »spielentscheidend« für die Entwicklung des Dramas ist, relativ früh geschah, nämlich im Bild 61, d.h. also fast in der Mitte des Stücks, wird dieser Zeitpunkt im Drehbuch sehr viel weiter nach hinten gelegt. Nämlich in Bild 120, d.h. 20 Bilder vor dem Schluss. Das war auch richtig so, denn die den Fall entscheidende Entdeckung kann nicht in der Mitte eines Dramas stattfinden und dann eine ganze Weile lang folgenlos bleiben. Wenn das Medikament gefunden ist, muss das Drama sich auch seiner Lösung zuwenden, nachdem alle Implikationen und Verstrickungen, alle dramatischen Zuspitzungen von der Unmöglichkeit hergeleitet wurden, es endlich zu finden. Es ist sogar ein Kind darüber gestorben, also ist die Entdeckung die entscheidende Tat. Daher wurde sie jetzt auch Dr. Huhn in den Mund gelegt – und nicht etwa einer namenlosen MTA überlassen, wie es das Treatment noch vorgesehen hatte.

Olga steht vor der verschlossenen Labortüre und klopft.

Olga (V.O., cont.): Erwin! Bist du da drin?

Olga rüttelt an der verschlossenen Türe.

Huhn (off): Halt die Klappe, Olga, lass mich in Ruhe. Ich will nichts wissen, ich will nichts hören, ich will nur meine Arbeit machen und –

Huhn bricht ab.

Olga: Erwin?

Olga horcht an der Türe.

SCHNITT AUF Eine Reagenzanordnung hat Erwins Aufmerksamkeit auf sich gezogen. Er baut in Windeseile ein Präparat zusammen, um es unter dem Mikroskop zu betrachten. Er schaut auf die laufende Registriernummer der Petrischale, sucht die dazugehörige Medikamentenpackung. Es ist ein französisches Präparat, und er liest sich durch den Waschzettel. Olga bumpert an der Türe.

Olga (off): Erwin? Ist denn alles in Ordnung?

Huhn eilt mit dem Waschzettel in der Hand auf die Türe zu, reißt sie auf und drückt der verdutzten Olga den Zettel in die Hand.

Huhn: Sie können doch Französisch.
Olga: Leidlich.
Huhn: Steht da irgendwas von liquorfähig? Von Blut-Hirnschranke?
Olga: Erwin, Mina Heusinger ist ...
Huhn: Lesen!

Olga liest. Und nickt dann. Huhn springt in die Luft, beginnt einen Freudentanz im Labor.

Huhn: Ja! Ja! Ja! Ich hab's! Ich hab's gefunden! Ich hab's!

Er stürmt auf Olga zu und umarmt sie stürmisch.

Huhn: Olga! Dieses Mittel wird Mina Heusinger retten! Und ich bin ein Held! Zwei Stück Apfelkuchen!
Olga: Apfelkuchen.
Huhn: Ja weißt du denn nicht, wer Mina ist?
Olga: Doch, doch. Ich weiß es.

Vor allem im ersten Teil des Drehbuchs, in dem die Arbeit des Teams und die hektische Aufnahme der Verfolgung geschildert werden, ergeben sich durch die notwendig werdenden Zwischenschnitte sehr viel mehr Bilder, als im Treatment beschrieben werden (müssen). Gegen Ende des Drehbuchs ist es umgekehrt, dann werden entscheidende Schritte, auf die das Treatment jeweils einzelne Bilder verwandt hat, zu ganzen Bildern zusammengezogen. Hier geht die Handlung im Drehbuch also sehr viel schneller voran. Das ist eine typische Veränderung vom Treatment zum Drehbuch. Diese Verschiebungen des Rhythmus sind wichtig, um im Drehbuch, das ja alleinige Grundlage für den Film ist (und nicht etwa das Treatment) die Akzeleration oder Verlangsamungen der Handlung zu leisten. Ein Treatment kann das nicht. Diesen Umstand muss auch schon der Autor – und zwar bereits in der ersten Fassung – im Auge behalten, sonst wird er in den weiteren Fassungen den Rhythmus nicht finden und spätestens bei der Aneinanderreihung des gedrehten Materials auf dem Schneidetisch feststellen, dass man ein gravierendes Rhythmusproblem hat.

Nach der ersten Fassung des Drehbuchs war man sich zwar über die Figuren einig, doch die emotionale Verbindung zwischen Matti und Sara überzeugte noch nicht so ganz. Auch dies ist, insbesondere bei Kriminalfilmen, typisch, dass die Figuren zwar handeln, aber zu wenig Spielraum für ihre Emotionen haben. Auch die Abfolge der dramaturgischen Arbeit ist üblich: Zunächst schafft man die Konstruktion, dann die äußeren Handlungen und die Aufklärung, danach erst füllt man die Figuren aus, so wie man im Malheft die schwarz-weißen Figuren bunt macht ...

Nun entstanden jeweils im Abstand von zwei bis vier Wochen die nächsten Fassungen, von der dritten Fassung an kam der Regisseur hinzu. Er stellte, als Außenstehender und von allen bis dahin lieb gewonnenen Verabredungen unbeeindruckt, Fragen. Er klopfte ab, was für ihn noch hohl klang. Und man entschloss sich, hier und da auch lieb gewonnene Passagen zu streichen. Alles, was nicht im Interesse des Fortgangs der Figurenentwicklung und der Pointierung des dramatischen Geschehens diente, fiel dem unerbittlichen Skalpell des analytischen Verstandes zum Opfer.

In dieser Phase ist es für Autoren gelegentlich schwer, die Eingriffe »von außen« zu ertragen. An vieles hatte man sich gewöhnt, vieles war immer wieder als besonders gelungen und fantastisch, herrlich, außerordentlich gut, noch nie gelesen etc. gelobt worden. Nun sollte es mit einem Federstrich wegfallen? Nun sollte das nicht mehr schön sein? Da ist also viel Geduld erforderlich, die ich jedem Autor nur von Herzen wünschen kann, wenn es in die letzte Runde geht. Denn bis die drehfertige Fassung steht, muss er sich noch einmal auf Herz und Nieren prüfen und seine Frustrationsbereitschaft bis zum Äußersten strapazieren lassen.

Fassen wir zusammen: Die Veränderung der Beziehung Matti / Sara hatte wesentlich mit der Entwicklung einer Serie zu tun – in einem Einzelspiel wäre man möglicherweise anders damit umgegangen. Denn in einer Serie braucht man so genannte *Arcs*, Bögen. Sie betreffen die Führung einer Figur, die Fortsetzung ihres Charakters, die Weiterentwicklung und Veränderung über sechs bis 13 Folgen. Die Technik der Arc-Dramaturgie kommt – natürlich, möchte man sagen – aus Amerika. Sie galt bis vor kurzem bei uns als ein schwerer Fehler, denn der Zuschauer will angeblich nur in sich abgeschlossene Geschichten sehen und die Figuren vollständig immer wieder so vorfinden, wie er sie vor ein, zwei oder drei Folgen verlassen und von daher in Erinnerung hat. Doch spätestens mit »Dallas« hat sich vieles in der Serienwelt geändert; man hat die Arcs erfunden und ihre Vorteile erkannt, den Zuschauer auch an eine Serie zu binden und ihn auf diese Weise dazu zu bringen, nach Möglichkeit keine einzige Folge zu versäumen. Er könnte sonst wichtige Ereignisse im Leben der Protagonisten, die er (hoffentlich bis dahin) lieb gewonnen hat, verpassen.

Bei der Konstruktion der Arcs für Sara, Matthias, Huhn, Lorant und andere konzentrierte man sich zunächst auf Sara und Matthias. Was war ihr Problem: ein kleiner Seitensprung von Matthias mit der Carbolmaus (vgl. Bild 11)? Das wäre zu billig gewesen und hätte die Figur Sara nur klein gemacht. Welche tragische Verstrickung könnte es sonst sein? Etwa der Tod eines gemeinsamen Kindes – als Parabel auf das, was wir in der ersten Folge erleben und mit der Familie Heusinger nachvollziehen können? Womit verständlich würde, wieso Sara sich zunächst für die Rettung des Lebens vom kleinen Paul Heusinger entscheidet, statt sich professionell zu verhalten und an alle zu denken. Doch das schien allen Beteiligten zu viel des Guten zu sein: Sara und Matti als verzweifelte Eltern eines bei einem Verkehrsunfall verstorbenen Kindes nur, damit Saras Verhalten Paul Heusinger gegenüber plausibler wird? Doch das Kind ging niemandem mehr aus dem Kopf, Sara und schwanger. Und das von Matthias! Und der hat gerade eine berufliche Chance, die er eigentlich nicht ausschlagen kann – ein großer Forschungsauftrag in den Vereinigten Staaten. Und sie hat ihm noch nicht gesagt, dass sie schwanger ist. Das ist ihr Problem, das Geheimnis – das der Zuschauer mit Sara teilen darf!

Das ist entscheidend. Matthias weiß noch nichts von seinem Glück, weil Sara befürchtet, dass er es als sein persönliches Unglück empfinden würde. Nur Freundin Olga weiß Bescheid, was immer gut ist unter Frauen.

Doch niemand will ernsthaft in einer Serie die Protagonisten gleich von Anfang an mit einem Kleinkind »belasten«. Das lenkt sie ab vom Hauptgeschäft, Heldin zu sein. Also wird Sara zwar von Matthias schwanger sein, sodass die beiden im Zug angesichts des unmittelbar bevorstehenden Todes von Matthias auch was Handfestes zu bereden haben – nämlich dass er Vater wird (wenn er denn überleben würde) und dass nun alles anders wird. Doch in der zweiten Folge wird Sara das Kind verlieren, vielleicht auch erst in der dritten. Eine Fehlgeburt, was nicht gleichbedeutend ist mit dem Tod eines Kindes (Amerikaner haben eine eherne Regel: Lass nie ein Kind im Film sterben. Einen Hund vielleicht, und das heißt schon was bei eingefleischten Tierliebhabern! Aber kein Kind.) Im deutschen Kino oder auch Fernsehen ist man da herzloser, was unsere Kollegen in Los Angeles geradezu entsetzt. In einem ganz normalen Tatort am Sonntagabend wurde gleich zu Beginn ein Kind getötet. In einem ZDF-Fernsehspiel wird in den ersten Szenen ein Kind totgefahren … Das wollte hier niemand, das ging allen Beteiligten ganz einfach zu weit.

Jedem ist nachvollziehbar, dass die Beziehung zwischen Sara und Matthias eine besondere Dynamik in sich birgt, für gute Szenen zwischen den beiden sorgt. Sie haben ein wirkliches Problem miteinander, dass jeder Familienvater aber auch Alleinstehende nachvollziehen können. Es geht um Familie im weitesten Sinne, Verantwortung, um Liebe im überhöhten Sinn. Diese entscheidende Veränderung des Figurenprofils brachte die Sache erheblich vorwärts.

Den Konflikt – gewissermaßen das Überbleibsel unseres Gedankens, eine Elternschaft Sara / Matthias als Parabel für die Familie Heusinger zu schaffen – haben die Autoren in eine neue Szene gepackt, indem sie verschiedene Versatzstücke der vorhergehenden Szenen zusammengefasst und den neuen Gedanken als roten Faden eingefügt haben.

4.11 Sara-Matthias (neu)

Rangiergelände: Zug　　　　　　　**Innen/Außen/Tag**

Sara kniet neben der unruhig schlafenden Mina und liest auf dem Display des Fieberthermometers: 41,4. Sie steckt das Thermometer ein und lässt sich neben Matthias auf den Sitz fallen; streichelt gedankenverloren seine Brust.

EINBLENDUNG: 13.05 Uhr

Sara (zu sich): Sie muss ins Krankenhaus.

Matthias' Oberkörper hängt halb von der Sitzfläche. Sara will ihn in eine bequemere Position schieben, als sie plötzlich merkt, dass alles voller Blut ist – sie eingeschlossen.

Sara: Ach du Scheiße. Matti? Matti!!

Sie rüttelt an ihrem Kollegen, doch der bleibt bewusstlos.

Sara: Er verblutet. Matti! (zum Vertreter) Na los, helfen Sie mir!

Hastig wickelt sie den Verband auf.

Sara (zum Vertreter): Da müssen noch Kompressen drin sein. Na los!

Der Vertreter durchwühlt eilig die Arzttasche, findet Kompressen, reißt sie aus der Verpackung; Sara presst sie auf die Wunde, legt einen neuen Druckverband an ...

Sara (schreit Richtung Stübig): Begreifen Sie denn endlich, was hier los ist? Er wird sterben, wenn er nicht in ein Krankenhaus kommt, und das Mädchen hier auch!

Schauen Sie sie an! Machen Sie die Augen auf! Schauen Sie!!!

Stübig wirkt einigermaßen erschrocken. Sara sucht Matthias' Puls.

Sara (Richtung Brusttasche ins Handy): Matthias hat noch mal Blut verloren. Puls schwach, 40 oder 45, nicht ansprechbar. Dem Mädchen ... (cont.)

Unser und Saras Blick fällt auf Mina, die auf einer Bank liegt und unruhig zuckend schläft.

Sara (cont.): ... geht's auch zunehmend schlechter. Fieber ist auf über 41 gestiegen. (lauter) Wir brauchen dringend ärztliche Hilfe! Bitte! Sonst gibt's hier die ersten Toten! (wieder leiser) Oh Gott, Matti, du kannst mich doch jetzt nicht alleine lassen, Matti, bitte ... (Cont.)

Sie fängt an zu weinen, rüttelt an Matthias' Körper. Der stöhnt auf.

Sara (Cont.): Matti, hörst du mich, ich brauch dich doch, Matti (in sein Ohr) bitte, reiß dich zusammen, halt durch, Matti, Mensch, ich krieg ein Kind von dir, Matti ... bitte ... (schreit Richtung Stübig) Wissen Sie denn überhaupt nicht, was das ist? Verantwortung? Menschenleben? Hat Ihnen das Ihre Mama nicht beigebracht?
Stübig: Mit meiner Mama hat das gar nix zu tun!!!
Martha (off): Franz?

Franz erstarrt.

Martha: Franz!

Langsam steht er auf. Hebt mit spitzen Fingern das Rollo und schaut aus dem Fenster. Im Hintergrund verbindet

Sara Matthias. Draußen steht, allein auf den Gleisen, die Heimsuchung seines Lebens. Seine Mutter.

Stübig: Mama ...

Diese vor allen Dingen für die beiden Hauptfiguren dramatische Szene ist direkt verwoben mit der ebenfalls äußerst dramatischen Geschichte zwischen Herrn Stübing und seiner Mama. Denn dieses Verhältnis hat ihn zu dem werden lassen, der er ist: ein verkorkster, reichlich hirnloser und weitgehend lebensunfähiger Versager, dem auch noch am Morgen dieses Tages ein Bankraub danebengegangen ist. Hier überkreuzen sich also die dramatischen Höhepunkte der Protagonisten mit dem der Folge.

Sie sehen, wie das Buch immer reifer wird. Immer dichter, immer drängender im Vorwärtstreiben der Ereignisse und vor allem der Emotionen. Nun konnten die Autoren auf eine ihnen bislang wichtig erscheinende Volte verzichten: Der vor Schmerz schier wahnsinnig gewordene Vater Heusinger hatte sich in den vorhergehenden Fassungen in den Showdown eingemischt, sich in den Zug geschmuggelt, um so der Sache gegen Ende noch einmal eine dramatische Wendung zu geben. Nun war äußere Dramatik nicht mehr opportun, da man ja die innere Dramatik von Sara und Matti sowie die dramatische Zuspitzung des Verhältnisses zwischen Stübig und seiner Mutter erlebt hatte. Das innere Drama erfasst den Zuschauer immer mehr, als ein dramatisch aufgeladenes äußeres Geschehen. Man konnte sich also, nachdem man die emotionale Dimension der Figuren ausgereizt und miteinander in Verbindung gebracht hatte, voll und ganz auf sie verlassen. Man brauchte keine Genreversatzstücke, weil man etwas sehr viel Besseres gefunden hatte. Eine glückliche Entwicklung, ganz ohne Zweifel, und ein außerordentlich gelungenes Drehbuch. Das zeigt auch die letzte Szene, die ganz in Abweichung von den bisherigen Szenen sich auf die mittlerweile lieb gewonnenen Figuren konzentriert. Sie ist ergreifend, gleichzeitig aber auch komisch. Eine seltene Mischung, die einen wirklich rühren kann. Und das soll ja auch im besten Falle am Ende eines Films passieren.

Nachdem das Buch zur Vorbereitung in die Produktion gegeben worden war, beschäftigten sich Produzent, Redakteur und die Autoren, zu denen weitere Autoren gestoßen waren, mit der Weiterentwicklung der Arcs und der Figuren. Zudem griff man die Phase der Plotentwicklung wieder auf und entschloss sich, da man sich nun sicher war, ein gelungenes Serienkonzept in Händen zu halten, sechs Exposés und zwei Treatments für die im Nachfolgejahr zu produzierende Serie zu entwickeln. Das Team, das nach fast neun Monaten gemeinsamer Arbeit gut eingespielt war, zog sich für mehrere Tage in Klausur zurück und entwickelte aus dem Fundus der bislang vorliegenden Vorschläge und der in den vergangenen Wochen und Monaten angestellten Recherchen neue Plots. Die »Bibel«, die man in dieser Phase schreibt, ist das Rückgrat einer Serie. An ihr müssen sich dann auch die Autoren, die nicht in der Entwicklung des Konzepts eingebunden waren, orientieren, denn mit Schaffung der Arcs und der einzelnen Figurenprofile in ihrer Langzeitdynamik entsteht mehr als nur das äußere Gerüst. Wenn die Serie einmal gelaufen sein wird, werden die Autoren diese »Bibel« sicher zur Lektüre freigeben – wir werden sie dann in eine der nächsten Auflagen einbeziehen können.

Sie sehen an diesem Beispiel, wie lange ein solcher Entwicklungsprozess dauert – und wie viel Erfindungsgeist auf Seiten der Autoren und analytischer Sachverstand aufseiten der Dramaturgen gefordert werden. Das, was Sie hier als Beispiel sehen, ist das Ergebnis der Arbeit eines Teams über mehrere Wochen und Monate. Einer allein könnte das niemals – und es würde sich auch keiner zumuten wollen.

Was macht eigentlich ein Dramaturg?

Ein guter Dramaturg ist für jeden Autor (jeden!) unerlässlich; er ist der sachverständige Begleiter, der Scout im manchmal unwegsamen Gelände der eigenen Einfälle, der Einzige, der Ihre Idee kennt, liebt – und sie weiter vorantreiben will. Und zwar in Ihre Richtung, nicht etwa in seine. Denn er muss, ehe er die Arbeit mit Ihnen aufnimmt, Ihre Intention verstanden haben, sie teilen und die geeigneten Mittel wissen, wie man sie umsetzen kann. Er muss in Sie hineinhorchen, er muss Ihre Art zu erzählen kennen und schätzen: Er ist sozusagen Ihr Novizen-Meister.

Das mag Ihnen übertrieben erscheinen, aber es ist so, und wenn Sie erfolgreich sind, erst recht; denn dann ist die Gefahr, auf innere Warnsignale nicht mehr zu hören, besonders groß; dann ist die Lobhudelei, die Ihnen von Produzenten, Sendern, Journalisten entgegengebracht wird, besonders gefährlich. Da müssen Sie einen Freund in der Sache haben, der nicht in Sie als Hans oder Frieda verliebt ist – sondern in Ihr Talent. Und in das kann man sich in der Tat verlieben – sagen Ihnen hiermit erfahrene Dramaturgen.

Dieser Berufsstand (dessen Ausbildungsmöglichkeiten und Chancen für eine Weiterbildung geringer sind als für Klempnergesellen) ist nicht zu verwechseln mit dem der (meist freiberuflichen) Lektoren, die im Auftrag von Produktionsfirmen oder Sendern unverlangt eingesandte Manuskripte lesen, Inhaltsangaben erstellen und nach einem (meist vorgegebenen) Muster Eignungsnoten geben; sie sind hilfreich, aber nicht entscheidend.

Ich habe mich oft genug trotz abratenden Urteils eines Lektors (allein nach der Inhaltsangabe) für einen Stoff interessiert und mich dann auch selbst mit dem Manuskript beschäftigt. Selten verlasse ich mich ganz auf das Lektorenurteil. Auch nicht als anbietender Produzent, denn da kann man bös hereinfallen:

In einem meiner Seminare wollten wir die dramaturgische Entwicklung eines Stoffes, den ich einem großen Sender – bis dahin erfolglos – angeboten hatte, in allen Manuskriptstadien nachvollziehen; zwei der Studenten flüsterten ständig miteinander, in der nächsten Seminarsitzung grinsten sie unverhohlen – und in der dritten outeten sie sich als die beiden Lektoren, die den Stoff – zwei Jahre vor Aufnahme ihres Studiums – abgelehnt hatten. Niemand im Sender hatte das Manuskript je gesehen, das Urteil der Greenhorns, die nun im ersten Semester vor mir saßen und Dramaturgie lernen wollten, hatte ausgereicht. So etwas geschieht, denken Sie also daran, wenn Sie Ihr Manuskript irgendwo hinschicken.

6

Karriereplanung zweiter Teil

Wenn Sie sich fit genug fühlen, sollten Sie bei einfacheren Projekten mitarbeiten – z.B. den Soaps oder gut eingespielten Serien, deren Personal bekannt und deren Dramaturgie im besten Sinne des Wortes »eingefahren« ist. In diesen Produktionen ist nämlich so weit alles gerichtet, d.h. die großen Handlungslinien stehen, die Figuren sind stabil – und keiner reißt Ihnen den Kopf ab, wenn Sie mal nicht sofort auf den Punkt kommen (selbst ein misslungenes Manuskript geht bei stabilen Serienformaten auch mal »mit durch«). Bei dieser Verfahrensweise haben Sie den unschätzbaren Vorteil, Ihre Werke auch wirklich <u>sehen</u> zu können; Sie müssen sich nicht mehr nur <u>erzählen lassen</u>, warum etwas so und so nicht geht. Sie können es als Zuschauer selber beurteilen! Das schult ganz ungemein und macht Sie fit für den nächsten Grad: eine Folge einer 50 Minuten Serie.

Sie kennen ja jetzt schon Produzenten – und Sie haben ja schon etwas gemacht. Also liest man Ihre Vorschläge (bitte nur Exposés, keine Drehbücher) auch anders und schickt sie nicht ins Lektorat weiter; vielleicht haben Sie ja auch die Möglichkeit, mit dem verantwortlichen Redakteur der Serie ins Gespräch zu kommen; ist Ihre Idee für eine Folge originell, wird man sie sicher bedenken. Und schon sind Sie auch da drin – und es heißt schon wieder: Hic Rhodus, hic salta … hier ist Rhodos, hier sollst du springen!

Neben Ihren konkreten Arbeiten, für die Sie ja bezahlt werden (wenn nicht, machen Sie etwas falsch), sollten Sie immer »große« Projekte für sich selbst entwickeln. Und zwar mehrere. Denn Sie brauchen Vorbereitungszeit, müssen recherchieren, nachdenken, zuhören, sich umsehen. Und der Wechsel von einer Tagesarbeit (was der Auftrag für die Niederschrift einer Serienfolge im Prinzip ist) zum Higlight »Großprojekt« ist animierend, erholsam – und verspricht Zukunft. Sie sollten davon immer einen gewissen Vorrat parat haben, damit, wenn sich Ihnen einmal die Chance für ein Gespräch mit einem Producer oder Produzenten bietet, Sie diese auch nutzen können.

Eines Tages werden Sie in der gleichen Weise eine Akquise machen wie der Produzent bei seinem Sender, siehe oben: Wenn Sie nämlich Erfolg gehabt haben. Und wenn Sie ihm einen möglichen Erfolg für sich – und das ist jeder originelle Stoff – wittern lassen. Vor allem aber: Wenn er Ihnen vertraut. Versprechen Sie ihm also nicht zu viel, machen Sie ihn neugierig – und liefern Sie ihm dann aber auch das, wovon Sie gesprochen haben. Danach geht alles sehr schnell: Nach Jahren der gemeinsamen Zusammenarbeit werden Sie auch den 90-Minüter machen, den Sie immer machen wollten, werden zum Gespräch mit dem Sender mitgenommen, wenn es um neue Konzepte geht, werden dem Produzenten einen Korb geben, wenn er Ihnen den Auftrag aufschwätzen will, eine gescheiterte Entwicklung mit *script doctoring* zu retten – Sie werden ein unerträglicher, arroganter Schreiber, der sich weiß Gott was einbildet. Und ein glücklicher Mensch.

Versuchen Sie das doch einfach; mithilfe ihres Talents und all unserer Ratschläge werden Sie es schaffen!

Anhang

Glossar

Auflösung:
Wie der Regisseur und sein Kameramann die Szene in einzelne Bilder und diese wiederum in einzelne Kameraeinstellungen »auflösen« wollen; wichtige Voraussetzung für das → technische Buch – für den Autor nicht von Bedeutung (die alten amerikanischen Bücher sind oft in Einstellungen geschrieben; das bedeutet aber nur, dass sie in ihrer »technischen« Form publiziert worden sind, nicht in der normalen *final* → *draft version*).

Auszüge:
Die verschiedenen Abteilungen des Drehstabes »ziehen« aus dem Drehbuch die Dinge heraus, die für ihre Arbeit von Bedeutung sind: der Ausstatter alle Angaben über die Drehorte, der Requisiteur alle Hinweise auf wichtige Requisiten, die Kostümbildnerin über die Wichtigkeit einzelner Kostüme (soweit sie für die Handlung entscheidend sind), die Regieassistentin über die Statisten, der Special-Effect-Verantwortliche über Größe und Dauer von Feuern, Explosionen, Schüssen etc. Auszüge sind die wichtigste Vorbereitungsarbeit für die Organisation des Drehablaufs.

Back-story:
Nicht etwa die Hintergrundgeschichte, sondern eigentlich die Vor-Geschichte (vgl. auch innere und äußere → Biografie) einer Figur oder auch einer Handlung: Woher kommt die Figur, was hat sie erlebt, wie ist ihre Beziehung zum

Antagonisten beschaffen, zu den anderen Figuren etc. – Faustregel: Je mehr *back-story* dem Autor bewusst ist, umso leichter erzählt sich die Figur im Hier und Jetzt, die *back-story* kommt nicht im Film selber vor, sie wird auch nach Möglichkeit nicht berichtet (»dein Großvater, der kaiserliche Kürassier, der 1871 vor Petersburg fiel, wie du weißt, der einmal sagte ...«).

Biografie, äußere:
Erleben wir im Film; sie umfasst alles, was der Held in der Spiel-Zeit erlebt; wichtigste Voraussetzung ist eine klare innere Biografie, weil sonst die äußere unlogisch oder sprunghaft erscheinen kann.

Biografie, innere:
Die innere Biografie weiß nur die Figur selber – und ihr Autor; sie betrifft nämlich alles, was die Figur erlebt hat und was ihren Charakter prägt. Die gesamte innere Biografie liegt vor Beginn des Films, d.h. der Handlung, prägt sie aber entscheidend.

Character driven:
Geführt von den Charakteren der Figuren. Wenn eine Geschichte nicht vom → Plot (→ Plot driven), d.h. seiner Konstruktion her, erzählt wird, sondern ausschließlich von den Figuren. Dabei verzichtet der Autor oft auf Spannungsbögen im Sinne der Plot-Konstruktion und lässt seine Figuren und deren Entwicklung in durchaus unterschiedlicher Geschwindigkeit die Handlung vorantreiben

Court Drama:
Gerichtsfilm; die Aufdeckung eines Verbrechens geschieht durch Rede, Gegenrede und Indizien vor Gericht; klassische amerikanische Disziplin, da das amerikanische Recht sehr viel mehr Spielraum für Überzeugungsargumente und Gegenargumente vor Gericht zulässt als das deutsche, das viel »schriftlicher« ist, d.h. von erwiesener Sachlage und bewiesenen Tatsachen ausgeht.

301

Davidisierung:
Einen Helden »klein« machen, d.h. seine Probleme und Schwierigkeiten bei der Bewältigung der ihm auferlegten Aufgaben relativ vergrößern.

Dime Novel:
Heftchenromane, die nur einen *dime* kosteten – in den 1940er-Jahren die kleinste handelsübliche Münze.

Draft:
Nur bei englischen Manuskripten üblich, ein *first draft* ist die erste Fassung eines Treatments oder Drehbuches, das *final draft* die Drehfassung.

Exposé:
Kurzfassung der Geschichte, in der der → Plot, die Figuren und das Genre sowie die Länge des Films erkennbar werden. Mit einem E. → pitcht man seinen Stoff.

Film noir:
Die wichtigste stilistische Strömung im amerikanischen und später französischen Film im Rahmen des Kriminalgenres.

Gothic:
Unheimliche Geschichte aus einer »gotischen« Zeit, d.h. irgendwo zwischen den Germanen und dem Mittelalter in Nordwestschottland angesiedelt … Schauerromane des 19. Jahrhunderts für ältere Damen – und für den deutschen Nachkriegsfilm.

Hardboiled:
Humphrey Bogart war hardboiled, ein hart gesottener Bursche.

Hay's office:
Organisation zur Selbstkontrolle der US-amerikanischen Produzenten in den 1940er-Jahren zur Vermeidung von

übermäßiger Sex- und Gewaltdarstellung; relativ folgenlos – wenn man die allgemeinen reaktionären und restriktiven Nebeneffekte außer Acht lassen will; benannt nach seinem Gründer.

Investigation:
Nachforschung, Untersuchung, Aufklärung.

Keystone cop:
Umgangssprachlich der US-Polizist; K.C.s sind die Witzfiguren der frühen Stummfilme (auf Keystone Material gedreht, daher der Begriff), die massenhaft hinter Verbrechern oder Unschuldigen herlaufen – wie Buster Keaton oder Charlie Chaplin –, ohne sie zu erwischen, dafür aber übereinander purzeln oder massenhaft aus der Seitenstraße hereinbrechen und ihre Kollegen über den Haufen rennen.

Klimax:
Der Wendepunkt der Geschichte, Höhepunkt. In der Klimax lösen sich die entscheidenden Konflikte auf.

Launch:
Ursprünglich der Start einer Weltraumrakete; der Begriff wird angesichts der Aufwändigkeit und dem Risiko auch für die Entwicklung und den Start einer Fernsehserie verwendet. Analog zur Weltraumfahrt gibt es auch den »Relaunch« – allerdings nicht den »Loss«, den Verlust eines Raumflugkörpers. Ein Serienmisserfolg ist ein Flop.

Lizenz-Serie:
Eine ausländische Serie, die ein deutscher Fernsehveranstalter gekauft hat – d.h., er hat die Lizenz zur Ausstrahlung gekauft.

Love impact:
Impact ist schwer zu übersetzen, daher eine Eselsbrücke: Es ist der Moment einer Geschichte oder einer Figur, in der

es einen »packt«; das ist nicht zeitlich gemeint, sondern eine Qualität: Hat der Akt oder besitzt die Figur einen Private, Love oder Crime impact? Da er für uns ziemlich unscharf ist, wird mit diesem Begriff reichlich viel herumgefuchtelt ...

Pacing:
Eigentlich der richtige Rhythmus für eine Geschichte / einen Film; genauer: seine schneller oder langsamer werdende Geschwindigkeit gemäss dem Fortschritt der Story. Vorsicht, wenn er in »Neudeutsch« verwendet wird – die meisten kennen nicht den original-englischen Begriff in seiner komplexen Bedeutung.

Panel:
Ein Ausschnitt aus der Gesamtgesellschaft, der nach demografischen Kriterien wie Alter, Geschlecht, Bildung, Wohnort etc. von Marktforschern »zusammengesetzt« wird; allen Umfragen und demoskopischen Untersuchungen wie der Wahlforschung liegen nicht die Auskünfte aller Bürger zugrunde, sondern die eines Panels – deren Ergebnisse allerdings werden auf die Gesamtgröße z.b. aller Zuschauer der Bundesrepublik »hochgerechnet«. Ein Panel besteht aus ca. 2000 Personen.

Pay-off:
Die Auflösung eines → Plants, d.h. eines Handlungsfadens, einer Figur oder eines Geheimnisses am Ende einer Geschichte (oder eines Akts).

Pitch:
Ursprünglich ein Platz oder eine Gelegenheit, auf dem man Waren anbietet; heute nur noch für Drehbuchautoren gebräuchlich: Veranstaltungen, auf denen Stoffe vorgestellt werden. Aber auch ein Gespräch unter vier Augen kann ein Pitch sein – wenn man einem Produzenten geschickt – d.h. in drei Sätzen, die er auch sofort versteht – seinen Stoff vorstellen und ihn zum Ankauf überreden kann.

Plant:
Wenn man am Anfang einer Geschichte (oder auch im zweiten Akt) eine Idee, einen Handlungsfaden oder ein Geheimnis »pflanzt«; dazu gehört zwingend das → Pay-off am Ende, die Auflösung.

Plot:
Der Kern der Geschichte, das grobe Handlungskonstrukt.

Plot driven:
Geführt von den Erfordernissen des Plots. Im Normalfall bestimmt der → Plot die Konstruktion, d.h. die Akteinteilung etc. Vgl. → Character driven

Plot point:
Lieblingswort amerikanischer Drehbuch-Lehrer: Eine Story hat in aller Regel drei Plot points, d.h. wesentliche »Drehmomente« der Geschichte, in denen sich die Handlung zum Guten/Bösen wendet, entscheidende Veränderungen der weiteren Handlung eingeläutet werden, die Geschichte ihre jeweiligen Höhepunkte erlebt.

Private Eye:
Privatdetektiv, vornehmlich in der Schwarzen Serie der 1940er-Jahre.

Production value:
Der äußere Aufwand, der bei einer Produktion betrieben worden ist; ist also nicht unbedingt gleichbedeutend mit »Wert« oder gar Qualität einer Serie – obgleich der Verkäufer das immer meint.

Protagonist:
Die Hauptfigur, die die Handlung führt – mindestens jedoch im Mittelpunkt steht; bei mehreren Hauptfiguren: Protagonisten.

Pulp:
Minderwertiges Papier, eigentlich Abfall; wurde zum Druck billigster Magazine verwendet, um die Kosten niedrig zu halten; daraus abgeleitet der literarische Begriff Pulp.

Script Doctor:
Spezialautoren und -dramaturgen, die ein noch nicht gelungenes Manuskript – oder ein Drehbuch, das wegen produktionstechnischer Probleme mitten im Dreh umgearbeitet werden muss – umschreiben; das ist besonders schwierig, weil bei dieser Arbeit nicht der »Genius« des Originalautors mit seinen einzigartigen und unverwechselbaren Einfällen gefragt ist, sondern der Autor, der in einen anderen und in dessen Manuskript hineinkriechen und dieses dann »richtig«, d.h. im Sinne des ursprünglichen Konzepts, fertig schreiben kann. Meistens ruft man Script Doctors, wenn man selbst am Ende ist. Da man für eine Lebensrettung meist uneingeschränkt dankbar ist, wird diese Arbeit im Nachhinein selten kritisch betrachtet; es sind auf dem Feld daher auch ein paar »heiße Nummern« unterwegs ...

Setting:
Eigentlich Ort der Handlung, Umgebung, auch das Milieu im weitesten Sinne.

Sidekick:
Der »zweite« Mann neben dem Helden, meist Diener, Assistent, Clown, Witzblattfigur oder gar Trottel; dramaturgisches Mittel, den Helden und seine Taten größer und mutiger erscheinen zu lassen, d.h. ihn aus der Froschperspektive des kleinen Mannes oder unfähigen Schülers zu betrachten; vgl. Sancho Pansa bei Don Quijote.

Soap:
Serie im Rahmen eines von Werbung finanzierten Programms; in den USA wurde früher im Radio (woher der

Begriff auch stammt) und später im Fernsehen nur für Seifenprodukte geworben, daher die Nähe: Werbung = Seife = Serie.

Technisches Buch:
Wenn ein Drehbuch drehfertig ist, wird die technische Fassung mit produktionsrelevanten Anmerkungen und nach Möglichkeit auch mit der → Auflösung erstellt; diese Fassung erleichtert die Drehvorbereitung, die Kalkulation und die Organisation ganz erheblich.

Treatment:
Ausführliche Fassung des Stoffs, in der bereits die Spannungsbögen der Handlung und die Führung der Figuren zu erkennen sind. Ein Treatment wird schon in »Bilder« eingeteilt, d.h. die Konstruktion und der zu erwartende Produktionsaufwand (Tag, Nacht, Innen, Außen etc.) sind erkennbar und einzuschätzen.

Nützliche Adressen

Bochumer Krimi-Archiv
Verleiht den Deutschen Krimipreis.
Internet: www.toms-krimitreff.de

Cinemania
CD-Lexikon zur Welt des Films, alle internationalen Titel, Hunderte von Internet-Links über die CD.

Deutsche Film- und Fernsehakademie Berlin (dffb)
Vollstudium im Herzen Berlins.
Internet: www.dffb.de

Dramaturgenverband
Neugründung 2002, Interessenvertretung der Dramaturgen, noch im Aufbau.
E-Mail: webmaster@Dramturgenverband.de

Festival der deutschen Filmhochschulen
Eine Veranstaltung im Rahmen des Internationalen Festivals der Filmhochschulen auf dem Münchner Filmfest, jährlich im Juni.

Filmakademie Baden-Württemberg GmbH
Ausbildung in allen Grundfächern und weiteren Schwerpunkten, u.a. Animation- und Trickfilm, Screendesign etc.
Internet: www.filmakademie.de

First steps
Festival und Preisverleihung für Erstlingsfilme, eine Initiative von Constantin Film, Mercedes, SAT.1 und teamworx, jährlich ca. August, in Berlin.

Hochschule für Fernsehen und Film München (HFFM)
Vollstudium in allen Fächergruppen: Regie, Drehbuch, Produktion,

Dokumentarfilm, Fernsehpublizistik, Werbefilm, Kamera ...
Internet: www.hff-muc.de

Hochschule für Film und Fernsehen Konrad Wolf (HFFB)
Babelsberg, Vollstudium in allen Fachrichtungen.
Internet: www.hff-potsdam.de

Internationale Filmschule Köln GmbH
Modernste Gründung einer Akademie mit internationalen Beziehungen, Programmen und Lehrerbeauftragten aus der Praxis.
Aufbau der Grundstudiengänge: Regie, Dokumentarfilmregie, Drehbuch, Produktion.
Zahlreiche Weiterbildungsprogramme, u.a. Schreibschule, Ausstatter, Maskenbildner etc.
Camera acting, Sonderveranstaltungen und Workshops.
Internt: www.filmschule.de

International Movie Data Base
Alle Informationen über Filme, Regisseure, Autoren, Darsteller etc.
Umfassendste Datenbank für den Profi, kostenfrei.
Internet: www.imdb.com

Jahrbuch Fernsehen
Herausgegeben vom Adolf Grimme Institut.
Jährlich neu und aktualisiert von HMR International, Köln.
Das beste Branchen-Nachschlagewerk überhaupt, enthält alle Adressen in unvergleichlicher Vollständigkeit.

König
Der Kaiser unter den Film-Buchhandlungen.
Hat alles, besorgt alles, weiß alles – tut alles für einen.
Köln, Friesenstraße (u.a.),
reichhaltige Kataloge, Drehbuch-Originale.
Internet: www.buchhandlung-walther-koenig.de

Kommunale Filmhäuser
Z.B. Filmhaus Köln e.V.
Mit vielen Veranstaltungen, Weiterbildungsseminaren, Workshops, Produktionsmöglichkeiten, Schneideräume etc.
Am Mediapark Köln, Maybachstraße 111.
Internet: www.k-filmhaus.de

Krimi-Buchhandlungen
In allen Großstädten, u.a. in Hamburg (Marissol), Berlin, Köln (Alibi) und München (Glatteis).

Kunsthochschule für Medien (KHM)
Köln, Fächergruppe Film.
Vollstudium und Aufbaustudium.
Internet: www.khm.de

Masterschool Drehbuch
Veranstaltet vom Filmboard Berlin Brandenburg u.a.
Gebührenpflichtig.
Internet. www.filmboard.de

Pitchpoint
Eine Internet Base für Drehbuchautoren und Dramaturgen.
Veranstaltet von Mediadesk, weitere Links über
Internet. www.pitchpoint.org

Das Syndikat
Autorengruppe deutschsprachiger Kriminalliteratur.
Mit jährlicher Vollversammlung »Crimale« samt Preisverleihung (»Der Glauser«), regionalen Versammlungen und Stammtischen (»Mordsnacht« oder »Krimisalon«), eigene Publikationen, Sektion »Sisters in crime«, Anschluss an die internationalen Verbände der Kriminalautoren.
Internet: www.Das-Syndikat.de

Verband deutscher Drehbuchautoren e.V.
Größter Verband zur Interessenvertretung, regionale Sektionen.
Veranstaltungen, Aus- und Weiterbildungsinitiativen etc.
Internet: www.Drehbuchautoren.de

Weiterführendes Studium Film
Im Institut für Theater, Musiktheater und Film der Universität Hamburg.
Aufbaustudiengang für Regie und Drehbuch.
Internet: www.filmstudium-hh.de

Literatur

(Werke, die nach Meinung der Autoren in Bezug auf das Thema besonders empfehlenswert sind, sind fett gedruckt)

Literatur zum Kriminalgenre

Alewyn, Richard, *Das Rätsel des Detektivromans*, in: *Essays zur Literatur*, Hg. von Adolf Frisé, Frankfurt/M. 1963.

Arnold, Armin/Schmidt, Josef (Hg.), *Reclams Kriminalromanführer*, Stuttgart 1978.

Bauer, Ludwig, *Authentizität, Mimesis, Fiktion, Fernsehunterhaltung und Integration von Realität am Beispiel des Kriminalsujets*, München 1992.

Boileau, Pierre/Narcejac, Thomas, *Der Detektivroman*, Neuwied/Berlin 1967.

Brandt, Ulrich, *Krimistandards, Motive, narrative Strategien und Standardsituationen der amerikanischen Freitagabend-Krimiserien in der ARD von 1962 bis 1978*, Heidelberg 1995.

Brion, Patrick, *Ler film noir*, Paris 1991.

Buchloh, Paul/Becker, Jens, *Der Detektivroman, Studien zur Geschichte und Form der englischen und amerikanischen Detektivliteratur*, Darmstadt 1990.

Cameron, Jan (Hg.), *The book of Film Noir*, New York 1993.

Charlot, Alain, *Die 100 besten Kriminalfilme*, München 1991.

Compart, Martin, *Crime TV, Lexikon der Krimi-Serien*, Berlin 2000.

Engels-Weber, Marianne (Red.), *Quotenfänger Krimi, Das populärste Genre im deutschen Fernsehen*, Köln 1999.

Gerhard, Ulf-Dietmar, *Der Kriminalfilm im Fernsehen, Eine systematische Inhaltsanalyse von 50 Kriminalfernsehfilmen im Zweiten Deutschen Fernsehen während der Zeit vom 12. August bis zum 23. Oktober 1968*, Dissertation Hamburg, Hamburg 1971.

Gerhold, Hans, *Kino der Blicke, Der französische Kriminalfilm*, Frankfurt/M. 1998.

Glauser, Friedrich, *Wachtmeister Studers erste Fälle*, Zürich 1982.

Hackenbruch, Ulrich, *Sachliche Intensitäten, Walter Serners »erotische Kriminalgeschichten« in ihrer Epoche*, Frankfurt/M. 1996.

Holzmann, Gabriele, *Schaulust und Verbrechen, eine Geschichte des Krimis als Mediengeschichte*, Stuttgart/Weimar 2001.

Jahn, Johannes, *Der Krimi*, Hochschule für Grafik und Buchkunst, Leipzig 1972.

Kemmerzell, Anja/Laudan, Else, *Das Wort zum Mord, Wie schreibe ich einen Krimi*, Hamburg 1999

Kließ, Franziska, *Produktion von Fernsehserien, dargestellt am Beispiel einer Kriminalfilmserie*, Mainz 1992.

Koebner, Thomas/Netenjakob, Egon, *Tatort – Normalität als Abenteuer*, Marburg 1990.

Kopietz, Gerit, *Der Ferrari des Schreckens*, Freiburg 1999.

Kracauer, Siegfried, *Theorie des Films, die Errettung der äußeren Wirklichkeit*, Frankfurt/M. 1985.

Kracauer, Siegfried, *Der Detektivroman, Ein philosophischer Traktat*, Frankfurt/M. 1971.

Kramp, Joachim, *Hallo – hier spricht Edgar Wallace, die Geschichte der deutschen Kriminalfilmserie von 1959 – 1972*, Berlin 1998.

Ludwig, Hans-Werner/Pruys, Guido Marc, *... so brauch ich Gewalt! Wie Fernsehgewalt produziert und bekämpft wird*, Baden-Baden, 1998.

Mager, Hasso, *Krimi und crime: Zur Moral der Unmoral*, Halle 1979.

Mandel, Ernst, *Ein schöner Mord. Eine Sozialgeschichte des Kriminalromans*, Frankfurt/Main, 1988.

Milch, David/Clark, Bill, *true blue, the real story behind NYPD BLUE*, New York 1995.

Nusser, Peter, *Der Kriminalroman*, Stuttgart 1992.

Pinkert, Ernst Ulrich, *Der Krimi als Mittel zum Zweck*, Aalborg 1979.

Pinkert, Ernst Ulrich, *Der Krimi als Mittel zum Zweck: die politischen Kriminalromane von Maj Sjöwall und Per Wahlöö, Anspruch und Wirklichkeit*, Aalborg 1979.

Przybilka, *Krimis im Fadenkreuz, eine Auswahlbibliographie der deutschsprachigen Sekundärliteratur*, Köln 1998.

Radewagen, Thomas, *Ein deutscher Fernsehbulle*, Berlin 1985.

Randisi, Robert J., *Krimis schreiben, ein Handbuch der Private Eye Writers of America*, Frankfurt/M. 1999.

Schmidt, Jochen, *Gangster, Opfer, Detektive, eine Typengeschichte des Kriminalromans*, Berlin 1998.

Scherer, Brigitte/Ganz-Blättler, Ursula/Grosskopf, Monika/Wahl, Ute, *Morde im Paradies, Amerikanische Detektiv- und Abenteuerserien der 80er Jahre*, Konstanz, 2. Aufl. 1995.

Scherer, Brigitte, *Thomas Magnum und die Frauen, Produktion und Rezeption einer US-Serie*, Konstanz 2000.

Schindler, Nina, *Das Mordsbuch, Alles über Krimis*, Hildesheim 1997.

Schmidt, Jochen, *Gangster, Opfer, Detektive, eine Typengeschichte des Kriminalromans*, Berlin 1989.

Schneider, Irmela (Hg.), *Amerikanische Einstellung, Deutsches Fernsehen und US-amerikanische Produktionen*, **Heidelberg 1992.**

Schneider, Irmela / Thomsen, Christian W. / Nowak, Andreas (Hg.), *Lexikon der britischen und amerikanischen Serien, Fernsehfilme und Mehrteiler in den Fernsehprogrammen der Bundesrepublik Deutschland 1953-1985*, Drei Bände, Berlin 1991.

Schütz, Erhard (Hg.), *Zur Aktualität des Kriminalromans*, München 1978.

Seesslen, Georg, *Zur Geschichte des Kriminalfilms, Arbeitsheft zur Schulfernsehsendung »Der Fall Derrick«*, Berlin 1987.

Seesslen, Georg, *Detektive, Mord im Kino*, Marburg 1989.

Seesslen, Georg, *Thriller, Kino der Angst*, Marburg 1995.

Seesslen, Georg, *Copland, Geschichte und Mythologie des Polizeifilms*, Marburg 1999.

Sobanski, Ines, *The art of detective fiction*, Basingstoke 2000.

Spitra, Helfried (Hg.), *Die großen Kriminalfälle, Deutschland im Spiegel berühmter Verbrechen, das Buch zur Fernsehserie*, Frankfurt / M. 2001.

Stemmle, Robert Adolf, *Der Mann, der Sherlock Holmes war*, Berlin 1966.

Suerbaum, Ulrich, *Krimi: Eine Analyse der Gattung*, Stuttgart 1984.

Thorwald, Jürgen, *Das Jahrhundert der Detektive, Weg und Abenteuer der Kriminalistik*, Zürich 1964.

Vogt, Jochen (Hg.), *Der Kriminalroman, Zu Theorie und Geschichte einer Gattung, Band I und Band II*, München 1971.

Wacker, Holger (Hg.), *Enzyklopädie des Kriminalfilms: Filme, Fernsehserien, Personen, Themen/Aspekte*, Meitlingen 1996.

Weber, Thomas, *Die unaufhaltsame Aufklärung, ideologiekritische Interpretation von Kriminalfernsehserien des westdeutschen Fernsehens*, Bielefeld 1992.

Wenzel, Eike (Hg.), *Tatort, Recherchen und Verhöre, Protokolle und Beweisfotos*, Berlin 2000.

Werner, Paul, *Film noir, die Schattenspiele der schwarzen Serie*, Frankfurt / M. 1985.

Zurhorst, Meinolf, *Lexikon des Kriminalfilms*, München 1985.

Literatur zum Drehbuchschreiben

Altenburg, Christiane / Fliess, Ingo (Hg.), *Jenseits von Hollywood, Drehbuchautoren über ihre Kunst und ihr Handwerk*, Frankfurt / M. 2000.

Bahr, Robert, *Spannender schreiben: Dramentechnik für Prosatexte*, Frankfurt / M. 1998.

Brunow, Jochen (Hg.), *Schreiben für den Film, das Drehbuch als eine andere Art des Erzählens*, München 1996.

Delling, Manfred, *Bonanza & Co, Fernsehen als Unterhaltung und Politik, eine kritische Bestandsaufnahme*, Reinbek 1976.

Deutsches Jahrbuch für Autorinnen, Schreiben und Veröffentlichen mit aktuellen Literatur- und Verlagsadressen, Berlin 2000.

Driest, Burkhard, *Poetik des Filmdramas für Drehbuchautoren*, Frankfurt/M. 2001.

Egri, Lajos, *The art of dramatic writing*, New York 1960.

Ernst, Gustav (Hg.), *Drehort Schreibtisch, Film Schreiben in Europa und den USA*, Zürich 1992.

Field, Syd, *Das Handbuch zum Drehbuch. Übungen und Anleitungen zu einem guten Drehbuch, Frankfurt/M. 1991*.

Field, Syd, *Screenplay, The foundation of screenwriting, A Step-by-Step Guide from Concept to Finished Script*, 3. Aufl. New York 1984.

Field, Syd/Meyer, Andreas/Witte, Gunther/Henke, Gebhard u.a., *Drehbuchschreiben für Fernsehen und Film*, München, 7. Aufl. 2000.

Hall, Roger A., *Mein erstes Stück*, Frankfurt/M. 2000.

Halperin, Michael, *Writing the second act, Building conflict and tension in your film script*, Studio City California 2000.

Hant, C. P., *Das Drehbuch, Praktische Filmdramaturgie*, Frankfurt/M., 2. Aufl. 2000.

Herrmann, Jörg, *Sinnmaschine Kino, Sinndeutung und Religion im populären Film*, Gütersloh 2001.

Howard, David/Mabley, Edward, *The tools of screenwriting*, New York 1993.

Hunter Lew, *Lew Hunters screenwriting 434*, New York 1994.

Jarothe, Sabine/Längsfeld, Wolfgang, *Die Kunst des Drehbuchschreibens, Eine internationale Bibliographie der Literatur zum Drehbuchschreiben*, München 1991.

Jockers, Angelika/Jahn, Reinhard (Red.), *Lexikon der deutschsprachigen Krimi-Autoren*, München 2002.

McKee, Robert, *Story, die Prinzipien des Drehbuchschreibens*, Berlin 1997.

Schmidt, Susanne, *Es muss ja nicht gleich Hollywood sein. Die Produktionsbedingungen des Fernsehspiels und die Wirkungen auf seine Ästhetik*, Berlin 1994.

Seeger, Linda, *Von der Figur zum Charakter, überzeugende Filmcharaktere erschaffen*, Berlin 1999.

Seeger, Linda, *Das Geheimnis guter Drehbücher*, Berlin, 3. Aufl. 1999.

Stein, Sol, *Über das Schreiben*, Frankfurt/M. 1997.

Stein, Sol, *Aufzucht und Pflege eines Romans*, Frankfurt/M. 2001.

Tobias, Ronald B., *Master plots. Woraus Geschichen gemacht sind*, Frankfurt/M., 2. Aufl. 2000.

Werder, Lutz von, *Einführung in das Kreative Schreiben*, Milow 2000.

Werder, Lutz von, *Lehrbuch des kreativen Schreibens*, Berlin/Milow 2001.

Vogler, Christopher, *The writers journey. Mythic structure for storytellers and screenwriters*, London, Revis.edit. 1996.

Vogler, Christopher, *Die Odyssee des Drehbuchschreibers,* **Frankfurt/M. 1997.**

Wichterich, Christa, *Unsere Nachbarn heute Abend – Familienserien im Fernsehen,* Frankfurt/M./New York 1979.

Wolff, Jurgen/Cox, Kerry, *Top secrets: screenwriting,* **Los Angeles 1993.**

BUCH & MEDIEN

Ralf Kinder
Thomas Wieck
Zum Schreien komisch,
zum Heulen schön
Die Macht des Filmgenres

Vom Actionfilm über Beziehungskomödie, Thriller, Melodram bis zur Kriminalkomödie reicht die unüberschaubare Palette des Filmgenres. Jedes Genre ist traditionell auf eine grundsätzliche emotionale Wirkung ausgerichtet: Lachen, Weinen, Fürchten, Wohlgefühl. Doch wie finden Drehbuchautoren, Produzenten und Stoffentwickler für ihre Geschichten und Wirkungsabsichten das geeignetste, das »effektivste« Genre? Die Autoren zeigen, dass diese Wahl mit der grundlegenden Frage beginnt, welche Gefühle und Sehnsüchte beim Zuschauer aktiviert und befriedigt werden sollen. Denn wer das Genre, das emotionale Hinweisschild für den Zuschauer, verfehlt, wird sein Publikum mit Sicherheit enttäuschen.
Ralf Kinder und Thomas Wieck untersuchen zunächst die verschiedenen Genres, bevor sie deren Wurzeln beleuchten: die emotionalen menschlichen Bedürfnisse, die befriedigt werden wollen. Sie beschreiben die Affekte und die Quellen der Emotionen in der Alltagswirklichkeit und zeigen, wie sie dramaturgisch im Film umgesetzt werden können.

ISBN 3-404-94011-3

Dagmar Benke

Freistil

Dramaturgie für Fortgeschrittene
und Experimentierfreudige

Wenn Sie eine Geschichte erzählen möchten, in der es eine einzelne Hauptfigur mit einem konkreten Ziel gibt, um das diese Figur aktiv kämpft, und wenn diese Geschichte geradlinig chronologisch verläuft, dann werden Sie dieses Buch nicht brauchen.

Anders ist es, wenn Ihnen folgende Fragen bekannt vorkommen: Was ist, wenn ich mehr als eine Hauptfigur habe, wenn ich die Hauptfigur wechsele, wenn meine Hauptfigur in der Mitte des Films stirbt, wenn mein Held kein Ziel hat? Kann ich die Chronologie der Handlung aufheben? Was ist eigentlich eine Ringform? Emotion und Reflexion – geht das zusammen? Was unterscheidet einen epischen von einem dramatischen Film?

Die Berliner Dramaturgin und Script-House-Gründerin Dagmar Benke gibt konkrete Antworten auf konkrete Fragen aus der Praxis. Mit kreativen Vorschlägen für spezifische Probleme bietet sie Drehbuchautoren und Dramaturgen neue Ideen für Erzählweisen, die die klassische »Ein-Held-ein-Ziel-drei-Akte-Struktur« ausdehnen, überschreiten und umbauen.

In ausführlichen Beispielanalysen werden Sonderfälle filmischen Erzählens wie *Short Cuts, Rossini, Fargo, Vogelfrei, Lust auf anderes, Bella Block – Die Kommissarin* oder *Nachtgestalten* vorgestellt.

ISBN 3-404-94017-2

BASTEI
LÜBBE

Oliver Schütte

»Schau mir in die Augen, Kleines«

Die Kunst
der Dialoggestaltung

Ein falsches Wort schon kann die schönste Stimmung zerstören; die richtigen Worte zur rechten Zeit können Wunder wirken. Gute Dialoge zu schreiben ist für jeden Drehbuchautor eine Herausforderung. Denn neben den visuellen Ausdrucksformen ist der Dialog das ultimative Mittel, um Figuren lebendig und originell und Szenen packend, rührend oder witzig zu gestalten.

Das Buch beleuchtet die Frage nach guten oder schlechten Dialogen von mehreren Seiten. Anhand zahlreicher aktueller und älterer Filmbeispiele wird deutlich gemacht, wie gute Dialoge geschrieben sind; andererseits werden verschiedene Aspekte wie Subtext, komischer Dialog, aber auch Dialog in historischen Stoffen beschrieben. Das Ziel ist es, Drehbuchautoren Hilfestellung und Inspiration für ihre eigene Arbeit zu geben – wie auch die Sinne von Dramaturgen, Produzenten und Redakteuren für die Geheimnisse eines guten Dialogs zu schärfen.

ISBN 3-404-94015-6

BASTEI
LÜBBE

Dirk Blothner
Erlebniswelt Kino
Über die unbewußte Wirkung des Films

Warum gehen Menschen ins Kino? Weil sie – von ihrem sicheren Sessel aus – die Gefahren, Leidenschaften, Ausschreitungen, Heldentaten, nach denen sie sich sehnen, scheinbar hautnah miterleben können. »Nirgendwo sonst entfaltet die Wirklichkeit einen solchen Glanz«, sagt Dr. Dirk Blothner, Psychoanalytiker, Drehbuchberater und Professor für Filmpsychologie an der Universität Köln. In *Erlebniswelt Kino* analysiert er anhand zahlreicher Filmbeispiele, was sich zwischen Mensch und Leinwand abspielt. Für ihn steht fest: »Filmemachen ist praktisch Seelenkunde.«

Doch wie können Drehbuchautoren Erwartungen beim Zuschauer auslösen, seine Aufmerksamkeit gewinnen und gar seine Einbildungskraft vorhersehen? Wie erkennt man, ob das Thema einer Geschichte für den Zuschauer von Bedeutung ist?

Am Beispiel der drei *Titanic*-Verfilmungen (1943, 1952 und 1998) befaßt sich Dirk Blothner mit der zeitspezifischen Umsetzung großer Themen. Schließlich gibt er einen Ausblick auf das Kino der Zukunft.

ISBN 3-404-94005-9

BASTEI
LÜBBE

Eine gute Geschichte ist noch keine Garantie für einen erfolgreichen Film. Denn bis das Endprodukt Film seine Zuschauer erreicht, gilt es nicht nur, eine Vielzahl von gestalterischen, sondern vor allem auch organisatorische und wirtschaftliche Aufgaben zu erledigen.

Lange Zeit wurde dieser Bereich der Filmproduktion von der Filmindustrie arg vernachlässigt; bis heute ist das Angebot an Fachbüchern zu diesem Thema sehr überschaubar. »Learning by doing« war das Motto – und der Weg, aus eigenen Fehlern zu lernen, lang und steinig.

Hier ist ein Handbuch, das Ihnen einen Überblick über die anfallenden Aufgaben einer Filmproduktion bis zum Drehbeginn verschafft und zahlreiche Lösungsvorschläge anbietet.

- Mit einzelnen Kapiteln zu allen anfallenden organisatorischen und wirtschaftlichen Aufgaben.
- Informationen und paxisbezogene Beispiele zu den Bereichen Drehbuch, Kalkulation, Finanzierung und Vorproduktion.
- Vertragsbeispiele und Auszüge aus bzw. Hinweise auf einzelne Förderrichtlinien hinsichtlich potenzieller Finanzierungsmöglichkeiten.

ISBN 3-404-94016-4